गुनहगार मंटो

मण्टो अब तक-9

गुनहगार मण्टो

(मण्टो की कहानियों पर चले मुक़द्दमों की रूदाद
और क़ानून की ज़द में आयी कहानियाँ)

सआदत हसन मण्टो

अनुवाद
शकील सिद्दीक़ी

वाणी प्रकाशन

वाणी प्रकाशन
4695, 21-ए, दरियागंज, नयी दिल्ली 110 002
फ़ोन : +91 11 23273167 फ़ैक्स : +91 11 23275710
शाखाएँ
अशोक राजपथ, पटना 800 004, बिहार
कॉफ़ी हाउस कैम्पस, महात्मा गांधी मार्ग, इलाहाबाद 211 001, उत्तर प्रदेश
महात्मा गांधी अन्तरराष्ट्रीय हिन्दी विश्वविद्यालय, वर्धा 442 001, महाराष्ट्र
www.vaniprakashan.in
marketing@vaniprakashan.in
sales@vaniprakashan.in

GUNAHAGAAR MANTO
by Saadat Hasan Manto
Translated by Shakil Siddiqi

ISBN : 978-93-88434-07-2
Stories by Manto and Court Cases on Manto

संस्करण 2010, 2014
आवृत्ति 2018

मूल्य : ₹ 125

एम.एस. प्रिंटर्स, दिल्ली-110 095 में मुद्रित

वाणी प्रकाशन का लोगो मक़बूल फ़िदा हुसेन की कूची से

पहला संस्करण

मोहम्मद हुसैन चौधरी के नाम
(मर्देनादां पर कलामे नर्मो-नाज़ुक बेअसर)

× × ×

दूसरा संस्करण

चौधरी मोहम्मद हुसैन साहिब मरहूम के नाम
"सर ख़ुजाता है जहाँ ज़ख़्मे सर अच्छा हो जाए
लज़्ज़ते-संग[1] ब-अंदाज़ा-ए-तक़रीर नहीं"

—ग़ालिब

1. पत्थर का स्वाद

लाहौर के एक रुस्वाए-आलम रिसाले में, जो फ़हाशी और बेहूदगी की इशाअत को अपना पैदाइशी हक़ समझता है, एक अफ़साना शाया हुआ है, जिसका उनवान है 'बू' और इसके मुसन्निफ़[1] हैं मि.सआदत हसन मंटो। इस अफ़साने में फ़ौजी ईसाई लड़कियों का कैरेक्टर इस दर्जा गंदा बताया गया है कि कोई शरीफ़ आदमी बर्दाश्त नहीं कर सकता। अफ़सानानिगार ने इज़्हारे-मतलब के लिए जो उसलूब[2] इख़्तियार किया है और जो अल्फ़ाज़ मुंतख़्ब[3] किए हैं, उनके लिए तहज़ीबो-शराफ़त के दामन में कोई जगह नहीं हो सकती, लेकिन हुकूमत अब तक ख़ामोश है। यहां हुकूमत "लज़्ज़तुन्निसा"[4] और 'कोकशास्त्र' ऐसी फ़न्नी[5] किताबों को भी क़ाबिले-मुवाख़ज़ा[6] समझती है लेकिन ऐसे अफ़सानों की तरफ़ मुतवज्जेह[7] नहीं होती जो अदबे जदीद[8] के नाम से सिफ़्ली जज़्बात में हलचल डालने का मूजिब[9] हैं और (इसी हुकूमत ने) फ़हाशतनिगार अदीबों को खुली छूट दे रखी है—वो क़ानून की गिरिफ़्त से बेनियाज़[10] होकर गन्दगी बिखेरते रहते है।

—हफ़्तावार 'ख़ैयाम', लाहौर

प्रेस ब्रांच के इंचार्ज चौधरी मुहम्मद हुसैन बहुत नेक ख़याल बुज़ुर्ग हैं। इस क़िस्म के अफ़साने पढ़कर उनकी रूह यक़ीनन काँप उठती होगी। उनके हाथ में क़ानून है और वह उसे निहायत सख़्ती से इस्तेमाल कर सकते हैं। क्या उनके लिए यह मुमकिन नहीं था कि जिस तरह क़ाबिले एतिराज़ मज़हबी मज़ामीन[1] लिखनेवालों के खिलाफ़ गवर्नमेण्ट की मशीनरी हरकत में आती है, उसी तरह वह इन गन्दे अफ़सानों को लिखने वाले सआदत हसन मंटो वग़ैरह, बेचनेवाले पब्लिशरों जो रिसाले की फ़रोख़्त से हज़ारों रुपये कमाते हैं, उनमें से एक-एक को तीन-तीन साल के लिए जेलों में बन्द करा देते? हमें यक़ीन है कि कोई भी अदालत इन अफ़सानों को क़ानून की रू से नहीं बचने देगी। ये (अफ़साने) साफ़ तौर से नौजवान लड़कों और लड़कियों में बदअख़लाक़ी फैलाते हैं और अवाम का मज़ाक़ बिगाड़ते हैं।

—रोज़नामा 'प्रभात', लाहौर

---

1. लेखक; 2. शैली; 3. चुनना; 4. कोकशास्त्र का उर्दू अनुवाद; 5. तकनीकी; 6. किसी अपराध की पकड के योग्य; 7. आकर्षित; 8. नया साहित्य; 9. कारण, हेतु; 10. बेफ़िक्र।

'अदबे-लतीफ़'–इस नाम का एक रिसाला लाहौर से शाया होता है। यह कहने को तो एक अदबी माहनामा है लेकिन अगर इसे अदबे-क़सीफ़ कहें तो बजा है। इसका सालाना नम्बर इस वक़्त हमारे पेशे-नज़र है जिसमें एक लचर और फ़हश अफ़साना (कहानी) अज़-क़लम फ़हशनिगार सआदत हसन मंटो शाया हुआ है जिसके ख़िलाफ़ हम निहायत पुरज़ोर एहतिजाज करते हैं। न फ़क़त इसके कोकशास्त्र ख़यालात की वजह से, बल्कि इसलिए भी कि यह गवर्नमेण्टे आलिया की वीमेंज़ ऑक्सिलयरि कोर मसाई-ओ-अरबाबे-जंग की राह में रोड़ा अटकानेवाला और उसकी बदनामी का मूजिब है, हत्ता कि उस महकमे को यह बेहूदा शख़्स क़हबाख़ाने का नाम देता है। हम हैरान हैं कि और छोटी-छोटी बातों पर तो गवर्नमेण्ट की मशीनरी फ़ौरन हरकत में आ जाती है लेकिन इस ख़िलाफ़े तहज़ीब मज़मून पर उसकी अब तक नज़र नही पड़ी। क्या सुपरिटेण्डेण्ट प्रेस ब्रांच इस बदअख़लाक़ और बेअदब 'अदीब' और इस रिसाला मज़्कूर के ख़िलाफ़ जल्द कोई कार्यवाई न करेंगे? देखा चाहिए!

–उखुव्वत, लाहौर

एक मक़ामी माहनामा ने सआदत हसन मंटो का एक फ़ुहश अफ़साना 'बू' शाया किया था। 'ख़ैयाम' में उस अख़लाक़ सोज़ हरकत के खिलाफ़ आवाज़ उठाई गई थी जो हुकूमते-पंजाब के कानों तक पहुँचे बग़ैर न रह सकी। चुनांचे मालूम हुआ कि जिस पर्चे में 'बू' शाया हुआ था, वह ज़ब्त कर लिया गया है। यह ज़ब्ती 392/38 दफ़ा के मातहत अमल में आई है। हम इस फ़ैसले पर हुकूमते-पंजाब को मुस्ताहिक़े-तबरीक[1] समझते है और उम्मीद करते हैं कि वह इस क़िस्म की फ़हहाशी को मुस्तक़िल तौर पर रोकने के लिए कोई मुअस्सर[2] क़दम उठाएगी।

–हफ़्तावार 'ख़ैयाम', लाहौर

---

1. बधाई के बाद 2. असरदार

31,
मलिक बिल्डिंग,
मेव रोड,
लाहौर।

भाईजान,

सलामे-शौक़!

ब्रादरम आग़ा ख़लिश साहिब का गिरामीनामा[1] परसों मिला था। आपकी अलालत[2] का इल्म हुआ। अल्लाह करे, आप अब अच्छे हों। जब आपको अपनी सेहत का अंदाज़ा है तो इतना ज़्यादा काम क्यों करते हैं कि दिनों साहिबे फ़राश[3] रहते हैं। मुझे लौटती डाक में अपनी सेहत की हालत से मुत्तला कीजिए और लिल्लाह इतनी मेहनत न कीजिए कि आप इंजेक्शनों के काँटों में घिरे रह जाएँ। अभी बरसों तक आपकी ज़रूरत है।

लीजिए 'ख़ैयाम', 'आईना' (बम्बई) और दीगर मेहरबानों के दम से 'अदबे-लतीफ़' का सालनामा[4] ज़ेरे दफ़ा 292 ताज़ी राते हिन्द और 38 डिफ़ेंस ऑफ़ इण्डिया रूल्ज़, 29 मार्च की शाम को ज़ब्त हो गया। पुलिस ने छापा मारा और सालनामे के बाक़ी मांदा नम्बर ले गई। अभी प्रोपराइटर और एडिटरों की गिरफ़्तारी अमल में नहीं आई लेकिन अफ़वाह है कि हम बहुत जल्द गिरफ़्तार कर लिए जाएँगे। यह ज़ब्ती आपके मज़मून और अफ़साने की वजह से अमल में आई है।

अहमद नदीम क़ासमी
एडिटर 'अदबे-लतीफ़'

---

1. पत्र; 2. बीमारी; 3. गंभीर रूप से बीमार; 4. वार्षिक विशेषांक।

शब्द और कथ्य के सम्मान का संघर्ष

सआदत हसन मंटो को पढ़ना-जानना मुझे अपने जीवन की एक बड़ी उपलब्धि लगती रही है। यद्यपि उनको जानने का दावा करना अपने आपको धोखा देने जैसा है। मैंने उर्दू बाक़ायदा नहीं पढ़ी। सच तो यह है कि हिन्दी भी नहीं पढ़ी और जहाँ तक पढ़ी, उस मक़ाम तक के कोर्स में मंटो के लिए कोई जगह नहीं थी;

मंटो को जाना मैंने अपने मर्हूम चचा जनाब अब्दुल बाक़ी के माध्यम से। पढ़ने का उन्हें बेपनाह शौक़ था; ज़्यादातर वह अंग्रेजी किताबें पढ़ते थे। एक बार जब वह कहीं बाहर से लौटे तो साथ लाई किताबों में एक उर्दू किताब दिख गई; मैंने झट निकाली और पट पढ़ने बैठ गया। किताब थी तो मंटो की 'मीनाबाज़ार' मुझे उसके कथ्य और स्टाइल, दोनों ने प्रभावित किया था; हालांकि मेरी उम्र उस वक़्त 16-17 वर्ष से ज़्यादा न रही होगी। फिर तो मंटो का जुनून मुझ पर इस तरह सवार हुआ कि मैं उनकी किताबें ढूँढ कर पढ़ने लगा। हालांकि घर में कोर्स से बाहर की किताबें पढ़ना मना था। हालांकि मैं कोर्स कम पढ़ता था। बाहरी किताबें ज़्यादा। भला हो अब्दुल रहमान भाई का, जो पण्डित नेहरू और सज्जाद ज़हीर के करीबी सहयोगी तथा ए.एम.यू.के वी.सी.रहे डॉ. अब्दुल अलीम के निकट सम्बन्धी हैं और उस ज़माने में मैं उनके पड़ोस में ही रहा करता था। पढ़ने का उन्हें भी बड़ा शौक था। तो सबसे पहले मैंने मंटो की किताबें पढ़ने की अपनी ख़्वाहिश का इज़्हार उन्हीं से किया। उन्होंने विक्टोरिया स्ट्रीट (लखनऊ) स्थित जौके अदब लाइब्रेरी जाने को कहा। उस लाइब्रेरी में पुरानी किताबों का नायाब ज़खीरा था! वहाँ से मुझे मंटो की कई किताबें पढ़ने को मिलीं। इन किताबों को पढ़ते हुए ही मुझे 'लज़्ज़ते संग' के बारे में मालूम हुआ। लेकिन यह किताब उस लाइब्रेरी में नहीं थी, शायद इस वजह से कि उसके संचालक मज़हबी आदमी थे। मैंने दूसरे पुस्तकालय देखे। यह वहाँ भी नहीं थी। मेरे जो मित्र पढ़ने-लिखने के शौक़ीन थे, उनसे सम्पर्क किया। उनसे भी निराशा हाथ लगी। अपनी कम उम्र के बावजूद जिन उर्दू लेखकों से जिनमें

रामलाल, आबिद सुहैल, अहमद जमाल पाशा इत्यादि शामिल हैं, मैं किताब के लिए कह सकता था, कहा। 'लज़्ज़तेसंग' की लज़्ज़त से सब महरूम थे लेकिन ख़्वाहिश सच्ची हो तो उसकी तक्मील के रास्ते निकल ही आते हैं। रही मासूम रज़ा के भांजे और शिया कालेज में मेरे सहपाठी रह चुके नदीनमुल हसनैन, जो आजकल महात्मा गाँधी अन्तर्राष्ट्रीय विश्वविद्यालय, वर्धा के प्रोवाइस चांसलर हैं, जाने कैसे उन्हें मेरी तलाश का इल्म हुआ और मुझे अपने संग्रह से यह किताब पढ़ने को दी, जल्दी लौटा देने की ताकीद के साथ। इस किताब से मेरे लगाव को देखकर उन्होंने बाद में मुझे यह तोहफ़तन इनायत फ़रमा दी; अब वह मेरे क्लेक्शन की ज़ीनत है। यह ज़रूर है कि वह ढाका से प्रकाशित एडीशन था।

हॉलांकि 'लज़्ज़ते संग' में शामिल कहानियाँ मैं पहले ही पढ़ चुका था। मेरी ज़्यादा दिलचस्पी उन पर चले मुकदमों की रूदाद से थी; दूसरा यह कि वेश्याओं के प्रति मेरे मन में एक जिज्ञासा किशोरावस्था में ही पैदा हो गई थी। इसका बड़ा कारण वो स्कूल-कॉलेज थे जिनमें खींच-खाँचकर मैंने थोड़ी-सी तालीम हासिल की। इन सबके पास वेश्यालय थे। कभी जान-बूझकर और कभी मजबूरी में मुझे इन वेश्यालयों से होकर गुज़रना पड़ता था। ये सब कम दर वाली वेश्याओं के ठिकाने थे जो आमतौर पर मंटो की कहानियों की पात्र बनी हैं। हालाँकि महंगी वेश्याओं के कोठे भी पास ही थे। हमारी दाढ़ी-मूंछ नही निकली थीं। फिर भी वे हमें इशारों से बुलाती थीं। हम शरमा जाते फिर भी उनका बुलाना अच्छा लगता था। रही-सही कसर तब पूरी हो गई जब मेरे पिताजी ने, जिन्हें नये-नये व्यवसाय करने का शौक़ था, ऐसे ही एक सस्ते वेश्यालय (सराय)के सामने बिक रहा चाय-नाश्ते का एक होटल खरीद लिया और वहाँ बैठने की मेरी ड्यूटी लगा दी। वहाँ मंटो की कहानियों में आई कई वेश्याओं से मेरा करीबी साक्षात्कार हुआ, उनकी जीवन शैली, वंचनाएं, संघर्ष और तनावों से भी 'लज़्ज़ते' संग मैंने अभी तक नहीं पढ़ी थी, लेकिन काली शलवार में सुल्ताना का बताया हुआ तीन रुपये का रेट मेरे ज़ेहन में था। मुझे यहाँ हैरानी में डालने वाली उस त्रासद सच्चाई का भी सामना हुआ। सन् 40-42 का वह तीन रुपये का रेट पचीस वर्षों के लम्बे अन्तराल के बावजूद अब भी यहाँ क़ायम था एक व्यक्ति ने तो बारह आने आफ़र किये थे, जिसके कारण उसे गंदी गाली खानी पड़ी थी। क़ायम था जबकि दूध पिलाई का तब का एक रुपये का रेट डेढ़ रुपये हो गया था। दूध हमारे होटल ही से जाता था, कभी-कभी दूध के साथ बन-मक्खन भी।

'लज़्ज़ते संग' पढ़ते हुए मेरे मन में इसके हिन्दी रूपान्तरण की इच्छा पैदा हुई। परन्तु प्रश्न था, हिन्दी में यह छपेगी कैसे? तब तक मेरा किसी हिन्दी लेखक या प्रकाशक से परिचय नहीं था, सो इस इच्छा को मैं टालता रहा।

यहाँ तक कि जब मैं प्रतिबन्धित कहानी संग्रह 'अंगारे' का हिन्दी अनुवाद कर रहा था, जिसकी कहानियों पर भी वही आरोप लगे थे, जो मंटो की कहानियों पर लगे। तब इस इच्छा ने ज़्यादा ज़ोर मारा लेकिन रुकावटें तब भी मौजूद थीं। इस बीच 'नया इदारा' लाहौर से प्रकाशित इस पुस्तक का पहला संस्करण भी मेरे हाथ लग गया। मैंने माले ग़नीमत की तरह उसे सहेज लिया। फिर कुछ दूसरी सामग्री भी हाथ आई।

अब यदि मैं इस काम को कर पाया हूँ तो इसके पीछे श्री अरुण महेश्वरी की हौसला अफ़ज़ाई ही प्रमुख है। मंटो को उनकी कहानियों का कथ्य ही नहीं, उसकी प्रस्तुति की पद्धति तथा भाषा भी बड़ा रचनाकार बनाती है, जबकि भाषा की मोहताजी उनकी किसी रचना में नहीं झलकती। उनकी व्यग्र रचनात्मक ऊर्जा तथा सामाजिक विसंगतियों-विडम्बनाओं और कुरूपताओं से पैदा हुआ सारा तीखापन उनकी भाषा में मौजूद है। एक-एक शब्द उपयुक्त और सटीक, दूर की कौड़ी जैसी उपमाएँ, और मुहावरे; उनका वह गद्य जो कहानी नहीं है, उसमें भी गहरी रचनात्मकता है। वह तर्क का ऐसा लोक रचते हैं, जिसे परास्त करना असम्भव तो नहीं परन्तु कठिन अवश्य है।

ज़हिर सी बात हैं। हिन्दी अनुवाद उनकी भाषा के विशिष्ट आस्वाद से भले वह कितनी ही कसैला क्यों न हो, वंचना का दंश देती कारणवश उनकी भाषा के मूल रूप को बचाये रखा गया। हिन्दी पाठकों को इसे समझने में कठिनाई न हो, इसका ध्यान रखा गया है।

'लज़्ज़ते संग' का महत्व मात्र इतना नहीं है कि यह एक बड़े रचनाकार की कहानियों पर चले मुकद्दमों की सबक़ आमेज़ व दिलचस्प रूदाद है बल्कि यह साहित्य मे अश्लीलता के विषय पर एक सार्थक बहस का दस्तावेज़ भी है।

जहाँ एक ओर यह शब्द, अभिव्यक्ति के माध्यमों तथा सामाजिक यथार्थ के प्रति व्यवस्था की बचकानी समझ और इस कारण उसके द्वारा सृजन की अवमानना व रचनाकार के दमन की घटिया हरकतों का ऐतिहासिक साक्ष्य है, वहीं दूसरी ओर शब्द और कथ्य के प्रति एक लेखक की साहसिक दृढ़ता, उसके द्वारा झूठ के विरुद्ध प्राप्त की गई खरी विजय का रोमांचक आख्यान भी है, जो संकेत देता है कि असहमतियों की गुंजाइश के साथ यह किसी एक भाषा की नहीं, सबकी थाती है। इसमें परिधियों व रूढ़ियों के ध्वंस की धमक भरी अनुगूंज है।

कैसी घोर विडम्बना है कि मंटो को अपने इक्कीस वर्ष के छोटे-से साहित्यिक जीवन में लगभग दस वर्ष अदालतों के चक्कर लगाना पड़े। थाना, जेल-अदालत, वारण्ट, खाना तलाशी और सम्मन पर सम्मन। सब कुछ कितना यातनाप्रद रहा होगा,

हम अनुमान लगा सकते हैं; वह भी एक संवेदनशील नाज़ुक और बीमार व्यक्ति के लिए। सृजनधर्मी व्यक्ति के लिए समय का क्या महत्व व मूल्य होता है, सृजन से तआल्लुक रखने वाला कोई भी इंसान इसे आसानी से समझ सकता है। मंटो के साथ ही उनके समूचे परिवार को दहशत में डाला गया सताया गया। बहरहाल–

'लज़्ज़ते संग' के उर्दू संस्करण से वही सामग्री ली गई है जिसे अनुवाद के लिए ज़रूरी समझा गया। कुछ दूसरी प्रासंगिक सामग्री अवश्य शामिल कर ली गई है। जैसे कि 'खोल दो' और ऊपर नीचे और दरम्यान कहानियां 'लज़्ज़ते संग' में संग्रहित नहीं हैं परन्तु उन्हें इस पुस्तक में शामिल कर लिया गया है। 'खोल दो' पर कोई मुक़दमा तो नहीं चला लेकिन जिस पत्रिका में यह प्रकाशित हुई, उस पर छ : माह के लिए प्रतिबन्ध लगा दिया गया।

–शकील सिद्दीक़ी
लखनऊ

अनुक्रम

कहानियाँ

अदबे जदीद

मज़मून जिसका ज़िक्र 'महूला सद्रके ख़त' में है, एक तक़रीर थी जो मैंने जोगेश्वरी कॉलेज, बम्बई में तालिबे-इल्मों को पढ़ के सुनाई थी—इससे पहले चंद असहाब 'अदबे-जदीद' के ख़िलाफ़ इस कॉलेज में तक़रीरें कर चुके थे। यही वजह है कि मैंने कॉलेज की मजलिसे-अदब की दावत क़ुबूल की और अपने ख़यालात का इज़हार किया। यह तक़रीर बाद में 'अदबे जदीद' के उनवान से 'अद्बे लतीफ़' के ज़ेरे-इताब सालनामा 1944 ई. में मेरे अफ़साने 'बू' के साथ शाया हुई। मैं इसे ज़ैल में नक़्ल करता हूँ :

मेरे मज़मून का उनवान अदबे जदीद[1] है। लुत्फ़ की बात यह है कि मैं इसका मतलब ही नहीं समझता लेकिन यह ज़माना ही कुछ ऐसा है कि लोग उसी चीज़ के मुतल्लिक़ बातें करते हैं जिनका मतलब उनकी समझ में नहीं आता। पिछले दिनों गाँधी जी ने आग़ा ख़ाँ के महल में मरन-ब्रत रखा। जब लोगों की समझ में न आया कि वह किस तरह ज़िन्दा रह सके हैं तो एक नारंगी पैदा कर दी गई। यह नारंगी भी कुछ दिनों के बाद नाक़ाबिले-फ़हम[2] हो गई। बाज़ आदमियों ने कहा कि नारंगी नहीं थी, मौसंबी थी। बाज़ ने कहा : नहीं, मौसंबी-नारंगी हर्गिज़ नहीं थी, माल्टा था-बात बढ़ती गई। चुनांचे इस फल की सारी ज़ातें गिनवा दी गईं : नारंगी, संगतरा, मौसंबी, माल्टा, चकोतरा, स्वीट लाइम, खट्टा लीमूं, मीठा लीमूं, वग़ैरह, वग़ैरह। फिर डॉक्टरों ने इनमें से हर एक की विटामिंज़ गिनवाईं। ग़िज़ाइयत को कैलोरीज़ में तक़सीम किया गया। एक बरस में पचहत्तर बरस के बुड्ढे को कितनी कैलोरीज़ की ज़रूरत होती है, इस पर बहस की गई और साहिब, गाँधी जी की यह नारंगी या मौसंबी जो कुछ भी थी, वह सआदत हसन मंटो बन गई। यह मेरा नाम है लेकिन बाज़ लोग अदबे जदीद अलमारूफ़[3] नए अदब, यानी तरक्क़ीपसंद अदब को सआदत हसन मंटो भी कहते हैं और जिन्हें सिन्फ़े-करख़्त[4] पसन्द नहीं, वो उसे इस्मत चुग़ताई भी कह लेते हैं।

जिस तरह मैं यानी सआदत हसन मंटो अपने आपको नहीं समझता, उसी तरह अदबे जदीद अलमारूफ़ नया अदब यानी तरक़्क़ीपसन्द लिट्रेचर भी मेरी फ़हम से बालातर है और जैसा कि मैं अर्ज़ कर चुका हूँ उन लोगों की समझ से भी ऊँचा है जो इसको समझने की कोशिश करते हैं। मिसाल के तौर पर, चन्द मज़मूनों में उस अदब को जिसके कई नाम हैं, और ज़्यादा नाम देने के लिए फ़हशनिगारी[5] और मज़दूरपरस्ती से भी मंसूब किया गया है।

मैं चीज़ों के नाम रखने को बुरा नहीं समझता। मेरा अपना नाम अगर न होता तो वो गालियाँ किसे दी जातीं जो अब तक हज़ारों और लाखों की तादाद में मैं अपने नक़्क़ादों[6] से वुसूल कर चुका हूँ—नाम हो तो गालियाँ और शाबाशियाँ देने और लेने में बहुत सुहूलत पैदा हो जाती है लेकिन अगर एक ही चीज़ के बहुत से नाम हों तो उलझाव पैदा होना ज़रूरी है।

सबसे बड़ा उलझाव इस तरक़्क़ीपसन्द अदब के बारे में पैदा हुआ है, हालाँकि पैदा नहीं होना चाहिए था। अदब या तो अदब है, वर्ना अदब नहीं है। आदमी या तो आदमी है वर्ना आदमी नहीं है, गधा है, मकान है, मेज़ है या और काई चीज़ है। कहा जाता है : सआदत हसन मंटो तरक़्क़ीपसन्द इंसान है। यह क्या बेहूदगी है। सआदत हसन मंटो इंसान है और हर इंसान को तरक़्क़ीपसन्द होना चाहिए। तरक़्क़ीपसन्द कहकर लोग मेरी सिफ़त बयान नहीं करते बल्कि अपनी बुराई का सुबूत देते हैं जिसका मतलब यह है कि वो ख़ुद तरक़्क़ीपसंद नहीं हैं। मन्द यानी वो ख़ुद तरक़्क़ी नहीं चाहते। मैं ज़िन्दगी के हर शोबे में तरक़्क़ी का ख़्वाहिशमन्द रहा हूँ। मैं चाहता हूँ कि आप सब तरक़्क़ी करें। आज आप तालिब इल्म[7] हैं, तरक़्क़ी करते-करते कल आप भी अपने आइडियल तक पहुँच जाएँ।

हर आदमी तरक़्क़ीपसन्द है। वो लोग जिन्हें तख़रीबी या रजअतपसन्द कहा जाता है, ख़ुद को तरक़्क़ीपसन्द ही समझते हैं और फिर हर ज़माने में क़रीब-क़रीब हर आदमी गुज़री हुई नस्ल के मुक़ाबले में अपने को ज़्यादा ज़हीन, तब्बाअ[8] और तरक़्क़ीपसन्द इंसान ही समझता है। यही हाल अदब का हैं शरर[9] के नावेल और राशिद-उल-ख़ैरी के क़िस्से आजकल के अक्सर मुसन्निफ़ीन को बिलकुल बेजान मालूम होते हैं। पढ़नेवालों की भी यही कैफ़ियत है। मार्किट में चले जाइए, आज से दस-बीस बरस पहले के लिखनेवालों की किताबें स्टालों पर बहुत कम दिखाई देती हैं। कृश्न चंदर, राजेंद्र सिंह बेदी, इस्मत चुग़ताई और सआदत हसन मंटो की किताबें, एम. असलम, तीर्थराम फ़ीरोज़पुरी, सैयद इम्तियाज़ अली ताज और आबिद अली आबिद के मुक़ाबले में ज़्यादा पढ़ी जाती हैं। इसलिए कि कृश्न चंदर और उसके हमउम्र[10] नौजवानों ने ज़िन्दगी के नए तजुर्बे बयान किए हैं।

आज से बीस-पच्चीस बरस पहले मुल्क की सियासी और मजलिसी हालत बिलकुल मुख़्तलिफ़ थे इसी तरह आप अन्दाज़ा लगा सकते हैं कि पचास-साठ बरस और पहले कैसी होगी । अगर मुग़लिया हुकूमत का दौर-दौरा होता तो बहुत मुमकिन है, मेरे घर में एक हरम सराय होती। न होती तो कम-अज़-कम एक बीवी घर में होती और दो-तीन तवायफ़ें मेरी मुलाज़मत में होतीं। मुझे बटेरें लड़ाने का शौक़ होता। यह मज़मून पढ़ने के बजाय मैं प्रिंसिपल साहिब बि-अल्क़ाविदि की शान में एक क़सीदा[11] सुनाता जो ख़ुश होकर या तो मेरा मुँह मोतियों से भर देते या जोगेश्वरी कॉलेज मुझे बख़्श देते ताकि मैं इसे अपना तबेला बना सकूँ। मगर जैसा कि आप जानते हैं, हालात बहुत मुख़्तलिफ़ हैं। मुझे यहाँ से पैदल स्टेशन जाना पड़ेगा और फ़िल्मिस्तान में अपने आक़ाओं को जवाब देना पड़ेगा कि मैं इतनी देर डॉक्टर के पास क्या करता रहा? मैं उनसे झूठ बोल के आया हूँ कि डॉक्टर से टीका लगवाने जा रहा हूँ।

हाँ, तो मैं अर्ज़ कर रहा था कि हालात बहुत मुख़्तलिफ़ हैं और हालात का यह इख़्तिलाफ़ ही अदब में मुख़्तलिफ़ रंग पैदा करता है। पहले फ़ारिग़-उलबाली[12] थी। लोग आरामपसन्द और ऐशपरस्त थे। उस ज़माने के अदब में आपको बहुत सी दिमाग़ी अय्याशियाँ नज़र आ सकती हैं। वह गुनूदगी[13] भी आप महसूस कर सकते हैं जो उस ज़माने के अदीबों पर तारी थी। उस ज़माने में शाइर अपने असील मुर्ग़ की जवाँमर्गी पर ज़ोरदार नौहा (शोकगीत) लिखता था और बहुत बड़ा शाइर तस्लीम किया जाता था। आज का शाइर अपनी जवाँमर्गी[14] के नौहे[15] लिखता है। उस अहद का क़िस्सा नवीस जिन्नों और परियों की दास्तानें लिखकर नाम पैदा करता था। आज का अफ़साना नवीस उन मर्दों और औरतों की कहानियाँ लिखता है जो जिन्नों और परियों से कहीं ज़्यादा दिलचस्प हैं। उस दौर का अदीब मुत्मइन इंसान था। आज का अदीब एक ग़ैरमुत्मइन इंसान है। उसकी इस बेइत्मीनानी को लोगों ने ग़लत नाम दे रक्खे हैं। कोई उसे तरक़्क़ीपसन्दी कहता है, कोई फ़हशनिगारी और कोई मज़दूरपरस्ती। यह भी कहा जाता है कि इन अदीबों के आसाब पर औरत सवार है। सच तो यह है कि हुबूते-आदम[17] से लेकर अब तक हर मर्द के आसाब[18] पर औरत सवार रही है। और क्यों न रहे? मर्द के आसाब पर क्या हाथी-घोड़ों को सवार होना चाहिए? जब कबूतर, कबूतरियों को देखकर गुटकते हैं तो मर्द औरतों को देखकर एक ग़ज़ल या अफ़साना क्यों न लिखें? औरतें कबूतरियों से कहीं ज़्यादा दिलचस्प, ख़ूबसूरत और फ़िक्रख़ेज़ हैं। क्या मैं झूठ कहता हूँ?

आज से कुछ अर्सा पहले शाइरी में औरत को एक ख़ूबसूरत लड़का बना दिया गया था। ज़ाहिर है कि उस ज़माने के शाइरों ने इसमें कोई मसलहत[19] देखी होगी।

मगर आज के शाइर इस मसलहत के ख़िलाफ़ हैं। वो औरत के चेहरे पर सब्ज़े या ख़त के आग़ाज को बहुत ही मक्रूह[20] और ख़िलाफ़े-फ़ितरत समझते हैं और चाहते हैं कि दूसरे भी उसको उसकी असली शक्ल में ही देखें। ख़ुदा लगती कहिए, क्या आप अपनी महबूबा के गालों पर दाढ़ी पसन्द करेंगे?

मैं अर्ज़ कर रहा था कि ज़माने की करवटों के साथ अदब भी करवटें बदलता रहता है। आज उसने जो करवट बदली है, उसके ख़िलाफ़ अख़बारों में मज़मून लिखना या जलसों में ज़हर उगलना बिलकुल बेकार है। वो लोग जो अदबे जदीद का, तरक़्क़ी पसन्द अदब का, फ़हश अदब का, या जो कुछ भी यह है, ख़ात्मा कर देना चाहते हैं तो सही रास्ता यह है कि उन हालात का ख़ात्मा कर दिया जाए तो इस अदब के मुहर्रिक[21] हैं।

महमूदाबाद के राजा साहिब का, हैदराबाद के शाइर माहिर-उल-क़ादरी साहिब का या बम्बई के दवाफ़रोश हकीम मिर्ज़ा हैदरबेग साहिब का इस लिट्रेचर के खिलाफ़ रेज़ूलूशन[22] पास करना बिल्कुल बेकार है। जब तक औरतों और मर्दों के जज़्बात के दरमियान एक मोटी दीवार हाइल रहेगी, इस्मत चुग़ताई उसके चूने को अपने तेज़ नाखूनों से कुरेदती रहेगी। जब तक कश्मीर के हसीन देहातों में शहरों की गन्दगी फैली रहेगी, ग़रीब कृश्न चंदर हौले-हौले रोता रहेगा। जब तक इंसानों में और ख़ासतौर पर सआदत हसन मंटो में कमज़ोरियाँ मौजूद हैं, वह ख़ुर्दबीन से देख-देखकर बाहर निकालता रहेगा दूसरों को दिखाता रहेगा। राजा साहिब महमूदाबाद और उनके हमख़याल कहते हैं : यह सरासर बेहूदगी है। तुम जो कुछ लिखते हो, खुराफ़ात है। मैं कहता हूँ बिलकुल दुरुस्त है। इसलिए कि मैं बेहूदगियों और खुराफ़ात ही के मुतल्लिक़ तो लिखता हूँ। राजा साहिब महमूदाबाद एक कान्फ्रेन्स के सद्र बन जाएँ या हकीम हैदर बेग साहिब खाँसी दूर करने का मुजर्रब[23] शर्बत ईजाद कर लें, मुझे उनकी सदारत और उनके शर्बत से कोई दिलचस्पी नहीं। अलबत्ता जब मैं ट्रेन में बैठा-बैठा अपना नया ख़रीदा हुआ क़ीमती पेन निकालता हूँ सिर्फ़ इस ग़रज़ से कि लोग देंखे और मरऊब[24] हों तो मुझे अपना सिफ़लापन (छोटापन) बहुत दिलचस्प मालूम होता है।

मेरे पड़ोस में अगर कोई औरत हर रोज़ ख़ाविंद से मार खाती है और फिर उसके जूते साफ करती है तो मेरे दिल में उसके लिए ज़र्रा बराबर हमदर्दी पैदा नहीं होती लेकिन जब मेरे पड़ोस में कोई औरत अपने ख़ाविंद से लड़कर और खुदकुशी की धमकी देकर सिनेमा देखने चली जाती है और मैं ख़ाविंद को दो घण्टे तक सख़्त परेशानी की हालत में देखता हूँ तो मुझे दोनों से एक अजीबो-ग़रीब किस्म की हमदर्दी पैदा हो जाती है। किसी लड़के को लड़की से इश्क़ हो जाए तो मैं उसे ज़ुकाम के

बराबर भी अहमियत नहीं देता मगर वह लड़का मेरी तवज्जोह को जरूर खींचेंगा जो ज़ाहिर करे कि उस पर सैकड़ों लड़कियाँ जान दे देती हैं लेकिन दरहक़ीक़त वह मुहब्बत का उतना ही भूखा है जितना बंगाल का फ़ाक़ाज़दा बाशिंदा। इस बज़ाहिर कामयाब आशिक़ की रंगीन बातों में जो ट्रेजडी सिसकियाँ भरती होगी, उसको मैं अपने दिल के कानों से सुनूँगा। चक्की पीसने वाली औरत जो दिन भर काम करती है और रात को इत्मीनान से सो जाती है, मेरे अफ़सानों की हीरोइन नहीं हो सकती। मेरी हीरोइन चकले की एक टखियाई रण्डी हो सकती है जो रात को जागती है और दिन को सोते मे कभी-कभी यह डरावना ख़्वाब देखकर उठ बैठती है कि बुढ़ापा उसके दरवाज़े पर दस्तक देने आया है। उसके भारी-भारी पपोटे, जिन पर बरसों की उचटती हुई नींदें मुंजमिद[25] हो गई हैं, मेरे अफ़सानों का मौज़ू बन सकते हैं। उसकी ग़लाज़त, उसकी बीमारियाँ, उसका चिड़चिड़ापन, उसकी गालियाँ– ये सब मुझे भाती हैं। मैं उनके मुताल्लिक़ लिखता हूँ और घरेलू औरतों की शुस्ता[26] कलामियों, उनकी सेहत और उनकी नफ़ासतपसन्दी को नज़रअंदाज़ कर जाता हूँ।

एतिराज़ किया जाता है कि नए लिखने वालों ने औरत और मर्द के जिंसी ताल्लुक़ात ही को अपना मौजू बनाया है। मैं सबकी तरफ से जवाब नहीं दूँगा। अपने मुताल्लिक इतना कहूँगा कि यह मौजू मुझे पसन्द है। क्यों है?समझ लीजिए कि मुझमें परवर्ज़न[27] है और अगर आप अक़्लमन्द हैं, चीज़ों के अवाक़िबो-अवातिफ़[28] अच्छी तरह जाँच सकते हैं तो समझ लेंगे कि यह बीमारी मुझे क्यों लगी है। ज़माने के जिस दौर से हम इस वक़्त गुज़र रहे हैं, अगर आप उससे नावाक़िफ़ हैं तो मेरे अफ़साने पढ़िए! अगर आप उन अफ़सानों को बर्दाश्त नहीं कर सकते तो इसका मतलब यह है कि यह ज़माना नाक़ाबिले बर्दाश्त है। मुझमें जो बुराइयाँ हैं, वो इस अहद की बुराईयाँ हैं, मेरी तहरीर में कोई नुक़्स नहीं। जिस नुक़्स को मेरे नाम से मंसूब[29] किया जाता है, दरअसल मौजूदा निज़ाम का नुक़्स है। मैं हंगामापसन्द नहीं। मैं लोगों के ख़यालातो-जज़्बात में हैजान पैदा करना नहीं चाहता। मैं तहज़ीबो-तमद्दुन[30] की और सोसाइटी की चोली क्या उतारूँगा, जो है ही नंगी। मैं उसे कपड़े पहनाने की कोशिश भी नहीं करता, इसलिए कि यह मेरा काम नहीं, दर्ज़ियों का है। लोग मुझे सियाह क़लम कहते हैं लेकिन मैं तख़्त-ए-याह पर काली चाक से नहीं लिखता, सफेद चाक इस्तेमाल करता हूँ कि तख़्त-ए-सियाह की सियाही और भी ज़्यादा नुमायाँ हो जाए। यह मेरा ख़ास अंदाज, मेरा ख़ास तर्ज़ है जिसे फ़हशनिगारी, तरक़्क़ीपसन्दी और खुदा मालूम क्या-क्या कुछ कहा जाता है। लानत हो सआदत हसन मंटो पर, कमबख़्त को गाली भी सलीक़े से नहीं दी जाती ।

जब मैंने लिखना शुरू किया था तो घरवाले सब बेज़ार थे। बाहर के लोगों को

भी हस्बे-मामूल[31] मेरे साथ दिलचस्पी पैदा हो गई थी। चुनांचे वो कहा करते थे : "भई, कोई नौकरी तलाश करो। कब तक बेकार पड़े अफ़साने लिखते रहोगे...?" आठ-दस बरस पहले अफ़सानानिगारी बेकारी का दूसरा नाम था। आज इसे अदबे जदीद कहा जाता है जिसका मतलब यह है कि लोगों के ज़ेहन ने काफ़ी तरक्क़ी कर ली है। वह वक़्त भी आ जाएगा जब इस जदीद अदब का सही मतलब वाज़ेह हो जाएगा और हकीम हैदर बेग साहिब देहलवी को अपने शिफ़ाख़ाने से उठकर नए लिखने वालों के रोग की तश्ख़ीस[32] नहीं करना पड़ेगी।

जब से जंग शुरू हुई है, अदबे-जदीद पर एक नए ज़ाविए से हमला किया जा रहा है। कहा जाता है कि जब सारी दुनिया जंग के शोलों में लिपटी है, हर रोज़ हज़ारों इंसानों का ख़ून मिट्टी में मिल रहा है, फ़ना बादा-ए-हर-जाम[33] बनी है, दूसरी अज्नास[34] की तरह इंसानों के गोश्त-पोस्त की दुकानें भी खुली हैं तो ये नए लिखनेवाले क्यों ख़ामोश हैं, क्या इनके क़लम सिर्फ़ जिंसियात[35] की रौशनाई ही में डूबते हैं? दुनिया का नक़्शा बदल रहा है। हर लम्हा, हर घड़ी एक नए तूफ़ान का पैग़ाम ला रही है मगर उनके दिलो-दिमाग़ पर ऐसा जुमूद[36] तारी है कि दूर ही नहीं होता।

मैं फिर दूसरों की तरफ़ से जवाब नहीं दूँगा। अपने मुताल्लिक़ अर्ज़ करना चाहता हूँ कि दुनिया का नक़्शा वाक़ई बदल जाएगा। डरपोक आदमी हूँ, जेल से बहुत डर लगता है। यह ज़िन्दगी जो बसर कर रहा हूँ, जेल से कम तकलीफ़देह नहीं। अगर इस जेल के अन्दर एक और जेल पैदा हो जाए और मुझे उसमें ठूँस दिया जाए तो चुटकियों में मेरा दम घुट जाएगा। ज़िन्दगी से मुझे प्यार है। हरकत का दिलदादा हूँ। चलते-फिरते सीने में गोली खा सकता हूँ लेकिन जेल में खटमल की मौत नहीं मरना चाहता। यहाँ इस प्लेटफ़ार्म पर यह मज़मून सुनाते-सुनाते आप सबसे मार खा लूँगा और उफ़ नहीं करूँगा। लेकिन हिन्दू-मुस्लिम फ़साद में अगर कोई मेरा सिर फोड़ दे तो मेरे खून की हर बूँद रोती रहेगी। मैं आर्टिस्ट हूँ, ओछे ज़ख़्म और भद्दे घाव मुझे पसन्द नहीं। जंग के बारे में कुछ लिखूँ और दिल में पिस्तौल देखने और उसको छूने की हसरत दबाए किसी तंगो-तारीक[37] कोठरी में मर जाऊँ, ऐसी मौत से तो यही बेहतर है कि लिखना-विखना छोड़कर डेरी फ़ार्म खोल लूँ और पानी मिला दूध बेचना शुरू कर दूँ। गोले और तारपीडो तो एक तरफ़ रहे, मैंने आज तक हवाई बंदूक भी नहीं चलाई। बचपन की बात है, हमारे पड़ोस में एक थानेदार रहते थे। उनके पास एक पिस्तौल था। पेटी उतारकर जब वह पलंग पर रखते तो सब बच्चों से कह दिया जाता : "देखो, उस कमरे में मत जाना, वहाँ पिस्तौल पड़ा है।" कभी हम डरते-डरते उस कमरे में चले जाते। दूर खड़े रहकर उस ख़तरनाक आले की तरफ़

देखते तो दिल धकधक करने लगता। ऐसा महसूस होता कि पड़े-पड़े पिस्तौल दग़ जाएगा। अब आप ही बताइए : मैं और मेरे दोस्त टैंकों के बारे में क्या लिखेंगे? मुझे चुस्त वर्दी पहनने का शौक़ नहीं है। पीतल और ताँबे के तमग़ों और कपड़े के रंगीन बिल्लों से मुझे कोई दिलचस्पी नहीं। होटलों, डांस क्लबों में शराब पीकर और टैक्सियों में चूना-कत्था लगी लड़कियों के साथ घूमकर मैं वार ऐफ़र्ट[38] की मदद करना नहीं चाहता। इससे कहीं ज़्यादा दिलचस्प मशाग़िल[39] मुझे मयस्सर[40] हैं। मिसाल के तौर पर यह मश्ग़ला क्या बुरा है कि मैं हर रोज़ बम्बई सेण्ट्रल से गोरेगाँव और गोरेगाँव से बम्बई सेण्ट्रल तक बर्क़ी ट्रेन में सैकड़ों वर्दीपोश फ़ौजियों को देखता हूँ जो फ़तह-ओ-नुसरत[41] को और ज़्यादा करीब लाने के लिए शराब के नशे में मदहोश या तो टाँगें पसारे सो रहे होते हैं या निहायत ही बदनुमा औरतों से मेरी मौजूदगी से ग़ाफ़िल, निहायत ही वाहियात क़िस्म का रोमांस लड़ाने में मसरूफ़ होते हैं।

मैं इस जंग के बारे मे कुछ नहीं लिखूँगा लेकिन जब मेरे हाथ में पिस्तौल होगा और दिल में यह धड़का नहीं रहेगा कि यह खुद-ब-खुद चल पड़ेगा तो मैं उसे लहराता हुआ बाहर निकल जाऊँगा और अपने असली दुश्मन को पहचान कर या तो सारी गोलियाँ उसके सीने में खाली कर दूँगा या खुद छलनी हो जाऊँगा। इस मौत पर जब मेरा कोई नक़्क़ाद यह कहेगा कि पागल था तो मेरी रूह इन लफ़्ज़ों ही को सबसे बड़ा तमग़ा समझकर उठा लेगी और अपने सीने पर आवेज़ां[42] कर लेगी...

इस तक़रीर या मज़मून पर हुकूमते पंजाब ने ज़ेरे दफ़ा38 डिफेन्स ऑफ इण्डिया रूल्ज़ मुक़द्दमा चलाया। इल्ज़ाम यह था कि इसमे हुज़ूर मलिक-ए-मुअज़्ज़मा की फ़ोर्सेज़ के मुताल्लिक ऐसी ग़लत बातें मौजूद हैं जिनसे उनको ज़ोफ,[44] पहुँच सकता है।

'बू' पर, जो इस किताब का पहला अफ़साना है, सिर्फ़ फ़हाशी का इल्ज़ाम था। मुक़द्दमा, जैसा कि ज़ाहिर है, लाहौर में चौधरी बरकत अली वल्द चौधरी ग़ुलाम हुसैन, क़ौम अलराई, साकिन लाहौर (एडिटर), सआदत हसन मंटो वल्द गुलाम हसन, साकिन बम्बई के ख़िलाफ़ मि. बनवारी लाल की अदालत में पेश हुआ।

मुझे बम्बई से बहुत ज़रूरी काम छोड़कर हाज़िर होना पड़ा।

लाहौर पहुँचा तो ख़याल था कि मुझे गिरफ़्तार कर लिया जाएगा क्योंकि मेरे वारण्ट जारी हो चुके थे मगर सब-इंस्पेक्टर साहिब ने, जिनसे इत्तिफ़ाकिया 'मकतबा-ए-उर्दू' में मुलाकात हो गई, मुझसे कहा कि मैं सुबह दूसरे मुल्ज़िमीन के साथ अदालत में हाज़िर हो जाऊँ।

गवर्नमेण्ट कॉलेज के बिल्कुल सामने गर्दो-गुब्बार में अटी हुई ईंटों की

दोमंज़िला इमारत है जिसे लोग 'जिला' कहते हैं। शायद जुगत के तौर पर इस इमारत के एक कमरे में हम सब मल्ज़िम पेश हुए।

पहले मेरी ज़मानत हुई, इसके बाद कार्रवाई शुरू हुई। मैं इससे पहले इसी अदालत में अपने अफ़साने 'काली शलवार' के मुक़द्दमे के सिलसिले में पेश हो चुका था। मजिस्ट्रेट साहिब चुनांचे मेरी तरफ देखते ही मुस्कुरा दिए।

इस्तिग़ासे[46] की गवाहियाँ होती रहीं। मैं ख़ामोश सुनता रहा, इसलिए कि सबकी-सब लायानी[47], बेहूदा और मंतिक़ो-इस्तिदलाल[48] से आरी थीं।

उसी रोज़ मैंने अपने वकील मि.हीरालाल सीब्बल की मार्फ़त अदालत से दरख़्वास्त की कि मेरी हाज़िरी आइन्दा पेशियों में माफ़ कर दी जाए। अदालत ने यह दरख़्वास्त मंजूर कर ली।

इत्तिफ़ाक़ से उन दिनों मेरे बड़े भाई अलहाज मुहम्मद हसन मंटो, बार एट लॉ जज़ाइर फ़िज़ी[49] से लाहौर आए हुए थे। मैंने उनको अपना अफ़साना 'बू' और मज़मून 'अदबे-जदीद' पढ़ने के लिए दिया और पूछा कि अंजाम क्या होगा।

दोनों चीज़ें बग़ौर पढ़ने के बाद उन्होंने जवाब दिया : ''मेरा ख़याल है कि इस्तिग़ासे की गवाहियाँ सुनने के बाद ही मजिस्ट्रेट मुक़द्दमा ख़ारिज कर देगा...''

-लेकिन ऐसा न हुआ। मैं बम्बई चला आया। वहाँ फ़र्दे-जुर्म आइद हो गया और दोनों चौधरियों और अहमद नदीम क़ासमी को सफ़ाई के गवाह पेश करने में काफ़ी दौड़-धूप करनी पड़ी।

इसी दौरान में मि. बनवारी लाल तब्दील हो गए और उनकी जगह चौ. मेंहदी अली खाँ मुतअय्यन[50] हुए। चूँकि ये मुक़दमे की तफ़सील से बख़ूबी वाक़िफ़ नहीं थे, इसलिए फ़ैसला मुरत्तब[51] करने में काफ़ी देर हो गई।

2 मई, 1945 ई. को चौधरी मेंहदी अली खाँ ने बिल आख़िर फ़ैसला सुना दिया। उन्होंने सिर्फ़ इतना कहा : ''सआदत हसन मंटो बरी है, इसलिए कि मि. बनवारी लाल उसे पहले ही बरी कर चुके हैं...'

मैंने सोचा, अगर ऐसा ही था तो मुझे बम्बई से लाहौर आने की ज़हमत क्यों दी गई? अहमद नदीम क़ासमी भी बरी कर दिए गए लेकिन दोनों चौधरियों को साठ रुपए फ़ीस के हिसाब से जुर्माना हुआ। अदमे अदायगी की सूरत में एक-एक माह क़ैदे-बा मशक़्क़त। मशक़्क़त का नाम सुनते ही दोनों चौधरियों ने जेब में हाथ डाला और जुर्माना अदा कर दिया।

इसके बाद चौधारी मेंहदी अली ख़ाँ के फ़ैसले के ख़िलाफ़ मि. एम.आर. भाटिया, एडीशनल जज की अदालत में अपील की गई। फ़ैसला 24 नवम्बर, 1945 ई. को हुआ जिसका तर्जुमा यह है :

ज़ेरे-नज़र मुक़दमा दफ़ा 292 ताज़ीराते हिंद के तहत है जिसमें बरकत अली और नज़ीर अहमद को साठ रुपए जुर्माना और अदम-अदायगी की सूरत में एक माह क़ैदे-बा-मशक़्क़त की सज़ा दी गई है। इस सज़ा के ख़िलाफ़ मुझसे अपील की गई है। मातहत अदालते-फ़ाज़िला ने अपने फ़ैसले में यह रिमार्क किया है कि मज़मून 'बू' का मुसन्निफ़ सोसायटी की नज़रों में सख़्त तरीन सज़ा का मुस्तहिक़[52] था और यह कि वही सही आदमी था जिसे क़ानूनी गिरफ़्त में लेना चाहिए था मगर पेशरौ फ़ाज़िल जज (मि. बनवारी लाल) ने उसे बरी कर दिया।

मौजूदा मुलज़िमों में से एक पब्लिशर है और दूसर एडिटर जिसने मज़मून छापा। क़ाबिले-ग़ौर अम्र[53] है कि ऐसे अश्ख़ास मुल्ज़िमीन की सफ़ाई में पेश हुए जो उर्दू ज़बान के आलिम होने की हैसियत में बहुत मशहूर हैं। मिसाल के तौर पर ख़ान बहादुर अब्दुर्रहमान चुग़ताई, मि. के.एल.कपूर, प्रो. डी.ए.वी. कॉलेज, राजेंद्र सिंह बेदी और डॉ. आई.एल. लतीफ़, प्रो.एफ़.सी. कॉलेज जो बतौर गवाहाने-सफ़ाई पेश हुए। इन सबकी राय है कि ज़ममून (बू) में ऐसी कोई चीज़ नहीं जो शहवानी[54] हस्सियात पैदा करे, बल्कि इन लोगों का यह कहना है कि मज़मून तरक़्क़ीपसन्द है और उर्दू अदब के मॉडर्न रुज्हान से ताल्लुक़ रखता है। हत्ता कि इस्तिग़ासा के गवाह नंबर 4 बशीर ने भी दौराने जिरह में तस्लीम किया कि मज़मून इन्सान के अख़लाक पर बुरा असर नहीं डालता।

मेरी नज़र में मज़मून एक इश्क़िया कहानी है एक लड़के और लड़की की, जिसमें ऐसी बात का दिलचस्प ज़िक्र है जो अमूमन हर रोज़ नौजवान आदमियों में नहीं होती।

मातहत अदालते-फ़ाजिला[55] ने हिंदुस्तानी नौजवानों की तअय्युश-पसन्द[56] ज़िन्दगी का ज़िक्र करते हुए अफ़सोस किया है और इस बात पर मातम किया है कि मुल्क में हिंदुस्तानियों का पुराना कैरेक्टर नाबूद[57] हो रहा है। मातहत अदालत के फ़ाज़िल जज ने वो ख़ूबियाँ भी याद कराई हैं जिनके लिए हम हिंदुस्तानी कभी मशहूर थे और यह नसीहत की है कि नए फ़ैशनों को ख़त्म कर देना चाहिए।

मालूम होता है कि मातहत अदालते-फ़ाज़िला के ख़यालात तरक्क़ीपसन्द नहीं हैं। हमें ज़माने के साथ-साथ चलना है। हसीन चीज़ एक दाइमी मसर्रत[58] है। आर्ट जहाँ कहीं भी मिले, हमें उसकी क़द्र करनी चाहिए। आर्ट ख़्वाह वह तसवीर की सूरत में हो या मुजस्समे की शक्ल में, सोयायटी के लिए क़तई तौर पर एक पेशकश है, चाहे उसका मौज़ू ग़ैर-मस्तूर[59] ही क्यों ने हो। यही कुल्लिया तहरीरों पर भी मुंतबिक़[60] होता है।

जब मुल्क के मशहूरो-मारूफ़ आर्टिस्टों और अदीबों ने मुल्ज़िमीन के हक़ में

कहा है तो सारा फ़ैसला यहीं हो जाता है। ज़ेरे-बहस मज़मून ऐसा मज़मून नहीं कि जिस पर किसी क़ानूनी अदालत में नुक्ताचीनी की जाए, इसलिए मुझे अपील मंज़ूर करने में कोई पशो-पेश नहीं। जुर्माना अगर अदा किया गया है तो वापस किया जाए। मैं अपील करनेवालों को बरी करता हूँ।

मुझे चूँकि 'शहादत' का रुत्बा हासिल नहीं करना है, इसलिए मैं उन तकलीफ़ों का ज़िक्र नहीं करना चाहता जो मुझे लाहौर आने-जाने में उठानी पड़ीं। एक लानेत सिर से दूर हो गई, यही काफ़ी था। मुझे उन अख़बारों के मुताल्लिक़ भी कुछ नहीं कहना है जिनमें हफ़्तों, बल्कि महीनों हुकूमत और रिआया को अख़लाक़ियात के सबक़ दिए जाते रहे। अफ़सोस सिर्फ़ इतना है कि ये पर्चे ऐसे लोगों की मिल्कियत हैं जो उज़्वे-ख़ास की लाग़िरी[62] और कजी[63] दूर करने के इश्तिहार ख़ुदा और रसूल की क़स्में खा-खाकर शाया करते हैं लेकिन अपने एडिटरों की टेढ़ी-बंगी टाँगों और उनकी झुकी हुई कमरों का मुतलक़[64] ख़याल नहीं करते। मुझे उन क़लम से मज़दूरी करनेवालों से दिली हमदर्दी है। उनमें से अक्सर शरीफ़ आदमी हैं जिन्हें अदब से दूर का भी वास्ता नहीं लेकिन चूँकि पर्चा छपना ही चाहिए और उसमें शुरू से लेकर आख़िर तक कुछ लिखा भी होना चाहिए, इसलिए ये मजबूर इनसान सियासत, साइंस और अदब पर जो भी उनके नातरबीयत-याफ़्ता दिमागों में आता है, काग़ज पर घसीट देते हैं। मुझे अफ़सोस है कि सहाफ़त[65] जैसे मुअज़्ज़ज़[66] पेशे पर ऐसे लोगों का इजारा है जिनमें से अक्सर तिलाफ़रोश[67] हैं।

पंजाब की प्रेस ब्रांच के मुताल्लिक़ 'ईं दफ़्तरे-बेमानी' नहीं कह सकता, इसलिए कि यह दफ़्तर अपने मानी वक़्तन-फ़वक़्तन[68] ज़रूरत के मुताबिक़ निकालता रहता है। चंद बरसों से इसके मानी ये हैं कि अल्लामा इक़बाल मरहूम के बाद ख़ुदाए-अज़्जो-जल्ल[69] ने अदब के तमाम दरवाज़ों में ताले डालकर सारी चाबियाँ एक नेक बन्दे के हवाले कर दी हैं। काश, अल्लामा मरहूम जिन्दा होते!

पुलिस की अदालतें तो ख़ैर पुलिस की अदालतें हैं, अंधी रूह और गंजे फ़रिश्ते...! इस अंधी रूह, गंजे फ़रिश्तों और पंजाब के तिलाफ़रोश अख़बारवालों और रिसालों के मालिकों और उनके मरीज़ एडिटरों की बदौलत एक बार फिर मुझे लाहौर की उस अदालत में हाज़िर होना पड़ा जिसे जुगत के तौर पर जिला कहते हैं।

अब की मुक़दमा साक़ी बुक डिपो, देहली की शायाकर्दा किताब 'धुआँ' पर था। इल्ज़ाम बही फहहाशी का था।

दो अफ़साने ज़ेरे-इताब[70] थे; किताब का पहला अफ़साना 'धुआँ' और 'काली शलवार' ।

'काली शलवार' पर अर्सा हुआ, कानूनी पोस्टमार्टम हो चुका था और सेशन

कोर्ट में यह फ़हाशी से मुबर्रा[71] क़रार दी जा चुकी थी। मालूम नहीं एक बार फिर इस बेज़रर अफ़साने पर ताज़ीराते हिंद की दफ़ा292 क्यों आज़माई गई?

इस दफ़ा मामला कुछ ज़्यादा संगीन मालूम हुआ क्योंकि मेरे और मि. शाहिद अहमद देहलवी (मालिक साक़ी बुक डिपो) के इलावा वह कातिब भी गिरफ़्तार कर लिया गया जिसने 'धुआँ' लिखने के घिनावने जुर्म का इर्तिकाब[72] किया था। वो कुतुब फ़रोश[73] भी गिरफ़्तार किए गए जिनके पास यह मलऊन किताब मौजूद थी। प्रेस जिसमें यह छपी थी, उसका मालिक भी धर लिया गया।

मैं सलीक़े का बहुत क़ायल हूँ। नागवार-से-नागवार चीज़ भी अगर सलीक़े के साथ की जाए तो मुझे नागवार मालूम नहीं होतीं। लाहौर सी.आई.डी. के एक सब-इंस्पेक्टर ने जिसका नाम शायद रामस्वरूप था, मुझे 5 दिसम्बर, 1944ई. को गोरेगाँव से मलाड पुलिस स्टेशन बुलवाया और बग़ैर वारण्ट दिखाए गिरफ़्तार कर लिया-मैंने वारण्ट के मुताल्लिक़ इस्तफ़सार[74] किया तो रामस्वरूप ने कहा : ''प्राइवेट काग़ज़ात मैं तुम्हें नहीं दिखा सकता।''

यह हरकत मुझे बुरी मालूम हुई। चुनांचे मैंने शाम को घर आकर अपने सॉलिसिटर को टेलिफ़ोन किया जिसने मुझे बताया कि मेरी गिरफ़्तारी ग़ैरकानूनी है, इसलिए हस्बुलहुक्म[74] लाहौर में हाज़िर होने की कोई ज़रूरत नहीं...

मैंने ऐसा ही किया लेकिन 8 जनवरी, 1945 ई.को मुझे मेरे मकान पर रात के 10 बजे क़ानूनी तौर पर गिरफ़्तार कर लिया गया—इस्मत चुग़ताई (मिसेज़ शाहिद लतीफ़) के साथ भी क़रीब-क़रीब यही सुलूक हुआ।

4फ़रवरी, 1945 ई. 'क़ौमी? जंग' (बम्बई) में यह अदब और तहज़ीब पर हमला है' के उनवान से एक मज़मून अली सरदार जाफ़री के क़लम से शाया हुआ ज़िसकी इब्तिदाई सुतूर ये हैं :

> उर्दू के बेहतरीन अफ़सानानिगारों में सआदत हसन मंटो और इस्मत चुग़ताई के नाम बहुत मशहूर हैं। हाल ही में एक नया मज़मूआ 'धुआँ' और इस्मत के अफ़सानों का एक नया मज़मूआ 'चोटें' देहली से शाया हुआ है। इन मजमूओं में दोनों अफ़सानानिगारों की बाज़ बहुत अच्छी कहानियाँ शामिल हैं लेकिन मालूम हुआ कि हूकूमते पंजाब ने इस्मत और मंटो के बाज़ अफ़सानों को उर्यां क़रार दे दिया है। अभी तक यह मालूम नहीं हो सका है कि इताब कौन से अफ़सानों पर नाज़िल हुआ है। लेकिन दोनों किताबें ज़द में है—मुक़द्दमें की समाअत अभी तक शुरू नहीं हुई हैं। स्पेशल मजिस्ट्रेट की अदालत में 2 फ़रवरी को इस्मत और मंटो की पेशी होने वाली है। लेकिन अदालती कार्रवाई से पहले ही इन दोनों पर बहुत कुछ गुज़र गई है। 5 दिसम्बर, '44 ई. को बम्बई की पुलिस ने इस्मत चुग़ताई को बग़ैर वारण्ट

के गिरफ़्तार कर लिया और एक हज़ार रुपये की ज़मानत पर रिहा किया। 6 दिसम्बर को इस्मत को दादर पुलिस कोर्ट में हाज़िरी देनी पड़ी और उन्हें हुक्म मिला कि 6 जनवरी, 1945 ई.को दोबारा हाज़िर हों। इस मर्तबा दो हज़ार रुपये की ज़मानत देकर गुलूखलासी[76] हुई और हुक्म मिला कि इस्मत 2 फ़रवरी को लाहौर के स्पेशल मजिस्ट्रेट की अदालत में जाकर हाज़िरी दें। तक़रीबन यही हश्र सआदत हसन मंटो का हुआ। सआदत हसन मंटो का हश्र कुछ ज़्यादा ही क़ाबिले-रहम था। मुझे उन दिनों आसाबी[75] (स्नायू समूह) दर्द की शिकायत थी। घर में रात के दस बजे जब मुझे गिरफ़्तार किया गया तो मैं मारे दर्द के कराह रहा था। सीने पर गर्म बोतल थी लेकिन हुक्मे-हाकिम मर्गे-मुफ़ाजात[76], लाहौर हाज़िरे-अदालत होना ही पड़ा।

इस दफ़ा मुक़दमा राय साहिब लाला संतराम, स्पेशल मजिस्ट्रेट की अदालत में पेश हुआ।

एक लतीफ़ा सुन लीजिए : अदालत में दाख़िल होने से पहले एक अधेड़ उम्र के शरीफ़ से साहिब आए और मुझसे हाथ मिलाकर उन्होंने कहा : "आपसे मिलकर बड़ी खुशी हुई।"

मैंने पूछा : "आपका इस्मे-गिरामी[77]?"

अधेड़ उम्र के शरीफ़ से साहिब ने जवाब दिया : "नानकचंद नाज़"।

मैंने अपना हाथ खींच लिया और कहा : 'माफ़ कीजिए, मुझे आप से मिलकर खुशी नहीं हुई...'

लाला नानकचंद नाज़ इस्तिग़ासा के मुअज़्ज़िज़तरीन[78] गवाह थे जो मेरे और इस्मत चुग़ताई, दोनों के ख़िलाफ़ भुगते-आप वाक़ई भुगते।

एक और लतीफ़ा सुन लीजिए : लाला जी ने इस्मत के अफ़साने 'लिहाफ़' के मुताल्लिक़ कहा कि इसमें गन्दे अल्फ़ाज़ इस्तेमाल किए गए हैं।

हमारे वकील मि.हीरालाल ने पूछा : "मसलन...?"

लाला जी ने 'चोटें' उठाई। काफी देर 'लिहाफ़' की वर्क़गर्दानी[79] के बाद एक लफ़्ज़ निकाला : मसलन आशिक़!"

हम सब मुस्करा दिए।

मि. हीरालाल ने लाला जी से कहा : "यह लफ़्ज़ गन्दा है तो आप इसकी जगह कोई दूसरा तजवीज़ कर दीजिए..." लाला जी सोचने लगे।

मि.हीरालाल ने पूछा : " 'यार कैसा रहेगा?' "

इस दफ़ा राय साहिब लाला संतराम भी मुस्करा दिए।

जब तक इस्तिग़ासे के गवाह पेश होते रहे, ऐसी मुस्कराहटें जारी रहीं लेकिन अदालत

बरख़्वास्त होने से पहले जब हमारे वकील ने दरख़्वास्त पेश की कि मुझे और इस्मत को आइन्दा पेशियों में हाज़िर होने से माफ़ कर दिया जाए और जब मजिस्ट्रेट साहिब ने उसे मुस्तरद[४०] कर दिया तो हम दोनों को यह तकलीफ़देह एहसास हुआ कि हम अदालत में पेश थे और हम पर फ़हहाशी का संगीन जुर्म आइद था। मुझे इसका भी शदीद एहसास हुआ कि सख़्त सर्दी है और मैं आसाबी दर्द में मुब्तिला हूँ। अदालत से बाहर मि.हीरालाल से मश्विरा किया गया।

एक ही सूरत थी कि हाई कोर्ट मे अपील की जाए जो फ़ौरन ही दाख़िल कर दी गई दूसरे दिन मैं और इस्मत ऑनरेबल जस्टिस इछरू राम की अदालत में पेश हुए।

आपने हमको ग़ौर से देखा और कहा : "मुझे आप दोनों के अफ़साने बहुत पसन्द हैं..."

हमें बहुत ख़ुशी हुई लेकिन उन्होंने अपील के काग़ज़ात ऑनरेबल जस्टिस दीन मुहम्मद की अदालत में मुंतक़िल कर दिए।

अब फिर दूसरे रोज़ हाज़िर होना था। शाम को मेरी तबीयत बहुत ज़्यादा ख़राब हो गई। इत्तिफ़ाक़ से मेरा भान्जा मेजर अब्दुल वहीद उन दिनों लाहौर के मिलिट्री हस्पताल में मुतअय्यन था। उसने मेरा एक्स-रे-लिया और बताया कि मुझे हाइड्रोन्यूमोथोरेक्स है यानी मेरे दाहिने फेफड़े के एक हिस्से मे पानी और हवा दाख़िल हो गई है।

मेजर वहीद के कहने पर मैंने दूसरे दिन सुबह सवेरे कर्नल अमीरचंद से भी तश्ख़ीस कराई। उन्होंने भी वही मर्ज़ बताया और राय दी कि मुझे आराम करना चाहिए। मैंने उनसे सर्टिफ़िकेट ले लिया कि शायद काम आ जाए-दाश्ता आयद बकार।

दूसरे रोज़ मैं आनॅरेबल जस्टिस दीन मुहम्मद की अदालत में पेश हुआ, इस्मत ग़ैरहाज़िर थी।

जस्टिस दीन मुहम्मद ने क़हरआलूद निगाहों से मेरी तरफ़ देखा और बड़बड़ाए : "इन लोगों का वुजूद नंगे-अदब है..."

मुझे ऐसा लगा जैसे क़िस्मत पर मुहर लगा दी गई है।

उन्होंने अपील मंजूर करने से इन्कार कर दिया लेकिन जब मैंने अपने वकील से कर्नल अमीरचंद का सर्टिफ़िकेट पेश करने के लिए कहा तो अपील एक क़हरआलूद दस्तख़त ने मंजूर कर दी।

मैं बम्बई वापस चला आया।

बम्बई मे बहुत देर तक डॉक्टरों मे यह बहस होती रही कि मेरा मर्ज़ क्या है। मेजर वहीद और कर्नल अमीरचंद की तश्ख़ीस यह कहती थी की मुझे हाइड्रोन्यूमोथोरेक्स है लेकिन डॉक्टर लेमला और डॉ. एफ.डब्ल्यू.बरजर (या बरगर) की एक्स-रे-देखने

के बाद यह राय थी की सिर्फ़ न्यूमोथोरेक्स है। आख़िर यह फ़ैसला हुआ कि डॉक्टर एच.पी.मोदी से जो रेडियोलॉजी के माहिर हैं, रुजू[82] किया जाए। चुनांचे उन्होंने मेरा पुराना एक्स-रे-देखने और नया इम्तिहान लेने के बाद डॉ. एफ.डब्ल्यू. बरजर (या बरगर) को ख़त लिखा :मरीज़ इस वक़्त नार्मल हालत में है! न्यूमोथोरेक्स और सैयाल माद्दा[83] बिलकुल ग़ायब है। यह केस जैसा कि ज़ाहिर है, स्पांटेनियस् न्यूमोथोरेक्स की क़बील[84]से था। ऐसे चंद केस बाज़ औकात 'कोख़' मे तब्दील हो जाते हैं...इस 'कोख़' का मतलब मुझे लाहौर में मेजर वहीद ने बताया जब मैं उस मुक़द्दमे का फ़ैसला सुनने के लिए गया। मतलब यह था कि ऐसे चन्द केस बाज़ औक़ात दिक़ में तब्दील हो जाते हैं—लेकिन दिक़ और ज़िच[85] मैं उस वक़्त हुआ जब मैंने सफ़ाई के गवाहों की फ़ेहरिस्त तैयार की और रायसाहिब लाला संतराम ने उनकी गवाही बज़रिया कमीशन लेने से इंकार कर दिया। कोई गवाह हैदराबाद में था, कोई लखनऊ में और कोई बम्बई में।

रायसाहिब मुसिर[86] थे कि सबके-सब लाहौर की अदालत में हाज़िर हों।

मुकर्रमी नियाज़ फ़तेहपुरी साहिब को जब लखनऊ में इसकी इत्तिला मिली तो उन्होंने लिखा : यक़ीनन कमीशन के ज़रिए से शहादत क़लमबन्द हो सकती थी और इसमें बड़ी आसानी थी। ताज्जुब है कि मजिस्ट्रेट ने इसे मंजूर नहीं किया। आपके मुशीरे-क़ानून ने क्यों इस पर ज़ोर दिया...

मुझे मालूम नहीं, मि.हीरालाल ने इस पर ज़ोर दिया था या नहीं, बहरहाल रायसाहिब लाला संतराम का फ़ैसला अटल था। जिसका नतीजा यह हुआ कि क़ाज़ी अब्दुल गफ़्फ़ार साहिब, एडिटर 'पयाम', हैदराबाद; लेफ़्टीनेंट कर्नल कुरैशी (आई. एम.एस; बम्बई); नियाज़ फ़तेहपुरी साहिब, एडिटर 'निगार', लखनऊ; डॉ. ख़लीफ़ा अब्दुल हकीम साहिब, एम.ए.एल.बी., पीएच.डी. (उस वक़्त प्रिंसिपल, अमरसिंह कॉलेज, श्रीनगर); मि.हरेंद्र नाथ चट्टोपाध्याय, बम्बई, जैसे अहलुर्राय[87] साहिबान के ख़यालात से न सिर्फ़ मैं बल्कि अदालत भी महरूम रही।

मैंने इनको और दूसरे हाज़रात को गवाही की दावत इन अल्फ़ाज़ में दी थी :

बम्बई;

30 दिसम्बर

मुकर्रमी,

तस्लीमात। लाहौर की अदालत में मेरे एक अफ़साने 'धुआँ' पर फ़हाशी के इल्ज़ाम मे मुक़द्दमा चल रहा है। मैंने आपको गवाहे-सफ़ाई के तौर पर बुलाया है। मुतज़क्किरा सद्र[88] अफ़साने के बारे में आपकी जो राय भी हो, मुझे मंजूर होगी, इसलिए कि फ़हाशी और ग़ैरफ़हाशी के अहम मौजू पर आप-जैसे अहलुर्राय अदीब

और साहिबे-क़लम के ख़यालात न सिर्फ़ मेरे लिए बल्कि मुल्की अदब के लिए मुफीद होंगे।

मुझे उम्मीद है कि आप मेरी यह दावत कुबूल फ़रमाएँगे। शुक्रिया।

नियाज़ केश[89]

सआदत हसन मंटो

सबने मेरी दावत कुबूल की जिसके लिए मैं शुक्रगुज़ार हूँ—डॉ. मौलवी अब्दुल हक़ साहिब, सैक्रेटरी अंजुमन तरक्क़ी-ए-उर्दू (हिन्द) ने मेरे अरीज़े का जवाब[90] न दिया। बहुत मुमकिन है, उन तक पहुँचा ही न हो—सरदार दीवानासिंह मफ़तून, एडिटर 'रियासत' की तरफ़ से जब मुझे कोई रसीद न आई तो मुझे बहुत गुस्सा आया क्योंकि मुझे उनकी दोस्ती पर नाज़ है।

मैंने फिर लिखा।

जवाब आया :

आपका दूसरा ख़त मिला—मेरा दाख़िला पंजाब में बंद है, इसलिए शहादत कैसे दूँ?यही मैंने समन पर लिख दिया था। अगर मजिस्ट्रेट पंजाब गवर्नमेंट से इजाज़त ले लें तो मैं जाने को तैयार हूँ...

एक और लतीफ़ा सुनिए : बम्बई से मैंने लाहौर में प्रो.मोहन सिंह दीवाना को गवाही देने के लिए लिखा—सममन उनके पास पहले पहुँच चुके थे। मेरा ख़त उन्हें देर के बाद मिला। चुनांचे उन्होंने मुझे एक कार्ड लिखा :

हज़रत सलामत!

आपके वकील से एक मर्तबा पहले मुलाक़ात हुई थी। उन्होंने न मुक़द्दमे की वजह बयान की, न यह कहा कि किस अफ़साने पर तुम धरे गए हो। चार को पेशी थी । दस बजे हाज़िरे-अदालत हुआ। सवा बारह बजे तक धूप में सड़ता रहा, टाँगों को मसलता और बलग़म निकालता रहा--न जाए नशिस्तन न इज़्ने-रफ़्तन[91], सवा बारह बजे बुलवाया गया : "क्यों जी, वो कहानियाँ तुमने पढ़ी हैं...?" "हुज़ूर नहीं..."—"बरख़्वास्त" -लँगड़ाता-लँगड़ाता घर पहुँचा, देखा कि एक बड़े पेटवाला लिफ़ाफ़ा लेटर बॉक्स से झाँक रहा है जिसमें हुज़ूर के इर्शादात[92] थे—मेरा क़ुसूर यह है कि मैं बेक़ुसूर हूँ। आप ख़फ़ा होंगे कि एक हमपेशा 'क़लम मार' ने यह क्या हरकत की। मैं ख़फ़ा हूँ कि वकील सुस्त मुवक्किल सुस्ततर-मंटो को सुस्ती की बीमारी हो, यक़ीन नहीं आता...

और मुझे यह यक़ीन नहीं आता कि प्रो. मोहनसिंह दीवाना ने मेरी कहानियाँ पढ़ी ही नहीं थीं।

ग़लती मुझसे भी हुई कि मैंने 'बड़े पेटवाले लिफ़ाफ़े' ऐन उस वक़्त भेजे

जबकि सम्मन जारी हो चुके थे। इन लिफ़ाफ़ों में मैंने अपने उस तहरीरी बयान की नक़्ल भेजी थी जो मैंने अदालत में दिया था। चूँकि इस बयान का मेरी तहरीरों से गहरा ताल्लुक़ है, इसलिए मैं इसे ज़ैल (नीचे) में नक़्ल करता हूँ।

---

1. आधुनिक साहित्य; 2. समझ में न आने योग्य; 3. चर्चित नाम; 4. कठोरवर्ग; 5.अश्लील लेखन; 6. आलोचकों; 7. विद्यार्थी; 8. प्रतिभाधाली; 9. चर्चित लेखक; 10.समकालीन; 11. किसी की प्रशंसा व लयवद्ध वर्णन; 12. ख़ुशहाली; 13. नींद का खुमार; 14. अकाल मृत्यु, जवान उम्र में मरनेवाला; 15. शोक गीत; 16. सामाजिकता; 17. मानव कीउत्पत्ति; 18. दिलो-दिमाग़; 19. भलाई; 20. बुरी, घृणित; 21. प्रेरक; 22. प्रस्ताव; 23. आज़माया हुआ; 24. प्रभावित; 25. जम गई; 26. शिष्ट; 27. विकारग्रस्त, विकृति; 28. हानि-लाभ; 29. सम्बन्धित; 30. सभ्यता एवं संस्कृति; 31. यथापूर्ण; 32. जाँच; 33. मृत्यु ऐसी शराब है जो हर प्याले अर्थात् शरीर के लिए है; 34. अनाज, सामान; 35. स्त्री-पुरूष के संबंधों; 36. जमाव; 37. छोटी व अँधेरी; 38. युद्ध की सफलता या प्रयास; 39. काम; 40. उपलब्ध; 41. विजय; 42. लटकाना; 43. ख़राब; 44. कमज़ोरी, नुकसान; 45. निवासी; 46. अभियोज़न पक्ष; 48. तर्क व दलील; 49. फ़िज़ी के एक नगर का नाम; 50. नियुक्त; 51. क्रम देने में; 52. हक़दार; 53. बात; 54. कामुकता; 55. विद्वान न्यायाधीश; 56. ऐशो-आराम की; 57. समाप्त; 58. शाश्वत हर्ष; 59. स्पष्ट; 60. माफ़िक, लागू; 61. लिंग; 62. कमज़ोरी; 63. टेढ़ापन; 64. बिलकुल; 65. पत्रकारिता; 66. सम्मानित; 67. कामवर्द्धक तेल बेचनेवाले; 68. समय-समय पर; 69. सम्मान के साथ अल्लाह का नाम लेना; 70. क्रोध का कारण; 71. मुक्त, बरी; 72. अपराध; 73. पुस्तक विक्रेता; 74. पूछताछ; 75. स्नायूसमूह; 76. शासक का आदेश मानना ही पड़ता है; 77. नाम; 78. प्रतिष्ठित; 79. पृष्ठ पलटना; 80. रद्द करना; 81. रखी हुई चीज़ काम आ ही जाती है; 82. सम्पर्क; 83. द्रव पदार्थ; 84. कुटुम्ब; 85. विवश; 86. ज़िद करना; 87. विचारक; 88. प्रमुख रूप से वर्णित; 89. विनीत; 90. दरख़्वास्त, प्रार्थना पत्र का उत्तर; 91. न बैठने की जगह न जाने की इजाज़त; 92. आदेश ।

तहरीरी बयान

मैं साक़ी बुक डिपो, देहली की मत्बूआ किताब बउनवान 'धुआँ' का मुसन्निफ़ हूँ। यह किताब मैंने 1941 ई. में जबकि मैं ऑल इण्डिया रेडियो का मुलाज़िम था, साक़ी बुक डिपो के मालिक मियाँ शाहिद अहमद साहिब के पास ग़ालिबन तीन या साढ़े तीन सौ रुपए में फ़रोख़्त[1] की थी। इसके जुमला हक़ूक़े-इशाअत[2] अब साक़ी बुक डिपो के पास हैं।

इस किताब के जो नुस्खे मैंने अदालत में देखे हैं, उनके मुलाहिज़े से पता चलता है कि यह किताब का दूसरा एडिशन है।

चौबीस अफ़सानों के इस मजमूए में जो इनसानी ज़िन्दगी के मुख़्तलिफ़ शोबों[3] से मुताल्लिक़ हैं, दो अफ़साने बउनवान 'धुआँ' और 'काली शलवार' फ़ुहश हैं—मुझे इससे इख़्तिलाफ़[4] है, क्योंकि ये दोनों कहानियाँ उर्यां और फ़ुहश नहीं हैं।

किसी अदबपारे के मुताल्लिक़ एक रोज़ाना अख़बार के एडिटर, एक इश्तिहार फ़राहम करने वाले और एक सरकारी मुतर्जिम[5] का फ़ैसला साइब[6] नहीं हो सकता। बहुत मुमकिन है कि ये तीनों किसी ख़ास असर, किसी ख़ास ग़रज़ के मातहत अपनी राय क़ायम कर रहे हों, और फिर भी यह मुमकिन है कि तीनों हज़रात ऐसी राय देने के अहल[7] ही न हों क्योंकि किसी बड़े शाइर, किसी बड़े अफ़सानानिगार के अफ़सानों पर सिर्फ़ वही आदमी तनक़ीद[8] कर सकता है जो तनक़ीदनिगारी के फ़न के तमाम अवाक़िबो-अवातिफ़ से आगाह[9] हो।

इस्तिग़ासे ने मेरे इन दो अफ़सानों पर कोई बसीरत अफ़रोज़[10] तनक़ीद नहीं की। **सिर्फ़ इतना कह देने से कि ये दोनों अफ़साने फ़ुहश हैं,** उस आदमी की, जो रौशनी का ख़्वाहिशमंद है, जो अपने अयूबो-महासिन जानना चाहता है और उनकी इस्लाह करना चाहता है, हरगिज़-हरगिज़ तस्कीन[11] नहीं होती—मैं अगर जवाब में सिर्फ़ इतना कहकर ख़ामोश हो जाऊँ कि ये दानों अफ़साने फ़ुहश नहीं हैं तो ज़ाहिर है कि मैं अँधेरे में और भी इज़ाफ़ा कर दूँगा। मगर मैं ऐसा नहीं करूँगा और जहाँ तक मुझसे हो सकेगा, मैं अपना माफ़िउज़्ज़मीर[12] बयान करने की कोशिश करूँगा।

ज़बान में बहुत कम लफ़्ज़ फ़ुहश होते हैं। तरीक़-ए-इस्तेमाल ही एक ऐसी चीज़ है जो पाकीज़ा से पाकीज़ा अल्फ़ाज़ को भी फ़ुहश बना देता हैं। मेरा ख़याल है, कोई भी चीज़ फ़ुहश नहीं, लेकिन घर की कुर्सी और हाँडी भी फ़ुहश हो सकती है, अगर उनको फ़ुहश तरीक़े से पेश किया जाए—फ़ुहश चीज़ें बनाई जाती हैं किसी ख़ास ग़रज़ के मातहत।

औरत और मर्द का रिश्ता फ़ुहश नहीं। उनका ज़िक्र भी फ़ुहश नहीं, लेकिन जब इस रिश्ते को चौरासी आसनों या जोड़दार ख़ुफ़िया तसवीरों में तब्दील कर दिया जाए और लोगों को तरग़ीब दी जाए कि वो तख़लिए[13] में इस रिश्ते को ग़लत ज़ाविए से देखें तो मैं इस फ़ेल को सिर्फ़ फ़हश ही नहीं, बल्कि निहायत घिनावना, मक्रूह और ग़ैरसेहतमन्द कहूँगा।

फ़ुहश और ग़ैरफ़ुहश में तमीज़ करने के लिए शायद यह मिसाल काम दे सके :

एक आर्ट गैलरी में नुमाइश के लिए नंगी औरतों की बहुत-सी तस्वीरें पेश हुई। उनमें से किसी ने भी, जैसा कि ज़ाहिर है, देखनेवालों का अख़लाक़ खराब न किया और न उनके शहवानी जज़्बाती (यौनिच्छा) ही को उभारा। अलबत्ता एक तस्वीर, जिसमें औरत का सारा बदन तो कपड़ों में मस्तूर[14] था, सिर्फ़ एक ख़ास हिस्सा इस तरकीब से नीम-उर्यां[15] छोड़ दिया गया था कि देखनेवालों के जज़्बात में गुदगुदी सी होती थी, फ़ुहश क़रार दी गई—क्यों? इसलिए कि आर्टिस्ट की नीयत में फ़र्क़ था और उसने जान बूझकर लिबास को कुछ इस तरह ऊपर उठा दिया था कि देखनेवालों के दिलो दिमाग में हलचल सी मच जाए और अपने तसव्वुर से मदद लेकर उस नीम-उर्यां हिस्से को उर्यां देखने की कोशिश करें।

तहरीरो-तक़रीर में, शेरो-शाइरी में, संग-साज़ी-ओ-सनम-तराशी में फ़हाशी तलाश करने के लिए सबसे पहले उसकी तरग़ीब मौजूद है। अगर उसकी नीयत का एक शायबा भी नज़र आ रहा है तो वह तहरीर, वह तक़रीर, वह शे'र, वह बुत क़तई तौर पर फ़ुहश है।

अब हमें देखना है कि यह तरग़ीब[16] 'धुआँ' में मौजूद है या नहीं।

आइए, हम इस अफ़साने का तजज़िया[17] करते हैं।

मसऊद एक कमसिन लड़का है, ग़ालिबन दस-बारह बरस का। उसके जिस्म में जिंसी बेदारी की पहली लहर किस तरह पैदा होती है, यह इस अफ़साने का मौज़ू है—एक ख़ास फ़ज़ा और चंद ख़ास चीजों का असर बयान किया गया है जो मसऊद के जिस्म में धुँधले-धुँधले ख़यालात पैदा करता है। ऐसे ख़यालात, जिनका रुझान, जिंसी बेदारी की तरफ़ है। यह बेदारी वह समझ नहीं सकता लेकिन नीमशऊरी तौर पर वह महसूस ज़रूर करता है—बेखाल का बकरा, जिसमें से धुआँ उठता है; बहन,

जिसकी टाँगें वह दबाता है; ये सब अनासिर[18] मिलकर मसऊद के बदन में जिंसी बेदारी पैदा करते हैं। जवानी की इस पहली अँगड़ाई को वह ग़रीब समझ नहीं सकता और अंजामकार अपनी हॉकी-स्टिक तोड़ने की नाकाम सई करता-करता थक जाता है। यह थकावट उस बेनाम सी चिंगारी को, उस 'कुछ करने' की तहरीक को दबा देती है।

'धुआँ' में शुरू से लेकर आख़िर तक एक कैफ़ियत, एक तहरीक का निहायत ही हमवार नफ़्सियाती[19] बयान है। असल मौज़ू से हटकर इसमें दूर-अज-कार बातें नहीं की गई हैं। इसमें हमें कहीं भी ऐसी तरग़ीब नज़र नहीं आती जो क़ारिईन[20] को शहवानी लज़्ज़तों के दायरे में ले जाए, इसलिए कि अफ़साने का मौज़ू शहवत नहीं है। इस्तिग़ासा अगर ऐसा समझता है तो वह उसकी कमनज़री है—ख़शख़श के दाने अफ़ीम की गोली बनने तक काफ़ी मराहिल तय करते हैं।

मैंने इस कहानी में कोई सबक़ नहीं दिया, अख़लाक़ियात पर यह कोई लेक्चर भी नहीं, क्योंकि मैं ख़ुद को नामनिहाद नासेह या मुअल्लिमे अख़लाक[21] नहीं समझता।

इनसान अपने अन्दर कोई बुराई लेकर पैदा नहीं होता। ख़ूबियाँ और बुराइयाँ उसके दिलो-दिमाग़ में बाहर से दाख़िल होती हैं। बाज़ उनकी परवरिश करते हैं, बाज़ नहीं करते—मेरे नज़दीक क़साइयों की दूकानें फ़ुहश हैं क्योंकि उनमें नंगे गोश्त की बहुत बदनुमा और ख़ुले तौर पर नुमाइश की जाती है। मेरे नज़दीक वो माँ-बाप अपनी औलाद को जिंसी बेदारी का मौक़ा देते हैं जो दिन को बन्द कमरों में कई-कई घण्टे अपनी बीवी से सिर दबवाने का बहाना लगाकर उससे हमबिस्तरी करते हैं। मैं समझता हूँ, उस लड़के को (यानी मसऊद को) मुज़्तरिब करनेवाली चीज़ें ख़ारिजी थीं।

हिंदुस्तान में बच्चों के अन्दर बहुत कमसिनी ही में जिंसी बेदारी पैदा हो जाती है। उसकी वजह किसी हद तक आपको मेरे अफ़साने के मुताले से मालूम हो सकती है—इतनी छोटी उम्र में जिंसी बेदारी का पैदा होना मेरे नज़दीक बहुत ही भोडी चीज़ हैं। यानी अगर मैं किसी छोटे बच्चे को जिंसियात की तरफ़ राग़िब[22] देखूँ तो कोफ़्त होगी मेरे सन्नाआना[23] जज़्बात को सदमा पहुँचेगा।

अफ़सानानिगार उस वक़्त अपना क़लम उठाता है जब उसके जज़्बात को सदमा पहुँचता है। मुझे याद नहीं, क्योंकि बहुत अर्सा गुज़र चुका है लेकिन 'धुआँ' लिखने से पहले मुझे कोई मंज़र, कोई इशारा या कोई वाक़िआ देखकर ज़रूर ऐसा सदमा पहुँचा होगा जो अफ़सानानिगार के क़लम को हरकत बख़्शता है।

अफ़साने का मुताला करने से यह अम्र अच्छी तरह वाज़ेह हो सकता है कि मैंने उस बेनाम-सी लज़्ज़त में, जो मसऊद को महसूस हो रही थी, ख़ुद को या क़ारिइन (पाठकों) को कहीं शरीक नहीं किया है। यह एक अच्छे फ़नकार की ख़ूबी है।

मैं इस अफ़साने में से चंद सुतूर[24] पेश करता हूँ जिनसे अफ़सानानिगार के ग़ायत[25] दर्जा मुहतात[26] होने का पता चलता है कि उसने कहीं भी मसऊद के दिमाग़ में शहवानी ख़यालात की मौजूदगी का ज़िक्र नहीं किया है—ऐसी लग्ज़िश[27] अफ़साने का सत्यानाश कर देती।

एक : मसऊद के वज़न के नीचे कुलसुम की चौड़ी-चकली कमर में ख़फ़ीफ़-सा झुकाव पैदा हुआ जब उसने पैरों से दबाना शुरू किया, ठीक उसी तरह **जिस तरह मज़दूर मिट्टी गूँधते हैं** तो कुलसुम ने मज़ा लेने की ख़ातिर हाय-हाय करना शुरू कर दिया।

दो : कुलसुम की रानों में अकड़ी हुई मछलियाँ उसके पैरों के नीचे दब-दबाकर इधर-उधर फिसलने लगीं।

मसऊद ने एक बार स्कूल में तने हुए रस्से पर एक बाज़ीगर को चलते देखा था। उसने सोचा कि बाज़ीगर के पैरों के नीचे तना हुआ रस्सा भी इसी तरह फिसलता होगा।

तीन : बकरे के गर्म-गर्म गोश्त का उसे बार-बार ख़याल आता था। एक-दो मर्तबा उसने सोचा : "कुलसुम को अगर ज़िबह किया जाए तो खाल उतरने पर क्या उसके गोश्त में से धुआँ निकलेगा?" **लेकिन ऐसी बेहूदा बातें सोचने पर उसने अपने आपको मुजरिम महसूस किया और दिमाग़ को उसी तरह साफ़ किया जिस तरह वह स्लेट को स्पंज से साफ़ किया करता था।**

मोटे हुरूफ़ में लिखे गए अल्फ़ाज़ इस बात के ज़ामिन हैं कि मसऊद का ज़ेहन कहीं भी शहवत से मुलव्विस[28] नहीं हुआ। वह अपनी बहन की कमर दबाता है जिस तरह मज़दूर मिट्टी गूँधतें हैं; टाँगें दबाता है तो उसका ख़याल बाज़ीगर की तरफ़ चला जाता है जिसका तमाशा उसने एक बार अपने स्कूल में देखा था; और जब वह यह सोचता है कि उसकी बहन ज़िबह कर दी जाए तो क्या उसके गोश्त में से धुआँ निकलेगा तो फ़ौरन उसे बुरी बात समझकर अपने दिमाग़ से निकाल देता है और ख़ुद को मुजरिम समझता है। ख़ुदा जाने इस्तिग़ासा इस अफ़साने को फ़ुहश क्यों कहता है जिस अफ़साने में फ़हाशी का शायबा तक मौजूद नहीं।

अगर मैं किसी औरत के सीने का ज़िक्र करना चाहूँगा तो उसे औरत का सीना ही कहूँगा। औरत की छातियों को आप मूँगफली, मेज़ या उस्तरा नहीं कह सकते। यूँ तो बाज़े हज़रात के नज़दीक औरत का वुजूद ही फ़ुहश है मगर इसका क्या इलाज हो सकता है? मैं ऐसे लोगों को जानता हूँ जिनको बकरी का एक मासूम बच्चा ही मासियत[29] की तरफ़ ले जाता है। दुनिया में ऐसे अश्ख़ास[30] भी मौजूद है जो मुक़द्दस[31] किताबों से शहवानी लज़्ज़त हासिल करते है, और ऐसे इंसान भी आपको

मिल जाएँगे, लोहे की मशीनें जिनके जिस्म में शहवत की हरारत पैदा कर देती हैं। लोहे की उन मशीनों का, जैसा कि आप समझ सकते हैं, कोई कुसूर नही। इसी तरह न बकरी के मासूम बच्चे का और न मुक़द्दस किताबों का।

एक मरीज़ जिस्म, एक बीमार ज़ेहन ही ऐसा ग़लत असर ले सकता है। जो लोग रूहानी, ज़ेहनी और जिस्मानी लिहाज़ से तंदुरूस्त हैं, असल में उन्हीं के लिए शाइर शे'र कहता है, अफ़सानानिगार अफ़साना लिखता है और मुसव्विर[32] तसवीर बनाता है।

मेरे अफ़साने तुन्दुरुस्त और सेहतमन्द लोगों के लिए हैं, नार्मल इनसानों के लिए जो औरत के सीने को औरत का सीना ही समझते हैं और इससे ज़्यादा आगे नहीं बढ़ते। जो औरत और मर्द के रिश्ते को इस्तेजाब[33] की नज़र से नहीं देखते, जो किसी अदबपारे को एक ही दफ़ा निगल नहीं जाते...

...रोटी खाने के मुताल्लिक़ एक मोटा-सा उसूल है कि हर लुक़्मा अच्छी तरह चबाकर खाओ। लुआबे-दहन[34] में उसे ख़ूब हल होने दो ताकि मेदे पर ज़्यादा बोझ न पड़े और उसकी ग़िज़ाइयत बरक़रार रहे। पढ़ने के लिए भी यही मोटा उसूल है कि हर लफ़्ज़ को, हर सतर को, हर ख़याल को अच्छी तरह ज़ेह्न में चबाओ। उस लुआब को जो पढ़ने से तुम्हारे दिमाग़ में पैदा होगा, अच्छी तरह हल करो कि जो कुछ तुमने पढ़ा है, अच्छी तरह हज़्म हो सके। अगर तुमने ऐसा न किया तो उसके नताइज बुरे होंगे जिसके लिए तुम लिखनेवाले को ज़िम्मेदार ठहरा सकोगे। वह रोटी जो अच्छी तरह चबाकर खाई गई, वह तुम्हारी बदहज़्मी की ज़िम्मेदार कैसे हो सकती है?

मैं एक मिसाल से इसकी वज़ाहत करना चाहता हूँ।

फ्रांस में एक बहुत बड़ा अफ़सानानिगार गाई दी मोप्रासाँ गुज़रा है। जिंसियात उसका महबूब मौज़ू था। बड़े-बड़े डॉक्टरों और माहिरीने नफ़्सियात[35] ने उसके अफ़सानों का अपनी इल्मी किताबों में हवाला दिया है। अपने एक अफ़साने में वह एक लड़के और एक लड़की की दास्तान बयान करता है जो बेहद अल्हड़ थे। पहली रात के मुताल्लिक़ दोनों ने सुनी-सुनाई बातों से एक अजीबो-ग़रीब तस्वीर अपने ज़ेह्न में ख़ींच रखी थी। दोनों इस ख़याल से काँप रहे थे कि ख़ुदा मालूम कितनी बड़ी लज़्ज़त उनको पहली रात के मिलाप से मिलेगी। दोनों की शादी हो गई। दूल्हा माहे-अस्ल[36] मनाने की ख़ातिर दुल्हन को एक होटल में ले गया। वहाँ पहली रात को, उस रात को जिसमें दोनों के ख़याल के मुताबिक़ शायद फ़रिश्ते उतरकर उनको लोरियाँ देने वाले थे, दूल्हा और दुल्हन हमबिस्तर हो गए। दोनों लेटे थे और बस। दुल्हन ने शामते-आमाल[37] से इतना कह दिया : "बस, क्या यही हमारी पहली रात थी जिसके हम दोनों इतने शीरीं ख़्वाब देखा करते थे..." दूल्हा को यह बात खल गई। आख़िर मर्द ही तो था। उसने सोचा, यह मेरी मर्दानगी पर हमला है, चुनांचे

उसकी मर्दानगी बिलकुल ही ख़त्म हो गई। अर्क़े-नदामत[38] में ग़र्क़ वह हुजरा-ए-उरूसी[39] से बाहर निकल गया, इस ग़र्ज से की अपनी नाकाम ज़िंदगी किसी दरिया के सुपुर्द कर दे। ऐन उस वक़्त जब यह नया-नवेला दूल्हा इस ख़तरनाक फ़ैसले पर पहुँचा, फ्रांस की एक कस्बी, एक वेश्या उसके पास से गुज़री। वह ग़ालिबन गाहक तलाश कर रही थी। उस इस्मत-बाख़्ता[40] औरत ने उसको इशारा किया। दूल्हा ने महज़ इंतिकाम लेने के लिए, सारी औरत ज़ात से बदला लेने के लिए वेश्या के इशारे का जवाब दिया कि हाँ, मैं तैयार हूँ—वह टखियाई उसे अपने घर ले गई। उसके ग़लीज़ घर में दूल्हा वह काम करने में कामयाब हो गया जो वह अपने नफ़ीस[41] होटल के हुजरा-ए-उरूसी में न कर सका था—अब वह वेश्या को भूल गया। दौड़ा-दौड़ा अपनी नई ब्याहता बीवी के पास पहुँचा। जैसे उसे अपनी खोई हुई दौलत मिल गई हो दोनों पास-पास लेटे थे मगर अब उसकी बीवी को वह शीरीं[42] ख़्वाब देखने की ख़्वाहिश बाक़ी नहीं रही थी जिसका उसने पहले गिला किया था।

यह अफ़साना पढ़कर अगर कोई शख़्स, जो पहली रात को नाकाम रहा हो, सीधा वेश्या के कोठे का रुख़ करेगा तो मैं समझता हूँ, उस जैसा चुग़द और कोई नहीं होगा—मेरे एक दोस्त ने यही बेवक़ूफ़ी की और उसका नतीजा यह निकला कि उसे अपना खोया हुआ वक़ार तो मिल गया, पर उसके साथ एक मक्रूह मर्ज़[43] चिपट गया जिसके इलाज के लिए उसे काफ़ी से ज़्यादा ज़हमत उठाना पड़ी।

पिछले दिनों मैंने ऑल इण्डिया रेडियो, बम्बई से एक तक़रीर नश्र की थी। इस तक़रीर में मैने कहा था :

अदब एक फ़र्द[44] की अपनी ज़िन्दगी की तस्वीर नहीं। जब कोई अदीब क़लम उठाता है तो वह अपने घरेलू मामलात का रोज़नामचा पेश नहीं करता। वह अपनी ज़ाती ख़्वाहिशों, ख़ुशियों, रंजिशों, बीमारियों और तन्दुरुस्तियों का ज़िक्र नहीं करता। मुमकिन है, आँसू उसकी दुखी बहन के हों, मुस्कराहटें आपकी हों और क़हक़हे एक ख़स्ताहाल मज़दूर के। इसलिए अपनी मुस्कराहटों, अपने आँसुओं और अपने क़हक़हों की तराज़ू में उन तस्वीरों को तौलना बहुत बड़ी ग़लती है।

हर अदबपारा एक ख़ास फ़ज़ा[45], एक ख़ास असर, एक ख़ास मक़सद के लिए पैदा होता है। अगर उसमें यह ख़ास फ़ज़ा, यह ख़ास असर, यह ख़ास मक़सद महसूस न किया जाए तो बस एक बेजान लाश रह जाएगी।

मैं एक ज़माने से लिख रहा हूँ। ग्यारह किताबों का मुसन्निफ़-व-मुअल्लिफ़[46] हूँ। ऑल इण्डिया रेडियो के तक़रीबन हर स्टेशन से मेरे ड्रामे और फ़ीचर ब्रॉडकास्ट होते रहते हैं। उनकी तादाद सौ से ऊपर है।

मैं तहरीरो-तस्नीफ़ के जुमला आदाब से वाक़िफ़ हूँ। मेरे क़लम से बे अदबी

शाज़ो-नादिर[17] ही हो सकती है—मैं फ़ुहशनिगार नहीं, अफ़सानानिगार हूँ। दूसरे अफ़साने 'काली शलवार' के मुताल्लिक़ मैंने इसलिए कुछ नहीं कहा है कि यह लाहौर की सेशन कोर्ट में फ़हाशी से बरी क़रार दिया जा चुका है। मेरे इस बयान का कुछ असर न हुआ।

सफ़ाई के गवाहों में डॉक्टर सईद-उल्लाह, एम.ए., एल.एल.बी., पीएच.डी, डी. एस.-सी., प्रोफ़ेसर कन्हैयालाल कपूर, एम.ए., एल.एल.बी., डॉक्टर आई. लतीफ़, एम. ए., पीएच.डी., मौलाना बारी अलीग, देवेंद्र सत्यार्थी—जैसी अहलुर्राय हस्तियाँ मौजूद थीं—इन हज़रात ने अपना क़ीमती वक़्त ज़ाया करके, सारा-सारा दिन अदालत में गुज़ारकर, मेरे हक में गवाही दी और कहा कि ज़ेरे-इताब[18] अफ़सानों में फ़हाशी का शायबा भी मौजूद नहीं, लेकिन रायसाहिब लाला संतराम ने दोनों अफ़साने फ़ुहश क़रार दिए और मुझे दो सौ रुपए जुर्माना अदा करने की सज़ा दी (अदम-अदायगी- ए-ज़ुर्माना की सूरत में कितने महीनों की क़ैदे-बामशक़्क़त थी। थी या नहीं, इसका मुझे इल्म नहीं)।

मैंने जब अपने जेब से दो सौ रुपए निकाले तो स्पेशल मजिस्ट्रेट साहिब के होंठों पर एक स्पेशल मुस्कराहट नुमूदार हुई—आपने कहा : "ऐसा मालूम होता है कि आप कील-कांटे रो लैस होकर आए हैं..."

बावजूद कोशिश के मेरे होंठों पर स्पेशल मुस्कराहट पैदा न हो सकी । सेशन में अपील की गई। पैरवी मि. हीरालाल सीब्बल ने की।

कई महीने गुज़रने पर एक रोज़ उनका तार आया कि **'मुबारिक हो, सेशन कोर्ट ने अपील मंजूर कर ली है, जुर्माना वापस हो जाएगा।'**

एक और लतीफ़ा :

चंद रोज हुए, एक साहिब मुझसे मिलने आए।

मैने नौकर से कहा : "पूछो, कौन है?"

(नौकर ने) जवाब दिया : "सी.आई.डी. का आदमी है..."

ज़ाहिर है, मैंने सोचा, लाहौर से गिरफ़्तारी का वारण्ट है, लेकिन जब मैं उस सी.आई.डी. के आदमी से मिला और उससे पूछा : "फ़रमाइए, अब की बार मेरी किस कहानी पर इताब नाज़िल हुआ है...?" तो वह जैसे कुछ समझा ही नहीं।

वह कहने लगा : "इधर हम तपास[19] करने आया है...तुम्हारा नाम उधर कम्युनिस्ट पार्टी के ऑफ़िस में चोपड़ी में लिखा है...बोलो, तुम्हारा क्या ताल्लुक़ है उससे..."

यह सुनकर मुझे तसल्ली हुई। मुझे मज़ाक़ सूझा : "चोपड़ी से या कम्युनिस्ट पार्टी से?"

"कम्युनिस्ट पार्टी से..."

मैंने कहा : "ताल्लुक़ है मगर नाजायज़ ताल्लुक़ है..."

"क्यों है..."

"...इसलिए कि तुम्हारी हुकूमत यही समझती है, वर्ना तुम यहाँ तपास करने क्यों आते?"

यह किस्सा भी ख़त्म हुआ।

आख़िर में मैं उन तमाम हाज़रात का शुक्रिया अदा करना अपना फ़र्ज़ समझता हूँ जिन्होंने लाहौर की ऐसी अदालत में जहाँ शरीफ़ इंसानों को बैठने के लिए एक टूटी हुई कुर्सी भी नहीं मिलती, घण्टों अपना क़ीमती वक़्त ज़ाया करके भैंसों के आगे बीन बजाई...

मिस्टर ए. एस. बुखारी का भी मम्नुनो मुतशक्रिर हूँ। मुतज़किरा सदर मुकद्दमे के फैसले के बाद या उससे कुछ देर पहले आपने बम्बई रेडियो स्टेशन में मुझे बुलाया और बड़ी शफ़क़त से बताया कि वह और डॉक्टर दीन मुहम्मद तासीर मेरे और इस्मत के इताबजदा अफ़सानों के मुताल्लिक हिन्दुस्तान के मशहूर अदीबों की राय मुस्तक करने वाले हैं और यह कि उन्होंने लाहौर की अदालत से बयानात वगैरा की नक्ल लेने के लिए एक आदमी भी मुतय्यन कर दिया है। यह सुनकर मुझे बहुत ख़ुशी हुई। आपने इतिफ़ाक से मेरा अफ़साना धुआं नहीं पढ़ा था। चुनानचे उनके इर्शाद के मुताबिक एक जिल्द उस किताब की उनका देहली खानाकर दी। इस मुलाकात को तकरीबन एक बरस हो चुका है। उम्मीद है बुख़ारी साहिब ने अपना काम खत्म कर लिया होगा।

27 फ़रवरी 1947 **-सआदत हसन मंटो**

बम्बई

---

1. बेचना; 2. प्रकाशन का अधिकार; 3. विभिन्न क्षेत्रों; 4. मतभेद; 5. अनुवादक; 6. सही; 7. पात्र (योग्य); 8. आलोचना; 9. सभी पक्षों का जानकार; 10. नई बात; 11. संतोष; 12. मंतव्य; 13. एकांत; 14. ढका हुआ; 15. अधनंगा; 16. प्रेरणा; 17. विश्लेषण; 18. तत्व; 19. मनोवैज्ञानिक; 20. पाठकों; 21. नैतिकता के शिक्षक; 22.उन्मुख; 23. सृजनात्मक; 24. पंक्तियाँ; 25. अत्यन्त; 26. सतर्क; 27. विचलन; 28. शामिल; 29. पाप; 30. लोग; 31. पवित्र; 32. चित्रकार; 33. आश्चर्य; 34. थूक; 35. मनोविज्ञान के विशेषज्ञ; 36. सुहाग रात; 37. शामत लाने वाली ग़लती; 38. लज्जा का पानी; 39. सुहागरात मनाने की जगह; 40. इस्मत बेचने वाली; 41. बेहतरीन; 42. मधुर; 43. घृणित रोग; 44. व्यक्ति; 45. वातावरण; 46. लेखक और सम्पादक; 47. कभी कभार; 48. प्रताड़ित; 49. पूछताछ ।

सफेद झूठ

माहवार रिसाला 'अदबे-लतीफ़' लाहौर के सालनामा 1942 में मेरा एक अफ़साना ब-उनवान 'काली शलवार' शाया हुआ था जिसे लोग फ़ुहश समझते हैं। यह सफेद झूठ है।

अफ़सानननिगारी मेरा पेशा है। मैं इसके तमाम आदाब से वाक़िफ़ हूँ। इससे पेशतर इसी मौज़ू पर मैं कई अफ़साने लिख चुका हूँ। इनमें से कोई भी अफ़साना फ़हश नहीं। मैं आइन्दा भी इस मौज़ूँ पर अफ़साने लिखूँगा जो फ़ुहश नहीं होंगे।

क़िस्सागोई हबूते-अदम से जारी है और मेरा ख़याल है, क़यामत तक जारी रहेगी। इसकी शक्लें बदलती जाएँगी लेकिन इनसान अपने एहसासात दूसरे अज़्हान तक पहुँचाने का सिलसिला जारी रखेगा।

बेसवाओं पर अब तक बहुत कुछ लिखा जा चुका है और बहुत कुछ लिखा जाएगा। हर उस शै के मुताल्लिक़ लिखा या कहा जाता है जो सामने मौजूद है। बेसवाएँ अब से नहीं, हज़ारहा साल से हमारे दरमियान मौजूद हैं। उनका तज़्किरा इल्हामी किताबों में भी मौजूद है। अब चूँकि किसी इल्हामी किताब या किसी पैग़म्बर की गुंजाइश नहीं रही, इसलिए मौजूदा ज़माने में उनका ज़िक्र आप आयात में नहीं बल्कि उन अख़बारों, रिसालों या किताबों में देखते हैं जिन्हें आप ऊद और लोबान जलाए बग़ैर पढ़ सकते हैं और पढ़ने के बाद रद्दी में भी उठवा सकते हैं।

मैं एक ऐसा इनसान हूँ जो ऐसे रिसालों और ऐसी किताबों में लिखता है और इसलिए लिखता है कि उसे कुछ कहना होता है। मैं जो कुछ देखता हूँ, जिस नज़र और जिस ज़ाविए से देखता हूँ, वही नज़र, वही ज़ाविया मैं दूसरों के सामने पेश कर देता हूँ। अगर तमाम लिखनेवाले पागल थे तो आप मेरा शुमार भी उन पागलों में कर सकते हैं।

'काली शलवार' का पसमंज़र एक वेश्या का घर है। बया के घर की तरह हैरतअंगेज़ नहीं, जिसके मुताल्लिक अजीबों गरीब बातें मशहूर हैं। देहली में ऐसी

औरतों के लिए एक मकाम मुंतख़ब करके बेशुमार घर बनाए गए हैं। मेरी सुल्ताना ऐसे ही एक बने-बनाए घर में रहती थी। उसने बया की तरह यह घर खुद नहीं बनाया था। वह बया की तरह रात को जुगनू पकड़-पकड़कर अपना घर रौशन नहीं करती। रौशनी पैदा करने के लिए बिजली मौजूद थी और चूँकि यह बिजली मुफ़्त नहीं मिल सकती और न रहने के लिए मकान ही किराए के बग़ैर मिल सकता है, इसलिए उसे मज़दूरी करना पड़ती थी। वह अगर ब्याही होती तो उसे यह सब चीज़ें मुफ़्त मिल जातीं। लेकिन वह ब्याही नहीं थी, महज एक औरत थी और जब औरत को बिजली के पैसे देने पड़ें, घर का किराया अदा करना पड़े और जिसके पल्ले खुदाबख़्श-सा आदमी पड़ जाए जो फ़कीरों के पीछे मारा-मारा फिरे तो ज़ाहिर है कि वह ऐसी औरत नहीं होगी जो हम अपने घरों में देखते हैं।

मेरी सुल्ताना चकले की एक औरत है। उसका पेशा वही है जो चकले की औरतों का होता है। चकले की औरतों को कौन नहीं जानता? क़रीब-क़रीब हर शहर में एक चकला मौजूद है—बदरू और मोरी को कौन नहीं जानता? हर शहर में बदरुएँ और मोरियाँ मौजूद हैं जो शहर की गन्दगी बाहर ले जाती हैं। हम अगर अपने मरमरीं गुस्लखानों की बातें कर सकते हैं, अगर हम साबुन और लेवण्डर का ज़िक्र कर सकते हैं तो उन मोरियों और बदरुओं का ज़िक्र क्यों नहीं कर सकते जहाँ से लौटकर, कई इंसान मन्दिरों और मस्जिदों का रुख करते हैं? अगर हम अफ़यून, भंग, चरस और शराब के ठेकों का ज़िक्र कर सकते हैं, तो उन कोठों का ज़िक्र क्यों नहीं कर सकते, जहाँ हर क़िस्म का नशा इस्तेमाल किया जाता है?

भंगियों से छूत-छात की जाती है। अगर कोई भंगी हमारे घर से गन्दगी का टोकरा उठाकर बाहर निकले तो हम अपनी नाक पर रूमाल जरूर रख लेंगे। हमें घिन भी आएगी मगर हम भंगियों के वुजूद से तो मुन्किर नहीं हो सकते। उस फुज़ले (मल) से तो इन्कार नहीं कर सकते जो हर रोज हमारे जिस्म से ख़ारिज होता है। क़ब्ज, पेचिश और स्हाल वगैरह दूर करने के लिए दवाएँ इसीलिए मौजूद हैं कि हमारे जिस्म से फ़ासिद माद्दे का इख़राज ज़रूरी है।

गन्दगी के निकास के लिए नित नए तरीके सोचे जाते हैं, इसलिए कि गन्दगी हर रोज जमा होती जाती है। अगर हमारे जिस्म में एक इन्क़िलाब बरपा हो जाए और उसके अफ़आल बदल जाएँ तो हम क़ब्ज, पेचिश और इस्हाल की बातें नहीं करेंगे या अगर गन्दगी के निकास के लिए कोई मेकानिकी तरीका ईजाद हो जाए तो भंगियों का वुजूद बाकी नहीं रहेगा।

हम अगर भंगियों के मुताल्लिक बात करेंगे तो यक़ीनन कूड़े-करकट और गन्दगी का ज़िक्र आएगा। अगर हम वेश्याओं के मुताल्लिक बात करेंगे तो यक़ीनन

उनके पेशे का ज़िक्र आएगा।

वेश्या के कोठे पर हम नमाज़ या दुरूद पढ़ने नहीं जाते। वहाँ हम जिस ग़र्ज से जाते हैं, ज़ाहिर है, वहाँ हम इसलिए जाते हैं कि वहाँ हम जा सकते हैं। वहाँ जाकर हम अपनी मत्लूबा जिंस बेरोक-टोक खरीद सकते हैं। जब वहाँ जाने की हमें खुली इजाज़त है, जब हर औरत अपनी मर्ज़ी पर वेश्या बन सकती है और एक लाइसेंस लेकर जिस्म फ़रोशी कर सकती है, जब यह तिजारत क़ानूनन जाइज़ तस्लीम की जाती है तो उसके मुताल्लिक हम क्यों बातचीत नहीं कर सकते? अगर वेश्या का ज़िक्र फ़ुहश है तो उसका वजूद भी फ़ुहश है।

अगर वेश्या का ज़िक्र मम्नूअ (निषिद्ध) है तो उसका पेशा भी मम्नूआ होना चाहिए। वेश्या को मिटाइए, उसका ज़िक्र खुद-ब-खुद मिट जाएगा।

हम वकीलों के मुताल्लिक खुले बंदों बातें कर सकते हैं। हम नाइयों, धोबियों, कुंजड़ों और भटियारों के मुताल्लिक बातचीत कर सकते हैं। हम चोरों, उचक्कों, ठगों और राहज़नों के क़िस्से सुना सकते हैं। हम जिनों और परियों की दास्तानें बैठ के गढ़ सकते हैं। हम यह कह सकते हैं कि जब आसमान की तरफ़ शैतान बढ़ने लगता है तो फ़रिश्ते तारे तोड़-तोड़कर उसे मारते हैं। हम यह कह सकते हैं कि एक बैल अपने सींगों पर सारी दुनिया उठाए हुए है। हम दास्ताने-अमीर हमज़ा और क़िस्सा तोता-मैना तस्नीफ़ कर सकते हैं। हम लंशौर पहलवान के गुरुज (गदा) की तारीफ़ कर सकते हैं। हम उम्रोअहयार की टोपी ओर जंबील (भिक्षा पात्र) की बातें कर सकते हैं। हम उन तोतों ओर मैनाओं के किस्से सुना सकते हैं जो हर ज़बान में बातें करते थे। हम जादूगरों के मंत्रों और उनके तोड़ की बातें कर सकते हैं। हम अमले हमजाद और कीमियागरी के मुताल्लिक 'जो मन में आए' कह सकते है। हम रौग़नजोश, पुलाव और क़ोरमा बनाने की नई-नई तरकीबें सोच सकते हैं। हम यह सोच सकते हैं कि सब्ज़ रंग के कपड़े पर किस रंग और किस क़िस्म के बटन सजेंगे तो हम वेश्या के मुताल्लिक़ क्यों नहीं सोच सकते? उसके पेशे के बारे में क्यों गौर नहीं कर सकते? उन लोगों के मुताल्लिक क्यों कुछ नहीं कह सकते जो उसके पास जाते हैं?

हम एक नौजवान लड़के और एक नौजवान लड़की का बाहमी रिश्ता-मुआश्का करा सकते हैं। उनकी पहली मुलाकात दाता गंज बख़्श के मज़ार में करा सकते हैं। एक दलाल बुढ़िया बीच में ला सकते हैं, जो उन दो बिछड़ी रूहों को बार-बार मिलाती रहे। हम आख़िर में उनके इश्क़ को नाकाम बना सकते हैं। दोनों को ज़हर पिलवा सकते हैं। उन दोनों के जनाज़े, एक इस महल्ले से और एक उस महल्ले से निकलवा सकते हैं। फिर उन दोनों की क़ब्रें एक मोजिज़े (चमत्कार) के जरिए से आपस में मिलवा सकते हैं और अगर ज़रूरत महसूस हो तो ऊपर से फ़रिश्तों के हाथों से फूलों

की बारिश भी करा सकते हैं। हम वेश्या की ज़िन्दगी क्यों बयान नहीं कर सकते? उसे तो फरिश्तों और उनके फूलों की ज़रूरत नहीं होती। वह अगर मरती है तो दूसरे मुहल्ले से कोई जनाज़ा उसकी मौत का साथ नहीं देता, कोई क़ब्र उसकी क़ब्र से मिलने की ख़्वाहिश नहीं करती।

वेश्या का मकान ख़ुद एक जनाज़ा है जो समाज अपने कन्धो पर उठाए हुए है। वह उसे जब तक कहीं दफ़न नहीं करेगा, उसके मुताल्लिक़ बातें होती ही रहेंगी। यह लाश गली-सड़ी सही, बदबूदार सही, मूतअफ़्फ़िन सही, भयानक सही, घिनवानी सही, लेकिन इसका मुँह देखने में क्या हर्ज है? क्या यह हमारी कुछ नहीं लगती? क्या हम इसके अज़ीजों क़ारिब (रिश्तेदार) नहीं? हम कभी-कभी कफ़न हटाकर उसका मुँह देखते रहेंगे और दूसरों को दिखाते रहेंगे।

मैंने 'काली शलवार' में ऐसी ही एक लाश का मुँह दिखाया है। मुलाहिज़ा हो :

सड़क की दूसरी तरफ़ मालगोदाम था जो इस कोने से उस कोने तक फैला हुआ था। दाहिने हाथ को लोहे की छत के नीचे बड़ी-बड़ी गाँठें पड़ी रहती थीं और हर क़िस्म के मालो-असबाब के ढेर लगे रहते थे। बाएँ हाथ को खुला मैदान था जिसमें बेशुमार रेल की पटरियाँ चमकतीं तो सुल्ताना अपने हाथों की तरफ देखती जिन पर नीली-नीली रगें बिल्कुल उन पटरियों की तरह उभरी रहती थीं। इस लम्बे और खुले मैदान में हर वक़्त इंजन और गाड़ियाँ चलती रहती थीं। कभी इधर, कभी उधर। इन इंजनों और गाड़ियों की छक-छक, फक-फक सदा गूँजती रहती थी। सुबह सवेरे जब वह उठकर बालकनी में आती तो एक अजीब समाँ उसे नज़र आता। धुँधलके में इंजनों के मुँह से गाढ़ा-गाढ़ा धुआँ निकलता था और गदले आसमान की जानिब मोटे और भारी आदमियों की तरह उठता दिखाई देता था। भाप के बड़े-बड़े बादल भी एक शोर के साथ उठते थे और आँख झपकने की देर में हवा के अन्दर घुल-मिल जाते थे। फिर कभी-कभी जब वह गाड़ी के किसी डिब्बे को, जिसे इंजन ने धक्का देकर छोड़ दिया हो, अकेले पटरियों पर चलता देखती तो उसे अपना ख़याल आता। वो सोचती कि उसे भी किसी ने ज़िन्दगी की पटरी पर धक्का देकर छोड़ दिया है और वह ख़ुद-ब-ख़ुद जा रही है। दूसरे लोग काँटे बदल रहे हैं और वह चली जा रही हैं, जाने कहाँ। फिर एक रोज़ ऐसा आयेगा जब उस धक्के का ज़ोर आहिस्ता-आहिस्ता ख़त्म हो जाएगा और वह कहीं रुक जाएगी, किसी ऐसे मक़ाम पर, जो उसका देखा-भाला न होगा।

ज़हीन पढ़ने वालों के लिए इससे अच्छे इशारे और क्या हो सकते हैं? सुल्ताना की ज़िन्दगी का सही नक़्शा इन इशारों और किनायों से मैंने पेश करने की कामयाब सई की है। देहली की म्युनिसिपैलिटी ने देहली की वेश्याओं के लिए एक ख़ास जगह

मुकर्रर करते वक़्त यह न सोचा होगा कि मालगोदाम उनकी ज़िन्दगी का सही नक़्शा पेश करता है लेकिन जो साहिबे-नज़र हैं, वह उन मकानों और मालगोदाम को आमने-सामने देखकर 'काली शलवार' जैसे कई अफ़साने लिखेंगे।

इसी लाश का एक बार मैंने यूँ भी मुँह दिखाया था। मैं अपने मशहूर अफ़साने 'हतक' का आग़ाज़ इन सुतूर (पंक्तियों) से करता हूँ :

"दिन भर की थकी-माँदी वह अभी-अभी अपने बिस्तर पर लेटते ही सो गई थी। म्युनिसिपल कमेटी का दारोग़ा-ए-सफ़ाई जिसे वह सेठ के नाम से पुकारती थी, अभी-अभी उसकी हड्डी-पसलियाँ झँझोड़ कर शराब के नशे में चूर, घर वापिस गया था। वह रात यहीं ठहरता, पर उसे अपनी धर्मपत्नी का बहुत ख़याल था जो उससे बेहद प्रेम करती थी।

वह रुपए जो उसने अपनी जिस्मानी मशक़्क़त के बदले उस दारोग़ा से वसूल किए थे, उसकी चुस्त थूक भरी चोली के नीचे से ऊपर को उभरे हुए थे। कभी-कभी साँस के उतार-चढ़ाव से चाँदी के ये सिक्के खनखने लगते और उनकी खनखनाहट उसके दिल की ग़ैर आहंग धड़कनों में घुल-मिल जाती और ऐसा मालूम होता कि उन सिक्कों की चाँदी पिघलकर उसके दिल के ख़ून में टपक रही है।

उसका सीना अन्दर से तप रहा था। यह गर्मी कुछ तो उस ब्राण्डी के बायस थी जिसका अद्धा दारोगा अपने साथ लाया था। और कुछ तो उस 'बेवड़ा' का नतीजा थी जिसको सोडा ख़त्म होने पर दोनों ने पानी मिलाकर पिया था।

वह सागवान के लम्बे-चौड़े पलंग पर औंधे मुँह लेटी थी। उसकी बाँहें जो काँधों तक नंगी थीं, पतंग की उस काँप की तरह फैली हुई थीं जो रात ओस में भीग जाने के बाअस पतले काग़ज से जुदा हो जाए।

दाएँ बाज़ू की बग़ल में शिकन आलूद गोश्त उभरा हुआ था जो बार-बार मूँडने के बाअस सियाही माइल रंग इख़्तियार कर गया था। ऐसा मालूम होता था कि नुची हुई मुर्ग़ी की खाल का एक टुकड़ा वहाँ पर रख दिया गया है।"

यह सुल्ताना की एक बहन सौगन्धी की तस्वीर है। उसके पास ख़ुदाबख़्श के बजाय एक ख़ारिशज़दा कुत्ता था। ख़ुदाबख़्श सुलताना का दिल न बहला सका। मगर यह ख़ारिशज़दा कुत्ता सौगन्धी के बहुत काम आया। मैं इस अफ़साने के आख़िर में लिखता हूँ :

"कुत्ता अपनी टुण्ड-मुण्ड दुम हिलाता सौगन्धी के पास वापिस आया और उसके क़दमों के पास बैठकर कान फड़फड़ाने लगा। सौगन्धी चौंकी। उसने अपने चारों तरफ़ एक हौलनाक सन्नाटा देखा। ऐसा सन्नाटा, जो उसने पहले कभी नहीं देखा था। उसे ऐसा मालूम होता था कि हर शै ख़ाली है जैसे मुसाफिरों से लदी हुई

रेलगाड़ी सब स्टेशनों पर मुसाफ़िर उतारकर अब लोहे के शेड में बिल्कुल अकेली खड़ी है। यह ख़ला जो अचानक सौगन्धी के अन्दर पैदा हो गया था, उसे बहुत तकलीफ़ दे रहा था। उसने काफ़ी देर तक उस ख़ला को भरने की कोशिश की, मगर बे-सूद। वह एक ही वक़्त में बेशुमार ख़यालात अपने दिमाग़ में ठूँसती थी मगर बिलकुल छलनी का-सा हिसाब था। इधर वह दिमाग़ को पुर करती थी और उधर वह ख़ाली हो जाता था। बहुद देर तक वह बेद की कुर्सी पर बैठी रही। सोच-विचार के बाद भी जब उसको अपना दिल परचाने का कोई तरीका न मिला तो उसने अपने ख़ारिशज़दा कुत्ते को गोद में उठाया और सागवान के चौड़े पलंग पर उसे अपने पहलू में लिटाकर सो गई।

कौन है जो यह तस्वीरें देखकर लज़्ज़त हासिल करने के वास्ते उन वेश्याओं के कोठे पर जाएगा? मेरी सुल्ताना और मेरी सौगन्धी तन्हाई में देखने वाली तस्वीरें नहीं है, जिनके इश्तिहार आए दिन अख़बारों में छपते रहते हैं। वे कोई नया जोड़दार आसन पेश नहीं करतीं। वे इम्साक का कोई ख़ानदानी नुस्खा नहीं बतातीं। वे कोई लच्छेदार आपबीती नहीं सुनातीं कि शहवानी जज़्बात उभर आएँ।

मेरा ज़ेरे-बहस अफ़साना 'काली शलवार' अगर आप ग़ौर से पढ़ें तो ज़ैल बातें आपके ज़ेहन में आएँगी :

एक : सुल्ताना एक मामूली वेश्या है। पहले अम्बले में पेशा करती थी। बाद में अपने दोस्त ख़दाबख़्श के कहने पर देहली चली आई। यहाँ उसका कारोबार न चला।

दो : ख़ुदाबख़्श ख़ुदा पर नाजायज़ भरोसा करने और फ़क़ीरों की करामात पर ईमान लाने वाला आदमी था।

तीन : सुल्ताना का जब कारोबार न चला तो वह बहुत अफ़सुर्दा हुई। उसकी अफ़सुर्दगी में और इज़ाफ़ा हो गया जब ख़ुदाबख़्श फ़कीरों के पीछे-पीछे मारा-मारा फिरने लगा।

चार : मुहर्रम सिर पर आ गया। सुल्ताना की दूसरी सहेलियों ने काले कपड़े बनवा लिए मगर वह न बनवा सकी, इसलिए कि उसके पास कुछ नहीं था।

पाँच : इस मौक़े पर शंकर आता है, एक आवारागर्द। ज़हानत, हाज़िरजवाबी, और ख़ुशगुफ़्तारी के अलावा जिसके पास कुछ भी नहीं था। वह सुल्ताना के पास आता है और अपनी इन ख़ूबियों के मुआवजे में उससे वह जिंस तलब करता है जिसे वह दाम लेकर फ़रोख़्त करती है। सुल्ताना यह सौदा क़ुबूल नहीं करती।

छ : दूसरी मर्तबा शंकर ख़ुद नहीं आता बल्कि उदास सुल्ताना उसे ख़ुद बुलाती है और उसे अपनी ठहरे पानी-जैसी ज़िन्दगी में एक हादिसे के तौर पर क़ुबूल कर लेती है। उससे मिलकर वह ख़ुश होती है मगर यह एहसास उसका पीछा नहीं छोड़ता

कि मुहर्रम के लिए उसके पास एक काली शलवार की कमी है। वह शंकर से कहती है : "मुहर्रम आ रहा है, मेरे पास इतने पैसे नहीं कि मैं काली शलवार बनवा सकूँ। यहाँ के सारे दुखड़े तो तुम मुझसे सुन ही चुके हो। क़मीज़ और दुपट्टा मेरे पास मौजूद था जो मैंने आज रँगवाने के लिए दे दिया है।"

सात : शंकर मुहर्रम की पहली तारीख को एक काली शलवार सुल्ताना के लिए ले आता है। ख़ुदाबख़्श का ख़ुदा रसीदा बुज़ुर्गों पर ग़ैरजरूरी एतिक़ाद काम नहीं आता लेकिन शंकर की ज़हानत काम आ जाती है।

यह अफ़साना पढ़कर दिलो-दिमाग़ पर क्या असर होता है? क्या इसका प्लॉट या इसका अंदाज़े-बयान लोगों को वेश्याओं की तरफ़ खींचता है? मैं इसके जवाब में कहूँगा, हरगिज़ नहीं। इसलिए कि यह इस मक़सद के लिए नहीं लिखा गया है। अगर इसको पढ़कर ऐसा असर पैदा नहीं होता तो यह अफ़साना अख़्लाक़ियत से गिरा हुआ नहीं हैं। अगर यह अख़्लाक़ियत से गिरा हुआ नहीं है तो वह अफ़साना ऐसा गीत नहीं हैं, जिसे हज़ उठाने की ख़ातिर गाएँ और बार-बार गाएँ। कोई ग्रामोफोन कम्पनी इसके रिकार्ड नहीं भरेगी। इसलिए कि इसमें जज़्बात उभारने वाले दादरे और ठुमरियाँ नहीं हैं।

'काली शलवार' जैसे अफ़साने तफ़रीह की ख़ातिर नहीं लिखे जाते। इनको पढ़कर शहवानी जज़्बात की राल नहीं टपकने लगती। इसको लिखकर मैं किसी शर्मनाक फ़ेअल का मुर्तकिब नहीं हुआ। मुझे फ़ख़्र है कि मैं इसका मुसन्निफ़ हूँ। मैं शुक्र करता हूँ कि मैंने कोई ऐसी मस्नवी नहीं लिखी जिसके अशआर मैं आपकी ख़िद्मत में नमूने के तौर पर पेश करता हूँ :

हाथापाई से हाँपते जाना ख़ुलते जाने में ढाँपते जाना।
वह मेरा मुँह मुँह भिड़ा देना वह तेरा जीभ का लड़ा देना।
वह तेरा प्यार से लिपट जाना और दिल खोल के चिमट जाना।
हौले-हौले पुकारने लगना ढीले हाथों से मारने लगना।
मुँह से कुछ-कुछ पड़े-बके जाना छूट जाने के गूँ तके जाना।
थक के कहना ख़ुदा के वास्ते छोड़ नींद आई है अब न मुझे झँझोड़।

वह तेरा ढीले छोड़ना बेबस वह तेरा सुस्त होके कहना बस।
बात बाक़ी नहीं रही अब तो रात बाक़ी नहीं रही अब तो।
कहीं तेरी यह बात निबड़ेगी या यूँ ही सारी रात निबड़ेगी।
मुझमें बाक़ी कुछ अब तो बात नहीं सुबह भी हो चुकी है रात नहीं।
देख अब आगे मार बैठूँगी या किसू को पुकार बैठूँगी।

आदमी की जो रीख़ निकलेगी मुँह से क्योंकर न चीख़ निकलेगी।
कभी फिर भी तो काम होवेगा देखियो कौन साथ सोवेगा।

—इक़्तिबासात अज़मस्नवी मीर दर्द, (मस्नवी मीरदर्द का एक अंश) शुक्र है कि मैंने अपनी प्यास और भूखी ख़्वाहिशाते-नफ़सानी को परचाने के लिए ऐसे अशआर नहीं लिखे :

लब से लब मेरे मिलाए रखना बाज़ू से वह सर उठाए रखना।
वह सीने पे लेट के सताना मतलब के सुख़न पे रूठ जाना।
वह मुँह में ज़ुबान की लज़्ज़तें हाय ज़ाहिर हरकत से रग़बतें हाय।
अपना जो हुआ कुछ और इरादा जी चाहा कि इससे भी ज़्यादा।
वह हाथ को रख के जोशे-इनकार वा करने न देना बंदे-शलवार।
वह हाथ को दम-ब-दम झटकना वह तकिये पर सर को दे पटकना।
आहिस्ता लगानी आह लातें हीला की वह कैसी-कैसी बातें।
वह हाथ को ज़ोर से छुड़ाना वह होके तंग काट खाना।
वह नीचे पड़े ही तिलमिलाना क़ाबू से तड़प के निकल जाना।
वह चीं ब जबीं होके कहना किन बेकसियों से रोके कहना।
है तुमको यही शग़्ल दिन-रात अच्छी नहीं लगती मुझको यह बात।
भरता ही नहीं है तेरा जी बस करता ही नहीं है तू कभी बस।

-कुल्लियात मोमिन : मस्नवी दोयम, मतबूआ नवलकिशोर, लखनऊ।
(मोमिन की मस्नवी का एक अंश)

औरत और मर्द के जिंसी रिश्ते के मुताल्लिक अगर इस अंदाज़ में कुछ कहा जाए तो मैं उसे मायूब समझूँगा। इसलिए कि यह हर बालिग़ आदमी को मालूम है। तन्हाई में जब मर्द और औरत एक बिस्तर पर इस ग़र्ज़ से लेटते हैं तो इसी क़िस्म की हैवानी हरकात करते हैं। लेकिन वह ऐसी ख़ूबसूरत नहीं होतीं जैसी कि इन अशआर में ज़ाहिर की गई हैं। उनकी हैवानियत को शाइरी के पर्दे में छुपा लिया गया है। यह लिखने वाले की शरारत है जो यक़ीनन क़ाबिले-गिरफ़्त है। अगर मर्द-औरत के इस हैवानी फ़ेअल को फ़िल्म बनाकर पर्दे पर पेश किया जाए तो मुझे यक़ीन है कि इसको देखकर तमाम सलीम-उद्दिमाग आदमी नफ़रत से मुँह फेर लेंगे। लेकिन जो अशआर मैंने ऊपर नमूने के तौर पर पेश किए हैं, वह इस हैवानी फ़ेअल की ग़लत तस्वीर पेश करते हैं।

ऐसी शाइरी दिमाग़ी जल्क (मानसिक क्षति) है। लिखने-पढ़नेवालों, दोनों के लिए मैं इसे मुज़िर समझता हूँ। मेरे अफ़साने 'काली शलवार' में ऐसा कोई ऐब नहीं। मैंने इसे कहीं भी मर्द औरत के जिंसी मिलाप को लज़ीज़ अंदाज़ में बयान नहीं किया। मेरी सुल्ताना से जो अपने गाहक गोरों को अपनी ज़बान में गालियाँ दिया करती थी और उनको उल्लू के पट्ठे समझती थी, किस क़िस्म की लज़्ज़त या किस क़िस्म के हज़ की तवक़्क़ो की जा सकती है? वह एक दुकानदार थी, ठेठ क़िस्म की दुकानदार। अगर हम शराब की दुकान पर शराब की बोतल लेने जाएँ तो यह तवक़्क़ो नहीं करेंगे कि वह उमर ख़ैयाम बना बैठा होगा या उसको हाफ़िज का सारा दीवान अजबर याद होगा। शराब के ठेकेदार शराब बेचते हैं, उमर ख़ैयाम की रूबाइयाँ और हाफ़िज शीराज़ी के शे'र नहीं बेचते। मेरी सुल्ताना औरत बाद में है, वेश्या सबसे पहले है क्योंकि इंसान की ज़िन्दगी में उसका पेट सबसे ज़्यादा अहम है। शंकर उससे पूछता है : "तुम भी कुछ-न-कुछ ज़रूर करती होगी?"

सुल्ताना जवाब देती है : "झक मारती हूँ।" ...वह यह नहीं कहती कि गंदुम का व्यापार करती हूँ या सोने-चाँदी की तिजारत करती हूँ। उसे मालूम है कि वह क्या करती है। अगर किसी टाइपिस्ट से पूछा जाए कि तुम क्या काम करते हो तो वह यही जवाब देगा : "टाइप करता हूँ।"

मेरी सुल्ताना और एक टाइपिस्ट में क्या फ़र्क है, जरा ग़ौर कीजिए।

अफ़सानानिगार और जिंसी मसाइल

कोई हक़ीर[1] चीज़ ही क्यों न हो, मसाइल पैदा करने का बाएस हो सकती है। मसहरी के अन्दर एक मच्छर घुस आए तो उसको बाहर निकालने, मारने और आइन्दा के लिए दूसरे मच्छरों की रोकथाम करने के मसाइल पैदा हो जाते हैं। लेकिन दुनिया का सबसे बड़ा मसला यानी तमाम मसलों का बाप उस वक़्त पैदा हुआ था, जब आदम ने भूख महसूस की थी और उससे छोटा मगर दिलचस्प मसला उस वक़्त परदा-ए-ज़हूर[2] पर आया था, जब दुनिया के उस सबसे पहले मर्द की दुनिया की सबसे पहली औरत से मुलाक़ात हुई थी।

ये दोनों मसले, जैसा कि आप जानते हैं कि दो मुख़्तलिफ़ क़िस्म की भूखें हैं जिनका आपस में बहुत गहरा ताल्लुक़ है। यही वजह है कि हमें इस वक़्त जितने मआशरती, मजलिसी, सियासी और जंगी मसाइल नज़र आते हैं, उनके अक़ब में यही दो भूखें जलवागर हैं।

मौजूदा जंग का ख़ूनी पर्दा अगर उठा दिया जाए तो लाशों के अम्बार के पीछे आपको मुल्कगीरी की भूख के सिवा और कुछ नज़र नहीं आएगा।

भूख किसी क़िस्म की भी हो, बहुत ख़तरनाक है। आज़ादी के भूखों को अगर गुलामी की ज़ंजीरें ही पेश की जाती रहीं तो इन्क़िलाब ज़रूर बरपा होगा। रोटी के भूखे अगर फ़ाक़े ही खींचते रहे तो वह तंग आकर दूसरे का निवाला ज़रूर छीनेंगे। मर्द की नज़रों को अगर औरत के दीदार का भूखा रखा गया तो शायद वह अपने हमजिंसों और हैवानों ही में इसका अक्स देखने की कोशिश करे।

दुनिया में जितनी लानतें हैं, भूख उनकी माँ है। भूख गदागरी[3] सिखाती है, भूख जराइम की तरग़ीब देती है, भूख इस्मत फ़रोशी पर मजबूर करती है, भूख इंतिहापसन्दी का सबक़ देती है। इसका हमला बहुत शदीद[4], इसका वार बहुत भरपूर है, इसका ज़ख़्म बहुत गहरा होता है—भूख दीवाने पैदा करती है, दीवानगी भूख पैदा नहीं करती।

दुनिया के किसी कोने का मुसन्निफ़ हो, तरक़्की पसन्द हो या तनज़्ज़ुलपसन्द,[5]

बूढ़ा हो या जवान, उसके पेशे नज़र दुनिया के तमाम बिखरे हुए मसाइल रहते हैं। चुन-चुनकर वह उन पर लिखता रहता है। कभी किसी के हक़ में, किसी के ख़िलाफ़।

आज का अदीब बुनियादी तौर पर आज से पाँच सौ साल पहले के अदीब से कोई ज़्यादा मुख़्तलिफ़ नहीं। हर चीज़ पर नए-पुराने का लेबिल वक़्त लगाता है, इंसान नहीं लगाता। हम आज नए अदीब कहलाते हैं। आनेवाला कल, हमें पुराना करके अल्मारियों में बन्द कर देगा लेकिन इसका यह मतलब नहीं कि हम बेकार जिए, हमने मुफ़्त में मग़ज़गर्दी की। घड़ी की सुई जब एक से गुज़र कर दो की तरफ़ रेंगती है तो एक का हिंदसा बेमसरफ़[6] नहीं हो जाता। पूरा सफ़र तय करके सुई फिर इसी हिंदसे[7] की तरफ़ लौटती है। यह घड़ी का भी उसूल है और दुनिया का भी।

आज के नए मसाइल भी गुज़री हुई कल के पुराने मसाइल से बुनियादी तौर पर मुख़्तलिफ़ नहीं। जो आज की बुराइयाँ हैं, गुज़रे हुए कल ही ने उनके बीज बोए थे।

जिंसी मसाइल जिस तरह आज के नए अदीबों के पेशे नज़र हैं, उसी तरह पुराने अदीबों के पेशे नज़र भी थे। उन्होंने उन पर अपने रंग में लिखा, हम आज अपने रंग में लिख रहे हैं।

मुझे मालूम नहीं, मुझसे जिंसी मसाइल के मुताल्लिक़ बार-बार क्यों पूछा जाता है? शायद इसलिए कि लोग मुझे तरक़्क़ीपसन्द कहते हैं, या शायद इसलिए कि मेरे चंद अफ़साने जिंसी मसाइल के मुताल्लिक़ हैं या फिर इसलिए कि आज के नए अदीबों को बाज़ हज़रात जिंसज़दा[8] क़रार देकर उन्हें अदब, मज़हब और समाज से यक क़लम ख़ारिज कर देना चाहते हैं। वजह कुछ भी हो, मैं अपना नुक़्ता-ए-नज़र बयान किए देता हूँ।

रोटी और पेट, औरत और मर्द—ये दो बहुत पुराने रिश्ते हैं, अज़ली[9] और अबदी[10]। **रोटी** ज़्यादा अहम है या पेट? औरत ज़्यादा जरूरी है कि मर्द? मैं इसके मुताल्लिक़ कुछ नहीं कह सकता, इसलिए कि मेरा पेट रोटी माँगता है लेकिन मुझे यह मालूम नहीं कि गेहूँ भी मेरे पेट के लिए उतना ही तरसता है जितना कि मेरा पेट। फिर भी जब मैं सोचता हूँ कि ज़मीन ने गेहूँ के ख़ोशों[11] को बेकार जन्म नहीं दिया होगा तो मुझे ख़ुशफ़हमी होती है कि मेरे पेट ही के लिए वसी-ओ-अरीज़[12] खेतों में सुनहरी बालियाँ झूमती हैं और फिर हो सकता है कि मेरा पेट पहले पैदा हुआ हो और गेहूँ की यह बुच्चियाँ कुछ देर के बाद।

कुछ भी हो, यह बात रोज़े-रौशन की तरह अयाँ है कि दुनिया का अदब सिर्फ़ इन दो रिश्तों ही से मुताल्लिक़ है। इल्हामी किताबें भी जिनको आसमानी अदब कहना चाहिए, रोटी और पेट, औरत और मर्द के तज़्किरों से ख़ाली नहीं।

सवाल पैदा होता है कि जब यह मसाइल इतने पुराने हैं कि इनका ज़िक्र

इल्हामी किताबों में भी आ चुका है तो फिर क्यों आज के अदीब इन पर खामा फ़रसाई[13] करते हैं? क्यों औरत और मर्द के ताल्लुक़ात को बार-बार कुरेदा जाता है और बक़ौल शख़्से उरियानी[14] फैलाई जाती है? जवाब इस सवाल का यह है कि अगर एक ही बार, झूठ न बोलने और चोरी न करने की तलक़ीन[15] करने पर सारी दुनिया झूठ और चोरी से परहेज़ करती तो शायद एक ही पैग़म्बर काफ़ी होता—लेकिन जैसा आप जानते हैं, पैग़म्बरों की फ़ेहरिस्त ख़ासी लम्बी है।

हम लिखनेवाले पैग़म्बर नहीं। हम एक ही चीज़ को, एक ही मसले को मुख़्तलिफ़ हालात में, मुख़्तलिफ़ ज़ावियों से देखते हैं और जो कुछ हमारी समझ में आता है, दुनिया के सामने पेश कर देते हैं और दुनिया को कभी मजबूर नहीं करते कि वह उसे क़बूल ही करे।

हम क़ानूनसाज़ नहीं, मुहृतसिब[16] भी नहीं। एहतिसाब और क़ानूनसाजी दूसरों का काम है । हम हुकूमतों पर नुक्ताचीनी करते हैं लेकिन ख़ुद हाकिम नहीं बनते। हम इमारतों के नक़्शे बनाते हैं लेकिन हम मैमार नहीं। हम मर्ज़ बताते हैं लेकिन दवाख़ानों के मुहृतमिम[17] नहीं।

हम जिंसियात पर नहीं लिखते। जो समझते हैं कि हम ऐसा करते हैं, यह उनकी ग़लती है। हम अपने अफ़सानों में ख़ास औरतों और ख़ास मर्दों के हालात पर रौशनी डालते हैं। किसी अफ़साने की हीरोइन से अगर उसका मर्द सिर्फ़ इसलिए मुतनफ़्फ़िर[18] हो जाता है कि वह सफ़ेद कपड़े पसन्द करती है और सादगीपसन्द है तो दूसरी औरतों को इसे उसूल नहीं समझ लेना चाहिए। यह नफ़रत क्यों पैदा हुई और किन हालात में पैदा हुई, इस इस्तिफ़्हाम[19] का जवाब आपको हमारे अफ़साने में ज़रूर मिल जाएगा।

जो लोग हमारे अफ़सानों में लज़्ज़त हासिल करने के तरीक़े देखना चाहते हैं, उन्हें यक़ीनन नाउम्मीदी होगी। हम दाँव-पेंच बताने वाले ख़लीफ़ा नहीं। हम जब अखाड़े में किसी को गिरता देखते हैं तो अपनी समझ के मुताबिक़ आपको समझाने की कोशिश करते हैं कि वह क्यों गिरा था?

हम रजाई हैं। दुनिया की सियाहियों में भी हम उजाले की लकीरें देख लेते हैं। हम किसी को हिक़ारत की नज़र से नहीं देखते। चकलों में जब कोई टखयाई अपने कोठे पर से किसी राहगुज़र पर पान की पीक थूकती है तो हम दूसरे तमाशाइयों की तरह न तो कभी उस राहगुज़र पर हँसते हैं और न कभी उस टखयाई को गालियाँ देते हैं। हम यह वाक़या देखकर रुक जाएँगे। हमारी निगाहें इस ग़लीज़ पेशेवर औरत-की नीम उरियाँ लिबास को चीरती हुई उसके सियाह इस्याँ[20] भरे जिस्म के अन्दर दाखिल होकर उसके दिल तक पहुँच जाएँगी, उसको टटोलेंगी और टटोलते-टटोलते

हम ख़ुद कुछ अर्से के लिए तसव्वुर में वही करीह और मुतअफ़्फ़िन[21] रण्डी बन जाएँगे, सिर्फ़ इसलिए कि हम उस वाक़ये की तस्वीर ही नहीं, बल्कि उसके असल मुहर्रिक की वजह भी पेश कर सकें।

जब किसी अच्छे ख़ानदान की जवान, सेहतमन्द और ख़ूबसूरत लड़की किसी मरियल, बदसूरत और क़ल्लश लड़के के साथ भाग जाती है तो हम उसे मलऊन क़रार नहीं देंगे। दूसरे, उस लड़की का माज़ी[22], हाल और मुस्तक़बिल अख़लाक़ को फाँसी में लटका देंगे लेकिन हम वह छोटी-सी गिरह खोलने की कोशिश करेंगे जिसने उस लड़की के इद्राक[23] को बेहिस किया।

इंसान एक-दूसरे से कोई मुख़्तलिक नहीं हैं। जो ग़लती एक मर्द करता है, दूसरा भी कर सकता है। जब एक औरत बाज़ार में दूकान लगाकर अपना जिस्म बेच सकती है तो दुनिया की सब औरतें ऐसा कर सकती हैं। ग़लतकार इंसान नहीं, वह हालात हैं जिनके खेतों में इंसान अपनी ग़लतियाँ पैदा करता है और उनकी फ़स्लें काटता है।

ज़्यादातर जिंसी मसाइल ही आज के नए अदीबों की तवज्जोह का मर्कज़[24] क्यों बने हैं, इसका जवाब मालूम करना कोई ज़्यादा मुश्किल नहीं। यह ज़माना अजीबो-ग़रीब क़िस्म के अज़्दाद[25] का ज़माना है। औरत क़रीब भी है, दूर भी। कहीं मादरज़ाद बरहनंगी नज़र आती है, कहीं सिर से लेकर पैर तक सत्रा। कहीं औरत मर्द के भेस में दिखाई देती है, कहीं मर्द औरत के भेस में।

दुनिया एक बहुत बड़ी करवट ले रही है। हिन्दुस्तान भी, जहाँ आज़ादी का नन्हा-मुन्ना बच्चा गुलामी के दामन से अपने आँसू पोंछ रहा है, मिट्टी का नया घरौंदा बनाने के लिए ज़िद कर रहा हैं। मशरिक़ी[26] तहज़ीब की चोली के बन्द कभी खोले जाते है, कभी बन्द किए जाते हैं। मग़रिबी तहज़ीब के चेहरे का ग़ाज़ा कभी हटाया जाता है, कभी लगाया जाता है। एक अफ़रातफ़री-सी मची है। नए खटबुने पुरानी खाटों की मूँज उधेड़ रहे हैं, पुराने खटबुने चिल्ला रहे हैं। हिली हुई चूलों से कहीं खटमल निकल रहे हैं, कहीं पिस्सू। कोई कहता है, इन्हें जिन्दा रहने दो। कोई कहता है, नहीं, फना कर दो। इस धाँधली में, इस शोरिश[27] में हम नए लिखनेवाले अपने क़लम सँभाले कभी इस मसले से टकराते हैं, कभी उस मसले से।

अगर हमारी तहरीरों में औरतों और मर्द के ताल्लुक़ात का ज़िक्र आपको ज्यादा नज़र आए तो यह एक फ़ितरी बात है। मुल्क, मुल्क से सियासी तौर पर जुदा किए जा सकते हैं। एक मज़हब दूसरे मज़हब से अक़ीदों[28] की बिना पर अलहदा किया जा सकता है। दो ज़मीनों को एक क़ानून एक-दूसरे से बेगाना कर सकता है लेकिन कोई सियासत, कोई अक़ीदा, कोई क़ानून औरत और मर्द को एक-दूसरे से दूर नहीं कर सकता।

औरत और मर्द में जो फ़ासला है, उसको उबूर करने की कोशिश हर ज़माने में होती रहेगी। औरत और मर्द में जो एक लरज़ती हुई दीवार हाइल है, उसे सँभालने और गिराने की सई[29] हर सदी, हर क़र्न[30] में होती है, जो उसे उरियानी[31] समझते हैं, उन्हें अपने एहसास के नंग पर अफ़सोस होना चाहिए। जो उसे अख़लाक[32] की क़सौटी पर परखते हैं, उन्हें मालूम होना चाहिए कि अख़लाक़ ज़ंग है जो समाज के उस्तरे पर बेएहतियाती से जम गया है।

ज़ो समझते हैं कि नए अदब ने जिंसी मसाइल पैदा किए हैं, ग़लती पर हैं क्योंकि हक़ीक़त यह है कि जिंसी मसाइल ने इस नए अदब को पैदा किया है। यह नया अदब, जिसमें आप कभी-कभी अपना ही अक्स देखकर झुँझला उठते हैं- हक़ीक़त ख़्वाह शक्कर ही में लपेटकर पेश की जाए, उसकी कड़वाहट दूर नहीं होगी।

हमारी तहरीरें आपको कड़वी और कसैली लगती हैं मगर अब तक जो मिठास आपको पेश की जाती रही है, उनसे इंसानियत को क्या फ़ायदा हुआ है? नीम के पत्ते कड़वे सही, मगर खून ज़रूर साफ़ करते हैं।

---

1. तुच्छ, बहुत ही छोटी; 2. प्रकट; 3. भिक्षावृत्ति 4. तेज़; 5. अतिवादी; 6. महत्त्वहीन; 7. अंक; 8. यौनभावना से ग्रस्त; 9. अनादि; 10. अनंत; 11. बालें; 12. विस्तृत; 13. लेखन-कार्य; 14. नग्नता; 15. उपदेश; 16. पूछताछ करनेवाले; 17. व्यवस्थापक; 18. विरक्त; 19. प्रश्न; 20. पाप; 21. दुर्गंधयुक्त; 22. भूतकाल; 23. चेतना; 24. केंद्र; 25. परस्पर विरोधी; 26. पूर्वी; 27. उन्माद; 28. आस्थाओं; 29. कोशिश; 30. वह लम्बा समय, जो तीन से सौ वर्ष के बीच हो; 31. नग्नता; 32. नैतिकता।

कसौटी

यह नई चीज़ों का ज़माना है। नए जूते, नई ठोकरें, नए क़ानून, नए जराइम, नई घड़ियाँ, नई बेवक़्तियाँ, नए आक़ा, नए गुलाम और लुत्फ़ यह है कि इन नए गुलामों की खाल भी नई है जो उधड़-उधड़कर जिंद्दत पसन्द[1] हो गई है। अब इनके लिए नए कोड़े और नए चाबुक तैयार हो रहे हैं।

अदब भी नया है जिसके बेशुमार नाम हैं। कोई उसे तरक़्क़ीपसन्द कहता है, कोई तनज़्ज़ुल पसन्द[2] । कोई फ़ुहश कहता है, कोई मज़दूरपरस्त। इस नए अदब को परखने के लिए नई कसौटियाँ भी मौजूद हैं—यह कसौटियाँ परचे हैं। सालनामे, माहनामे, हफ़्तावार और रोज़ाना। इन परचों के मालिक और एडिटर भी नए हैं। कोई पाकिस्तानी है, कोई अखण्ड हिन्दुस्तानी। कोई कांग्रेसी है, कोई कम्यूनिस्ट। सब अपनी-अपनी कसौटी पर इस नए अदब को परखते रहते हैं और इसका खोटा-खरा बताते रहते हैं मगर अदब सोना नहीं जो उसके घटते-बढ़ते भाव बताए जाएँ। अदब ज़ेवर है और जिस तरह ख़ूबसूरत ज़ेवर ख़ालिस सोना नहीं होते, उसी तरह ख़ूबसूरत अदबपारे भी ख़ालिस हक़ीक़त नहीं होते। इनको सोने की तरह पत्थरों पर घिस-घिसकर परखना बहुत बड़ी बेज़ौक़ी[3] है।

अदब या तो अदब है, वरना एक बहुत बड़ी बेअदबी है। जेवर या तो ज़ेवर है, वरना एक बहुत ही बदनुमा शै है। अदब और ग़ैर अदब, जेवर और ग़ैर ज़ेवर में कोई दरमियानी इलाक़ा नहीं।

यह ज़माना नए दर्दों और टीसों का ज़माना है। एक नया दौर पुराने दौर का पेट चीरकर पैदा किया जा रहा हैं। पुराना दौर मौत के सद्मे से रो रहा है, नया दौर ज़िन्दगी की ख़ुशी से चिल्ला रहा है। दोनों के गले रुँधे पड़े हैं, दोनों की आँखें नमनाक हैं। इस नमी में अपने क़लम डुबोकर लिखनेवाले लिख रहे हैं। नया अदब? ज़बान वही है, सिर्फ़ लहजा बदला गया है। दरअसल इसी बदले हुए लहजे का नाम नया अदब, तरक्क़ीपसन्द अदब, फ़ुहशअदब या मज़दूरपरस्त अदब है।

जब किसी इंसान का लहजा बदल जाता है, जब कोई इंसान हँसते-हँसते रोने लगता है, जब किसी राग के मद्धम सुर एकाएक ऊँचे हो जाते हैं, जब बच्चा बिलखने लगता है तो आला-ए-मक़यास-उल-सौत यानी आवाज़ नापनेवाले आले से मेकानकी तरीक़े पर इस तब्दीली को नहीं जाँचते। जो अहले-दानिश[4] हैं, जो साहिबे-ज़ौक़[5] हैं, हमेशा इस कैफ़ियत, इस जज़्बे, इस मुहर्रिक[6] को टटोलने की कोशिश करेंगे जिसने यह तब्दीली पैदा की।

अदब एक फ़र्द की अपनी जिन्दगी की तस्वीर नहीं। जब कोई अदीब क़लम उठाता है तो वह अपने घरेलू मामलात का रोज़नामचा नहीं लिखता। अपनी ज़ाती ख़ुशियों, रंजिशों, बीमारियों और तन्दुरुस्तियों का ज़िक्र नहीं करता। उसकी क़लमी तसवीरों में, बहुत मुमकिन हैं, आँसू उसकी दुखी बहन के हों, मुस्कराहटें आपकी हों और क़हक़हे एक ख़स्ताहाल मज़दूर के। इसलिए अपने आँसुओं अपनी मुस्कराहटों और अपने क़हक़हों की तराजू में इन तस्वीरों को तौलना बहुत बड़ी ग़लती है। हर अदबपारा एक ख़ास फ़ज़ा, एक ख़ास असर, एक ख़ास मक़सद के लिए पैदा होता है अगर इसमें वह खास फिज़ा, ख़ास असर और ख़ास मकसद महसूस न किया जाए तो वह एक बेजान लाश रह जाएगी।

अदब लाश नहीं जिसे डॉक्टर और उसके चंद शागिर्द पत्थर की मेज़ पर लिटाकर पोस्टमार्टम शुरू कर दें। अदब बीमारी नहीं, बल्कि बीमारी का रद्दे अमल है। अदब दवा भी नहीं, जिसके इस्तेमाल के लिए औक़ात और मिक़दार की पाबन्दी आइद की जाती है। अदब दर्जाए-हरारत है अपने मुल्क का, अपनी क़ौम का—अदब अपने मुल्क, अपनी कौम, उसकी सेहत और अलालत की ख़बर देता रहता है—पुरानी अल्मारी के किसी ख़ाने से हाथ बढ़ाकर कोई गर्द आलूद किताब उठाइए, बीते हुए ज़माने की नब्ज़ आपकी उँगलियों के नीचे धड़कने लगेगी।

कितनी सदियाँ गुज़र चुकी हैं, कितनी नस्लें इन गुज़री हुई सदियों के नीचे दफ़न हैं। ऐसा लगता है कि लाशों का एक अम्बार है जिसकी चोटी पर हम खड़े हैं और नीचे एक अथाह समन्दर की तरफ़ देख रहे हैं। आसमान की तरफ़ निगाह उठाते हैं तो ऐसा मालूम होता है जैसे हम इसके बिलकुल करीब पहुँच गए हैं लेकिन आनेवाले ज़माने की एक छोटी-सी करवट, एक और सदी हमारी लाशों पर हमारी औलाद को खड़ा कर देगी। और हमारी औलाद समझेगी, हम ऊँचे हैं लेकिन सबसे पहली सदी की लाश कहाँ है? किस हालत में है? किसी को कुछ मालूम नहीं। लेकिन क़िस्सा-ए-आदम वही है। एक औरत और एक मर्द। दो औरत और एक मर्द या दो मर्द और एक औरत। यह गरदानें अज़ल[7] से जारी हैं और अबद[8] तक जारी रहेंगी।

इंसान को भूख पहले भी लगती थी, अब भी लगती है। ताक़त का ख़्वाहाँ पहले भी था, अब भी है, शे'रो-शराब का शौक़ीन जैसा पहले था, वैसा ही अब है। तब्दीली क्या हुई है, कुछ नहीं। रोटी, औरत और तख़्त। और अगर इंसान इनसे उकता गया तो खुदा, यानी एक ऐसी ताक़त जो रोटी, औरत और तख़्त से कहीं ज़्यादा नाक़ाबिले-फ़हम और नाक़ाबिले-रसा है।

इंसान औरत से मुहब्बत करता है तो हीर-रांझा की दास्तान बन जाती है, रोटी से मुहब्बत करता है तो ऐपीक्यूरेस का फ़लसफ़ा पैदा हो जाता है, तख़्त से प्यार करता है तो सिकंदर, चंगेज, तैमूर या हिटलर बन जाता है और जब ख़ुदा से लौ लगाता है तो महात्मा बुद्ध का रूप इख़्तियार कर लेता है।

दुनिया बहुत वसी है। कोई च्यूँटी मारना बहुत बड़ा पाप समझता है, कोई लाखों इंसान हलाक कर देता है और अपने इस फ़ैअल को बहादुरी और शुजाअत[9] से ताबीर करता है। कोई मज़हब को लानत समझता है, कोई इसी को सबसे बड़ी नेमत। इंसान को किस कसौटी पर परखा जाए? यूँ तो हर मज़हब के पास एक बटिया मौजूद है जिस पर इंसान कसकर परखे जाते हैं मगर वह बटिया कहाँ है? सब क़ौमों, सब मज़हबों, सब इंसानों की वाहिद कसौटी, जिस पर आप मुझे और मैं आपको परख सकता हूँ, वह धर्मकाँटा कहाँ है?

यह कसौटी, यह धर्मकाँटा जहाँ कहीं भी है, नया है न पुराना। तरक़्क़ीपसन्द है न तनज़्ज़ुलपसन्द। उरियाँ है न मस्तूर[10], फ़हश है न मुतहर[11]। इंसान और इंसान के सारे फ़ैअल इसी तराज़ू में तोले जा सकते हैं। मेरे नज़दीक किसी तराज़ू का तसव्वुर करना बहुत ही बड़ी हिमाक़त है।

हर इंसान दूसरे इंसान को पत्थर मारना चाहता है, हर इंसान दूसरे इंसान के अफ़आल[12] परखने की कोशिश करता है। यह उसकी फ़ितरत है जिसे कोई भी हादिसा तब्दील नहीं कर सकता। मैं कहता हूँ, अगर आप मेरे पत्थर मारना ही चाहते हैं तो खुदारा ज़रा सलीके से मारिए। मैं उस आदमी से हरगिज़-हरगिज़ अपना सिर फुड़वाने के लिए तैयार नहीं जिसे सिर फोड़ने का सलीक़ा ही नहीं आता। अगर आपको यह सलीक़ा नहीं आता तो सीखिए। दुनिया में रहकर जहाँ आप नमाज़ें पढ़ना, रोज़े रखना और महफ़िलों में जाना सीखते हैं, वहाँ पत्थर मारने का ढंग भी आपको सीखना चाहिए।

आप खुद को ख़ुश करने के लिए सौ हीले करते हैं। मैं आपके इस क़दर नज़दीक हूँ, मुझे ख़ुश करना भी आपका फ़र्ज़ है। मैंने आपसे कुछ ज़्यादा तलब तो नहीं किया? मुझे बड़े शौक़ से गालियाँ दीजिए। मैं गाली को बुरा नहीं समझता, इसलिए कि यह कोई ग़ैर फ़ितरी चीज़ नहीं, लेकिन ज़रा सलीक़े से दीजिए। न

आपका मुँह बदमज़ा हो और न मेरे ज़ौक़ को सद्मा पहुँचे।

मेरे नज़दीक बस यह सलीक़ा ही एक कसौटी है इंसान के हर फ़ैअल के लिए, उसके गुनाह के लिए, उसके सवाब के लिए, उसकी शाइरी के लिए, उसके अफ़सानों के लिए। मुझे नामनिहाद नक़्क़ादों से कोई दिलचस्पी नहीं। नुक्ताचीनियाँ सिर्फ़ पत्तियाँ नोचकर बिखेर सकती हैं, उन्हें जमा करके एक सालिम फूल नहीं बना सकतीं।

बहुत से नक़्क़ाद गुज़र चुके है लेकिन अदब से बेअदबियाँ दूर नहीं हुईं। बहुत से पैग़म्बर आ चुके हैं लेकिन इंसान एक-दूसरे से मुत्तहिद[13]नहीं हुए। यह एक बहुत बड़ा अलम है। लेकिन मुसीबत यह है कि यह अलम[14] ही इंसानियत की क़िस्मत है। इसकी ज़िन्दगी और इसकी मौत, इसकी जवानी और इसका बुढ़ापा—यह अलम ही 'सआदत हसन मंटो' है। यह अलम ही आप हैं। यह अलम ही सारी दुनिया है जिसमें कसौटियाँ ज़्यादा हैं और कसे जानेवाले कम; जिसमें पत्थर कम हैं और सिर फोड़नेवाले ज्यादा...

---

1. आधुनिकतावादी; 2. प्रकट; 3. बेवक़ूफ़ी; 4. विद्वान; 5. रसिक; 6. प्रेरक; 7. अनादिकाल; 8. अनन्तकाल; 9. वीरता; 10. ढका हुआ, गुप्त; 11. श्लील; 12. कारनामों; 13.एक-सूत्र; 14. त्रासदी।

इस्मत फ़रोशी

इस्मत फ़रोशी[1] कोई ख़िलाफ़े-अक़्लया ख़िलाफ़े-कानून चीज़ नहीं। यह एक पेशा है जिसको इख़्तियार करने वाली औरतें चन्द समाजी ज़रूरियात पूरी करती हैं। जिस शै के गाहक मौजूद हों, अगर वह मार्केट में नजर आए तो हमें ताज्जुब न करना चाहिए। अगर हमें हर शहर में ऐसी औरतें नज़र आती हैं जो इस जिस्मानी तिजारत से अपना पेट पालती हैं तो हमें उनके ज़रिया-ए-मुआश[2] पर कोई एतिराज़ न होना चाहिए, इसलिए कि हर शहर में उनके गाहक मौजूद हैं।

इस्मत फ़रोशी को गुनाहे-कबीरा यक़ीन किया जाता है। मुमकिन है, यह बहुत बड़ा गुनाह हो मगर हम मज़हबी नुक़ता-ए-नज़र से इसको जाँचना नहीं चाहते हैं। गुनाह और सवाब, सज़ा और जज़ा की भूल-भुलैया में फँसकर आदमी किसी मसअले पर ठण्डे दिल से गौर नहीं कर सकता। **मसअला** अगर इसमें लपेटकर किसी और मसले को देखा जाए तो हमें बहुत ही मग़ज़गर्दी करना पड़ेगी। इसलिए मज़हब को इस्मत फ़रोशी से अलग करके हमने एक तरफ़ रख दिया है।

इस्मत फ़रोशी क्या है...?

इस्मत को बेचना यानी उस गौहर[3] को बेचना जिसको औरत की जिन्दगी का सबसे क़ीमती ज़ेवर यक़ीन किया जाता है। इस ज़ेवर की क़द्र इसलिए बहुत ज़्यादा बढ़ गई है कि तजरूबे ने हमें बताया है, औरत जब एक बार इसको खो देती है तो समाज की निगाहों में उसकी कोई इज़्ज़त नहीं रहती। यह गौहर कई तरीक़ों से ज़ाय होता है : जब औरत की शादी हो जाए तो यह यह गौहर ख़ाविंद की जेब में चला जाता है। बाज़ औक़ात मर्द इसे ज़बरदस्ती हासिल कर लेता है। बाज़ औरतें हालात से मजबूर होकर इसे बेच देती हैं और बाज़ इसकी तिजारत करती हैं।

हम उन औरतों के मुताल्लिक कुछ कहना चाहते हैं जो पेशे के तौर पर अपनी इस्मत बेचती हैं, हालांकि यह बिलकुल वाज़ेह चीज़ है कि इस्मत सिर्फ एक बार खोई या बेची जा सकती है। बार-बार इसको बेचा या खोया नहीं जा सकता। लेकिन चूँकि

इस पेशे को उर्फ़े-आम में इस्मत फ़रोशी कहा जाता है, इसलिए हम इसे इस्मत फ़रोशी ही कहेंग।

इस्मत फ़रोश औरत एक ज़माने से दुनिया की सबसे ज़लील हस्ती समझी जाती रही है।

मगर क्या हमने ग़ौर किया है कि हममें से अक्सर ऐसी ज़लीलोख़्वार हस्तियों के दर पर ठोकरें खाते हैं? क्या हमारे दिल में यह ख़्याल पैदा नहीं होता कि हम भी ज़लील हैं।

मक़ामे-तास्सुफ़[1] है कि मर्दों ने इस पर कभी गौर नहीं किया। मर्द अपने दामन पर ज़िल्लत के हर धब्बे को इस्मत फ़रोश औरत के दिल की सियाही से ताबीर करेगा। हक़ीक़त इसके बिल्कुल बरअक्स है। औरतों में, ख़्वाह वह कसबी हों या ग़ैर कसबी, निन्यानबे फ़ीसदी ऐसी होंगी जिनके दिल इस्मत फ़रोशी की तारीक तिजारत के बावजूद बदकार मर्दों के दिल की बनिस्बत कहीं ज्यादा रौशन होंगे। मौजूदा निज़ाम के तहत जिसकी बागडोर सिर्फ मर्दों के हाथ में है, औरत ख़्वाह वह इस्मत फ़रोश हो या बा इस्मत, हमेशा दबी रही है। मर्द को इख़्तियार होगा कि वह उसके मुताल्लिक जो चाहे, राय क़ायम करे।

हमने मुताद्दिद बार अपने कानों से ताईश-पसन्द[5] अमीरों को अपना माली-असबाब शहवत (यौनाचार) के तनूर[6] में ईंधन के तौर पर जलाकर यह कहते सुना है कि फलाँ तवाइफ़ या फ़लाँ वेश्या ने उनको तबाहो-बर्बाद कर दिया है। यह मुअम्मा अभी तक हमारी समझ में नहीं आया।

वेश्या या तवायफ़ अपने तिजारती उसूलों के मातहत हर मर्द से जो उसके पास गाहक के तौर पर आता है, ज़्यादा नफ़ा हासिल करने की कोशिश करेगी। अगर वह मुनासिब दामों पर या हैरत अंगेज कीमत पर अपना माल बेचती है तो यह उसका पेशा है। बनिया भी सौदा तौलते वक़्त डण्डी मार जाता है। बाज़ दूकानें ज्यादा क़ीमत पर अपना माल बेचती हैं, बाज़ कम क़ीमत पर।

ताज्जुब तो इस बात का है कि जब सदियों से हम यह सुन रहे हैं, 'वेश्या का डसा हुआ पानी नहीं माँगता' तो हम क्यों अपने आपको उससे डसवाते हैं और फिर क्यों ख़ुद ही रोना-पीटना शुरू कर देते हैं? वेश्या इरादातन या किसी इंतिकामी जज़्बे के ज़ेरे-असर मर्दों के मालो-ज़र पर हाथ नहीं डालती। वह सौदा करती है और कमाती है। मर्द अपनी जिस्मानी ख़्वाहिशात की तकमील[7] के मुआवज़े अदा करते हैं, बस...

मुमकिन है, वेश्या किसी मर्द से मुहब्बत करती हो लेकिन हर वह गाहक जो एक ख़ास जज़्बे के ज़ेरे असर उसकी दूकान में जाता है, दिल में यह ख़्वाहिश भी

पैदा कर लेगा कि वह उससे सच्ची मुहब्बत करता है, यह क्योंकर मुमकिन है...? हम अगर किसी दूकान से एक रुपए का आटा लेने जाएँ तो हमारी यह तवक़्क़ो क़तई तौर पर मज़हका ख़ेज़ होगी कि वह हमें अपने घर में मदऊ करेगा और सिर के गंज का कोई लाजवाब नुस्ख़ा बताएगा।

वेश्या अपने उस गाहक के रू-ब-रू जो उससे मुहब्बत का तालिब है, अपने चेहरे पर मस्नूई[8] मुहब्बत के जज़्बात पैदा करेगी। यह चीज़ गाहक को ख़ुश करेगी। मगर वेश्या अपने सीने की गहराइयों में से हर मर्द के लिए जो शराब पीकर उसके कोठे पर झूमने लगता है और रूमान की एक नई दुनिया बसाना चहता है, मुहब्बत की पाक और साफ़ आवाज़ नहीं निकाल सकती।

वेश्या को सिर्फ़ बाहर से देखा जाता है। उसके रंग-रूप, उसकी भड़कीली पोशाक, उसके मकान की आराइशो-ज़ैबाइश[9] देखकर यही नतीजा मुर्त्तब[10] किया जाता है कि वह ख़ुशहाल है। यह दुरुस्त नहीं।

जिस औरत के दरवाज़े शहर के हर उस शख़्स के लिए खुले हों जो अपनी जेबों में चाँदी के चन्द सिक्के रखता है, ख़्वाह[11] वह मोची हो या भंगी, लँगड़ा हो या लूला, ख़ूबसूरत हो या करीह-उल नज़र[12] उसकी ज़िन्दगी का अन्दाज़ा बख़ूबी लगाया जा सकता है। एक बदसूरत मर्द जिसके मुँह से पायरिया लगे दाँतों के तअफ़्फ़ुन[13] के भपके निकलते हैं, एक नफ़ासतपसन्द वेश्या के हाँ आता है, चूँकि उसकी गिरह में उस वेश्या के जिस्म को एक ख़ास वक़्त तक ख़रीदने के लिए दाम मौजूद हैं। वह नफ़रत के बावजूद उस गाहक से मुँह नहीं मोड़ सकती । सीने पर पत्थर रखकर उसको अपने उस गाहक की बदसूरती और उसके मुँह का तअफ़्फ़ुन बर्दाश्त करना ही पड़ता है। वह अच्छी तरह जानती है कि उसका हर गाहक अपोलो नहीं हो सकता।

टाइपिस्ट औरतों को हैरत से नहीं देखा जाता। वह औरतें जो दायागीरी का काम करती हैं, उन्हें हैरत और नफ़रत से नहीं देखा जाता। वह औरतें जो गन्दगी सिर पर उठाती हैं, उनकी तरफ़ हिक़ारत से नहीं देखा जाता। लेकिन ताज्जुब है कि उन औरतों को जो अच्छे या भौंडे तरीक़े से अपना जिस्म बेचती हैं, हैरत, नफ़रत और हिक़ारत से देखा जाता है!

हज़्रात! यह जिस्म फ़रोशी ज़रूरी है... आप शहर में ख़ूबसूरत और नफ़ीस गाड़ियाँ देखते हैं। यह ख़ूबसूरत और नफ़ीस गाड़ियाँ कूड़ा-करकट उठाने के काम नहीं आ सकतीं। गन्दगी और ग़िलाज़त उठाकर बाहर फेंकने के लिए और गाड़ियाँ मौजूद हैं, जिन्हें आप कम देखते हैं और अगर देखते हैं तो फ़ौरन अपनी नाक पर रूमाल रख लेते हैं। इन गाड़ियों का वुजूद ज़रूरी है और इन औरतों का वुजूद भी ज़रूरी है

जो आपकी गिलाज़त उठाती हैं। अगर यह औरतें न होतीं तो हमारे सब गली-कूचे मर्दों की ग़लीज़ हरकात से भरे होते।

यह औरतें उजड़े हुए बाग़ हैं, घूरे हैं जिनमें गन्दे पानी की मोरियाँ बह रही हैं। यह इन गन्दी मोरियों ही पर ज़िन्दा रहती हैं। हर इंसान कैसे एक ही जैसे शानदार तरीक़े पर ज़िन्दगी बसर कर सकता है?

ज़रा ख़याल फ़रमाइए, शहर के एक कोने में एक वेश्या का मकान है। रात की सियाही में एक मर्द जो अपने सीने में रात की सियाही से भी ज़्यादा सियाह दिल रखता है, अपने ज़िस्म की आग ठण्डी करने के लिए बेधड़क उसके मकान में चला जाता है। वेश्या उस मर्द की सियाही से वाक़िफ़ है। उससे नफ़रत भी करती है। वह अच्छी तरह जानती है कि उसका अपना वुजूद दामने-इंसानियत पर एक बद्नुमा धब्बा है। उसको मालूम है कि वह अज़िम्ना-ए-बरबरियत[14] का एक ख़ौफ़नाक नमूना है मगर वह अपने घर के दरवाज़े उस मर्द पर बन्द नहीं कर सकती। जो दरवाज़े मआशी कशमकश ने एक दफ़ा खोल दिए हों, बहुत मुश्किल से बन्द किए जा सकते हैं।

वेश्या जो औरत पहले है वेश्या बाद में, चंद सिक्कों के एवज़ अपना जिस्म मर्द के हवाले कर देती है लेकिन उसकी रूह उस वक़्त जिस्म में नहीं होती। एक वेश्या के अल्फ़ाज़ सुनिए : "लोग मुझे बाहर खेतों में ले जाते हैं... मैं लेटी रहती हूँ, बिलकुल बेहिस व बेहरकत, लेकिन मेरी आँखें खुली रहती हैं। मैं दूर बहुत दूर उन दरख़्तों को देखती रहती हूँ जिनकी छाँव में कई बकरियाँ आपस में लड़-झगड़ रही होती हैं। कितना प्यारा मंज़र होता हैं... मैं बकरियाँ गिनना शुरू कर देती हूँ या पेड़ों की टहनियों पर कव्वों को शुमार करने लगती हूँ...उन्नीस-बीस, इक्कीस, बाइस...और मुझे मालूम भी नहीं होता कि मेरा साथी अपने काम से फ़ारिग़ होकर एक तरफ़ हाँफ रहा है..."

मुशहिदा[15]बताता है कि वेश्याएँ आमतौर पर ख़ुदा तरस[16] होती हैं—हर हिन्दू वेश्या के मकान पर किसी-न-किसी कमरे में आपको कृष्ण भगवान या गणेश महाराज की मूर्ति या तस्वीर ज़रूर नज़र आएगी। वह इस मूर्ति की सदक़ दिल से पूजा करती है जितनी कि एक बाइस्मत घरेलू औरत कर सकती है। इसी तरह वह वेश्या जो मुसलमान है, माहे-रमज़ान में रोज़े ज़रूर रखेगी। मुहर्रम में अपना कारोबार बन्द रखेगी, सियाह कपड़े पहनेगी, ग़रीबों की मदद करेगी और ख़ास-ख़ास मौकों पर ख़ुदा के हुज़ूर में इज़्ज़ोनियाज़[17] का नज़राना भी ज़रूर पेश करगी। बादी-उन्नज़र[18]में इस्मत बाख़्ता औरतों का मज़हब से यह लगाव एक ढोंग मालूम होता मगर हक़ीक़त में यह उनकी रूह का वह हिस्सा पेश करता है जो समाज के ज़ंग से ये औरतें बचा-बचा

के रखती हैं। दूसरे मज़हब की वेश्याएँ भी आपको रूहानी तौर पर अपने-अपने मज़हब के साथ बड़ी मज़बूती से जुड़ी नज़र आएँगी। क्रिश्चियन वेश्या गिरजे में नमाज़ के लिए ज़रूर जाएगी। वह कुँवारी मरियम की तस्वीर के पास दीया ज़रूर जलाएगी। दरअसल इस तिजारत में वेश्या अपने जिस्म को लगाती है न कि रूह को-भंग या चरस बेचनेवाला ज़रूरी नहीं कि इन मुनशियात[19] का आदी हो, ठीक इसी तरह हर मौलवी या पण्डित पाकबाज़ नहीं हो सकता।

जिस्म दाग़ा जा सकता है मगर रूह नहीं दाग़ी जा सकती। वेश्या अपनी तारीक तिजारत के बावुजूद रौशन रूह की मालिक हो सकती है। वह अपने जिस्म की क़ीमत बड़ी बेदर्दी से वसूल करती हो तो हो, मगर वह ग़रीबों की बड़े पैमाने पर मदद भी कर सकती है। मुमकिन है, बड़े-बड़े अमीर उसके दिल में अपनी मुहब्बत पैदा न कर सके हों मगर वह सड़कों पर सोनेवाले एक आवारागर्द की फटी हुई जेब में अपना दिल डाल सकती है।

वेश्या दौलत की भूखी होती है लेकिन क्या दौलत की भूखी मुहब्बत की भूख नहीं हो सकती...? यह ऐसा सवाल है जिसके जवाब में हमें तफ़सील से काम लेना पड़ेगा : खानदानी वेश्या और नौक्सीया[20] वेश्या में बहुत फ़र्क़ है और फिर वह औरतें या लड़कियाँ, जो अपने ग़रीब माँ-बाप या अपने यतीम बच्चों की परवरिश के लिए मजबूरन अपना जिस्म छुप-छुपाकर फ़रोख़्त करती हैं, उनकी हैसियत मुतज़क्किरा[21] सदर अक़साम[22] से बिलकुल जुदागाना है। ख़ानदानी वेश्या से हमारी मुराद वह कसबी है जो वेश्या के बत्न से पैदा होती है और उसी के घर में पाली-पोसी जाती है। दूसरे अल्फ़ाज़ में वह औरत जिसको ख़ास उसूलों के मातहत वेश्या बनने की तालीम दी जाती है। ऐसी औरतें जो उस माहौल में परवरिश पाती हैं, इश्को-मुहब्बत को आमतौर पर ऐसा सिक्का तसव्वुर करती हैं जो उनके बाज़ार में नहीं चल सकता। यह नज़रिया दुरुस्त है, इसलिए कि अगर वह हर उस मर्द को, जो उनके पास चन्द लम्हात गुज़ारने के लिए आए, अपना दिल दे दें तो ज़ाहिर है कि वे अपने क़ारोबार में कामयाब नहीं हो सकतीं। आमतौर पर यही देखने में आया है कि इस स्कूल की वेश्याओं के सीने में इश्क़ो-मुहब्बत का उन्सुर[23] कम होता है। दूसरे अल्फ़ाज़ में यह दूसरी औरतों के मुक़ाबले में मर्दों से इश्क़ करने में बड़ी एहतियात और बड़े बुख़्ल[24] से काम लेती हैं। मर्दों को हैवानों से बदतर समझने लगती हैं। यही वजह है कि वह इस ज़िम्न[25] में एक हद तक 'मुन्किर'[26] हो जाती हैं मगर इसका यह मतलब नहीं कि उनका सीना मुहब्बत के लतीफ़ जज़्बात से ख़ाली होता हैं—जिस तरह भंगन की लड़की को गन्दगी का पहला टोकरा उठाते वक़्त घिन नहीं आएगी, उसी तरह अपने पेशे का पहला क़दम उठाते वक़्त ऐसी वेश्याओं को भी हिजाब महसूस नहीं

होगा। आहिस्ता-आहिस्ता हया और झिझक से मुताल्लिक़ क़रीब-क़रीब तमाम जज़्बात उनमें घिस-घिसाकर मिट जाते है। चकले के अन्दर जहाँ शहवतपरस्त[27] मर्दों के लिए उन औरतों के मकान खुले रहते हैं, लतीफ़ जज़्बात कैसे दाख़िल हो सकते हैं? जिस तरह बाइस्मत औरतें वेश्याओं की तरफ़ हैरत और ताज्जुब से देखती हैं, ठीक उसी तरह वे भी उनकी तरफ़ उसी नज़र से देखती हैं। अव्वल-उज़्ज़िक्र[30] यह सोचती हैं : "यह पाकबाज़ औरतें कैसी हैं...क्या हैं?"

वेश्या, जिसकी माँ वेश्या थी, जिसकी दादी वेश्या थी, जिसकी परदादी वेश्या थी, जिसने वेश्या का दूध पिया, जो इस्मत फ़रोशी के गहवारे[31] में पली, वहीं बड़ी हुई, जिसकी तिजारत का आग़ाज भी वहीं हुआ, इस्मत और बाइस्मत औरतों के मुताल्लिक़ क्या समझ सकती हैं?

उन सौ लड़कियों में से जो वेश्याओं के घर में पैदा होती हैं, शायद एक-दो के दिल में अपने गिर्दों पेश के माहौल से नफ़रत पैदा होती है और वह अपने जिस्म को सिर्फ़ एक मर्द के हवाले करने का तहैया[32] करती है लेकिन बाक़ी सब उसी रास्ते पर चलती हैं जो उनकी माँओं ने उनके लिए मुंतख़ब किया होता है।

जिस तरह एक दुकानदार का बेटा अपनी नई दूकान खोलने का शौक़ रखता है और इस शौक़ का इज़्हार मुख़्तलिफ़ तरीक़ों से करता है, ठीक इसी तरह वेश्याओं की जवान लड़कियाँ अपना पेशा शुरू करने का बड़ा चाव रखती हैं। चुनांचे देखा गया है कि ऐसी लड़कियाँ नित नए तरीक़ों से अपने जिस्म और हुस्न की नुमाइश करती हैं। जब वह अपनी तिजारत का आग़ाज करती हैं तो बाक़ायदा रसूम अदा की जाती है। एक ख़ास एहतिमाम के मातहत यह सब कुछ किया जाता है, बिल्कुल उसी तरह, जिस तरह दूसरे तिजारती कामों की बुनियाद रखते वक़्त ख़ास रसूम को पेशे-नज़र रखा जाता हैं।

इन हालात के तहत, जैसा कि ज़ाहिर है, मुतज़क्किरा[33] सदर क़िस्म की वेश्याओं के दिल में इश्क़ पैदा होना मुश्किल है। यहाँ इश्क़ से हमारी मुराद वही इश्क़ है जो हमारे यहाँ अर्सा-ए-दराज से राइज़[34] है। हीर-राँझा और सस्सी-पुन्नोवाला इश्क़...! ऐसी वेश्याएँ इश्क़ करती हैं मगर उनका इश्क़ जुदा क़िस्म का होता है। वे लैला-मजनूँ और हीर-राँझेवाला इश्क़ नहीं कर सकतीं, इसलिए कि यह उनकी तिजारत पर बहुत असर डालता है। अगर कोई वेश्या अपने औक़ाते-तिजारत में से चंद लम्हात ऐसे मर्द के लिए वक़्फ़ कर दे जिससे उसे रुपए-पैसे का लालच न हो तो हम इसे इश्क़ो-मुहब्बत कहेंगे। उसूलन वेश्या को सिर्फ़ मर्द की दौलत से मुहब्बत होती है। अगर वह किसी मर्द से उसकी दौलत की ख़ातिर नहीं, बल्कि सिर्फ़ उसकी ख़ातिर मिले तो यह उसूल टूट जाएगा और उसके साथ ही यह भी ज़ाहिर हो जाएगा कि

उस वेश्या की जेब नहीं बल्कि उसका दिल कारफ़रमा है। जब दिल कारफ़रमा[35] हो तो इश्क़ो-मुहब्बत के जज़्बे का पैदा होना लाज़िमी है। चूँकि आमतौर पर औरत से इश्क़ो-मुहब्बत करने का वाहिद मक़सद जिस्मानी लज़्ज़त होता है, इसलिए हम यहाँ जिस्मानी लज़्जतों ही को इश्क़ के इस जज़्बे का मुहर्रिक समझेंगे, गो उसके अलावा और बहुत-सी चीज़ें भी इसकी तख़लीक़ो-तौलीद[36] की मुहीज़[37] होती है। मिसाल के तौर पर वेश्या जो अपने कोठे पर हर मर्द पर हुक्म चलाने की आदी होती है। ग़ैर मुख़्ततम[38] नाज़बरदारियों[39]से सख़्त तंग आ जाती है। उसको आक़ा बनना पसन्द है मगर कभी-कभी वह गुलाम बनना भी चाहती है, हर फ़रमाइश पूरी हो जाने में उसको बहुत फ़ायदा है मगर इनकार में और ही लज़्ज़त है। वह हर तरफ़ से दौलत समेटती है। यह काम उसका मामूल बन जाता है। इसलिए कभी-कभी उसके दिल में यह ख़्वाहिश पैदा होती है कि वह भी किसी के लिए कुछ ख़र्च करे। अगर सब उसकी ख़ुशामद करते हैं तो वह भी किसी की ख़ुशामद करे। अगर वह ज़िद करती है तो कोई उससे भी ज़िद करे। वह सबको दुत्कारती है तो कोई उसे भी दुत्कारे, सताए, मारे, पीटे। यह तमाम चीज़ें मिलकर उसके दिल में एक ख़ास मर्द को अपना रफ़ीक़ बनाने पर मजबूर करती हैं। चुनांचे वह इंतिख़ाब[40] करती है।

इंतिख़ाब का यह वक़्त बहुत नाज़ुक होता है। बहुत मुमकिन है, वह किसी रईसज़ादे पर अपने दिल के ख़ास दरवाज़े खोल दे और यह भी मुमकिन है कि वह अपने कोठे पर चिलमें भरनेवाले चरसनोश मीरासी के ग़लीज़ क़दमों में अपना वह सिर रख दे। जिसके बालों को चूमने के लिए बड़े-बड़े राजाओं और महाराजों ने कई-कई हज़ार तिलाई अशरफ़ियाँ पानी की तरह बहा दी हों, और फिर उस पर भी कोई ताज्जुब न होना चाहिए कि वह ग़लीज़ आदमी उसी को ठोकर मारकर परे हटा दे। इस क़िस्म के वाक़िआत देखने और सुनने में आ चुके हैं।

हमारे यहाँ एक मशहूर तवायफ़ इस वक़्त भी मौजूद है जिसके इश्क़ में एक नवाब मुद्दतों लट्टू बना रहा मगर वह निहायत ही मामूली आदमी के इश्क़ में गिरफ़्तार रही। तवायफ़ नवाब के इश्क़ का मज़हका उड़ाती थी और उसके अपने इश्क़ का मज़हका उड़ाया जाता था। नवाब तवायफ़ के इश्क़ में रुसवा हुआ और तवायफ़ इस मामूली आदमी के इश्क़ में बदनाम हुई।

आम औरतों के मुक़ाबले में इन वेश्याओं के इश्क़ की शिद्दत[41] बहुत ज़्यादा होती है, इसलिए कि ये मर्दों के साथ मिलने-जुलने से नित आशिक़ाना जज़्बात से मुतार्रिफ़[42] होती रहती हैं। जब यह ख़ुद इसमें गिरफ़्तार होती हैं तो उनको जलन ज़्यादा महसूस होती है। ऐसे बाज़ारों में जहाँ यह औरतें हैं, मुतज़क्किरा सदर क़िस्म की कहानियाँ आपके सुनने में आ सकती है; खासकर उन तअय्यशपसन्द (अय्याश)

अमीरों को जिनकी थैलियों के मुँह उन जिस्मफ़रोश औरतों के कोठों पर खुलते हैं, ऐसी कहानियाँ अज़बर[43] याद हैं। यह कहानियाँ वे अक्सर मज़े ले-लेकर दूसरों को सुनाने के आदी हैं। इसी तरह सार-गिए, मीरासी, तबलची और वे लोग जिनकी आमदोरफ़्त ऐसे कोठों पर आम रहती है, भी आपको बहुत दिलचस्प क़िस्से सुनाएँगे।

इन्हीं लोगों से सुने-सुनाए क़िस्सों में हम एक ऐसी वेश्या की कहानी मिसाल के तौर पर पेश कर सकते हैं जो हज़ारों और लाखों में खेलती थी मगर उसका दिल एक चीथड़े लटकाए मज़दूर के खुरदुरे पैरों के तले हर रोज़ रौंदा जाता था। वह हर शब अपने दौलतमन्द परिस्तारों[44]से सीमोज़र[45]के अम्बार जमा करती थी मगर एक मज़दूर के मैले-कुचैले सीने में धड़कते हुए दिल तक उसका हाथ नहीं पहुँच सकता था। कहते हैं कि यह नाज़ुक बदन उस मज़दूर की ख़ुशनूदी हासिल करने के लिए कई बार सड़क के पत्थरों पर सोई।

इस क़िस्म का तज़ादो-तख़ालुफ़[46] जो इश्क़ो-मुहब्बत का असली रंग है, क़हबाख़ानों में देखा जाए तो बहुत शोख़ और पुरअसरार[47] हद तक रूमानी नज़र आता है। इसकी वजह सिर्फ़ अक़बी मंज़र है जो पेशमंजर के हर नक़्श को उभारता है। चूँकि आमतौर पर वेश्या के बारे में यही ख़याल किया जाता है कि वह सोना खोदनेवाली कुदाल है और मुहब्बत के जज़्बात से क़तई तौर पर आरी है; इसलिए जब कभी वेश्या के इश्क़ की ऐसी दास्तान सुनने में आती है तो बड़ी अजीबो-ग़रीब और पुरअसरार मालूम होती है। हम ऐसी दास्तानों को इसी वजह से आम औरतों और मर्दों के मआश्क़ों की बनिस्बत ज़्यादा दिलचस्पी से सुनते हैं जैसे किसी माफ़ुक़ुलआदत[48] हादिसे की तफ़सील सुन रहे हों। हालाँकि दिल और उसकी धड़कनों से इस्मत फ़रोशी या इस्मतमआबी[49]का कोई ताल्लुक़ नहीं। एक बाइस्मत औरत के सीने में मुहब्बत से आरी दिल हो सकता है और इसके बरअक्स चकले की एक अदना तरीन वेश्या मुहब्बत से भरपूर दिल की मालिक हो सकती है।

हर औरत वेश्या नहीं होती लेकिन हर वेश्या औरत होती है। इस बात को हमेशा याद रखना चाहिए।

वेश्याओं के इश्क़ में एक ख़ास बात क़ाबिले-ज़िक्र है, उनका इश्क़ उनके रोज़मर्रा के मामूल पर बहुत कम असर डालता है। ऐसी तवायफ़ें बहुत कम होंगीं जिन्होंने इस जज़्बे की ख़ातिर अपना कारोबार क़तई तौर पर बन्द कर दिया हो (किसी शरीफ़ लड़की के इश्क़ में गिरफ़्तार होकर शहर का शरीफ़ दूकानदार भी अपनी दूकान बन्द नहीं करेगा।) आमतौर पर यही देखने में आया है कि वह अपने इश्क़ के साथ-साथ अपना कारोबार भी जारी रखती हैं। दरअसल मालो-दौलत हासिल करने की एक ताजिराना[50] तलब उनमें पैदा जो जाती है। नित नए गाहक बनाना और हर

रोज़ अपना माल बेचना एक आदत-सी बन जाती है और यही आदत बाद में तबीयत की शक्ल इख़्तियार कर लेती है, इस तौर पर कि फिर इस आदत या तबीयत का जिन्दगी के दूसरे शोबों से कोई सरोकार नहीं रहता। जिस तरह घर के नौकर झटपट अपने आक़ाओं के बिस्तर लगाकर अपने आराम का ख़याल करते है, ठीक इसी तरह यह औरतें भी अपने ग्राहकों को निबटाकर अपनी ख़ुशी और राहत की तरफ़ पलट आती हैं।

दिल ऐसी शै नहीं जो बाँटी जा सके। मर्द के मुक़ाबले में औरत कम हरजाई होती है। चूँकि वेश्या औरत है, इसलिए वह अपना दिल तमाम गाहकों में तक़सीम नहीं कर सकती। औरत के मुताल्लिक़ मशहूर है कि वह अपनी ज़िन्दगी में सिर्फ़ एक मर्द से मुहब्बत करती है। हम समझते हैं कि यह बहुत हद तक ठीक है। वेश्या सिर्फ़ उसी मर्द पर अपने दिल के तमाम दरवाज़े खोलती है जिससे उसे मुहब्बत हो। हर आने-जानेवाले मर्द के लिए वह ऐसा नहीं कर सकती।

वेश्याओं के बारे में आमतौर पर यह शिकायत सुनने में आती है कि वह बड़ी बेरहम और जल्लाद सिफ़त होती है। मुमकिन है, सौ में से पाँच-छह इस नोइयत की हों मगर सबकी-सब ऐसी नहीं होतीं बल्कि यूँ कहिए कि हो नहीं सकतीं। वेश्या और बाइस्मत औरत का मुक़ाबला हरगिज़ नहीं करना चाहिए। इन दोनों का मुक़ाबला हो ही नहीं सकता। वेश्या ख़ुद कमाती है और बाइस्मत औरत के पास कमाकर लानेवाले कई मौजूद होते हैं।

हमारे कानों में एक वेश्या के यह लफ़्ज़ अभी भी गूँज रहे हैं जो उसके दिल की तमाम गहराइयाँ पेश करते हैं। आप भी सुनिए : "वेश्या एक बेकस और बेयारो-मददगार औरत है। उसके पास हर रोज़ सैकड़ों मर्द आते हैं, एक ही ख़्वाहिश लेकर... वह अपने चाहनेवालों के हुजूम में भी अकेली रहती है, बिलकुल तनो-तन्हा... वह रात के अँधेरे में चलनेवाली रेलगाड़ी है जो मुसाफ़िरों को अपने-अपने ठिकाने पर पहुँचाकर एक आहनी छत के नीचे ख़ाली खड़ी रहती हैं। बिलकुल ख़ाली, धुएँ और गर्दो-ग़ुबार से अटी हुई...लोग हमें बुरा कहते है, मालूम नहीं क्यों...वही मर्द, जो रात की तारीकी में हमसे राहत मोल लेकर जाते हैं, दिन के उजाले में हमें नफ़रतो-हिक़ारत से देखते हैं...हम खुले बन्दों अपना जिस्म बेचती हैं और उसको राज़ बनाकर नहीं रखती हैं। समझ में नहीं आता क्यों...?"

ज़रा उस वेश्या का तसव्वुर कीजिए जिसका इस दुनिया में कोई भी न हो। न भाई, न बहन, न माँ, न बाप और न कोई दोस्त। अपने गाहकों से फ़राग़त पाकर जब वह कमरे में अकेली, बिल्कुल अकेली रह जाती होगी तो उसके दिलो-दिमाग की क्या कैफ़ियत होती होगी...? यह तारीकी उस अँधेरे में और कितनी तारीक हो

जाती होगी...? अगर सारा दिन टोकरी ढोने के बाद मज़दूर को अपनी थकान दूर करने का ज़रिया नज़र न आए, अपनी दिलबस्तगी के लिए बीवी की बातें उसे नसीब न हों, न उसकी माँ हो जो उसके थके हुए काँधे पर हाथ रखकर उसकी तमाम कुलफ़तें[51] दूर कर दे, तो बताइए उस मज़दूर की क्या हालत होगी। उस मज़दूर और उस वेश्या, दोनों की हालत एक जैसी है।

वेश्या एक रंगीन शै नज़र आती है...क्यों? इस सवाल के जवाब के लिए हमें अपना दिल टटोलना पड़ेगा। यह कमज़ोरी हम मर्दों की निगाहों की है। पर जो इस कमजोरी के असबाब तलाश करने के लिए हमें अपने आप ही से बातचीत करनी पड़ेगी। इस बारे में ग़ौरो-फ़िक्र के बाद हम जो मालूम कर सके है, यह है : वेश्या का नाम लेते वक़्त हमारे दिमाग़ में एक ऐसी औरत का तसव्वुर पैदा होता है जो मर्द की शहवानी ख़्वाहिशात उसकी मर्ज़ी और जरूरत के मुताबिक़ पूरी कर सकती है। गो औरत और वेश्यापन, दो बिल्कुल जुदा चीज़ें हैं मगर जब हम किसी वेश्या के बारे में कुछ सोचते है तो उस वक़्त औरत मय अपने पेशे के सामने आ जाती है। इसमें कोई शक नही कि इंसान पर उसके माहौल और उसके पेशे का बहुत असर पड़ता है मगर कोई वक़्त ऐसा भी होता है जब वह इन तमाम चीजों से अलग हटकर सिर्फ़ इंसान होता है। इसी तरह कोई ऐसा वक़्त भी ज़रूर आता होगा जब वेश्या अपने लिबास उतारकर सिर्फ़ औरत रह जाती होगी। मगर अफ़सोस है कि हम हर वक़्त औरत और वेश्या को एक ही जगह देखने के आदी हैं। जब वेश्या को हम इस ऐनक से देखें तो हमें इसके साथ वह चीज़ भी नजर आती है जिसे हम मर्द ऐशो-इशरत से ताबीर करते हैं और ऐशो-इशरत का मतलब आमतौर पर जिस्मानी लज़्ज़त होता है।

जिस्मानी लज़्ज़त क्या है...? एक वक़्ती लुत्फ़, हम जो हमें अपनी बीबी या किसी और औरत की मदद से हासिल हो सकता है। अब यहाँ सवाल पैदा होता है कि शादीशुदा मर्द अपनी बीवियाँ छोड़कर इस वक़्ती लज़्ज़त के लिए बाज़ारी औरतों के पास क्यों जातें है? जब उन लोगों की जिस्मानी ख़्वाहिशात घर में पूरी हो सकती हैं तो वह उसके लिए बाहर क्यों मारे-मारे फिरते हैं। इस सवाल का जवाब मुश्किल नही। आपको ऐसे कई मर्द नज़र आएँगे जो घर के मुरग्गन और लजीज़ खाने छोड़कर होटलों में जाते है। इसकी वजह सिर्फ यह है कि उनको होटलों के खाने की चाट पड़ जाती है। होटल की चीजों में ग़िज़ाइयत कम होती है मगर उनमें एक और शै होती है जो इस लोगों को अपनी तरफ़ मुतवज्जेह करती है। इसे हम होटलियत कहते है। एक ऐसी बुराई, जो सिर्फ वस्फ़ बन जाती है। बल्कि यूँ कहिए कि एक कशिश बन जाती है। इसमें होटल के मालिकों के फन का भी दख़ल होता है। इसके इलावा

जो माहौल होटल में मयस्सर आ सकता है, वह उन्हें अपने घर में नसीब नहीं हो सकता। इंसान तबअन तनूअ पसन्द है, इसीलिए जब हम अपने रोज़मर्रा के प्रोग्राम में तब्दीली चाहें तो ताज्जुब न होना चाहिए। इसमें कोई शक नहीं कि होटलों में इन लोगों को अच्छा खाना नहीं मिल सकता और इसमें किसी शक की गुजाइश नही कि यहाँ घर की बनिस्बत ज़्यादा ख़र्च बर्दाश्त करना पड़ता है। मगर यही चीज तो यह लोग चाहते हैं। यही फ़र्क़ तो इन्हें घर से खींचकर होटलों में लाता है। यह नादानी है मगर लुत्फ़ की बात यह है कि इन्हें इसी नादानी में मज़ा आता है।

उन शादीशुदा मर्दों का भी यही हाल है जो अपनी बीवियाँ छोड़कर बाज़ारी औरतों की आगोश में लज़्ज़त तलाश करने आते हैं। अब आप पूछेगें कि क्या उन लोगों को इस तलाश में क़ामयाबी होती है? हम कहेंगे, यक़ीनन जिन औरतों के पास ये लोग जाते हैं, वह इस फ़न की माहिर होती हैं। वह यही चीज़ तो बेचती हैं। उनका पेशा यह है कि घरेलू औरतों से बिल्कुल मुख़्तालिफ़ रंग की लज़्ज़त पेश करें। अगर वो ऐसा न करें तो उनका कारोबार कैसे चले?

जैसा कि हम मकालें[52] के आग़ाज़ में कह चुके हैं, इस्मत फ़रोशी ख़िलाफ़े-अक़्ल चीज़ नहीं...

---

1. वेश्यावृत्ति, 2. जीविका., 3. मोती, 4. अफसोस की बात, 5. कामुक, विषय-लोलुप, 6. एक प्रकार की अँगीठी, 7. पूर्ति, 8. कृत्रिम, 9.सजावट, 10. निश्चित करना, 11. चाहें, 12. बदसूरत, 13. दुर्गंध, 14. नृशंसतापूर्ण ज़माना, 15. अनुभव, 16. धर्मभीरू, 17. ईश्वर के समक्ष अपनी असमर्थता प्रकट करना, 18. पहली नज़र, 19. मादक द्रव्य, 20. नई बसी हुई, 21. वार्णित, 22. किस्में, 23. तत्व, 24. कंजूसी, 25. प्रंसग, 26. इनकार करने वाला 27. कामवासना या भोग-विलास का रसिया, 28. प्रथम वर्णित, 29. प्रश्न, 30. अन्त मे वर्णित, 31. बच्चों को झुलाने का पालना 32. संकल्प, 33. आरम्भ, 34. प्रचालित, 35. प्रभावकारी, 36. पैदाइश, 37. बढ़ानेवाली, 38. समाप्त न होने वाली, 39. नाज़-नखरे, 40. चयन, 41. तीव्रता, 42. परिचित, 43. कण्ठस्थ, 44. [illegible], 45. धन दौलत, विरोधाभास, 47. स्वभाव के अनुकूल, 48. सतीत्व की रक्षा, 49. विभागा, 50. कष्टों 52. निबन्ध।

ज़हमते-मिहरे-दरख़्शाँ

लरज़ता है मेरा दिल ज़हमते-मिहरे-दरख़्शाँ पर
मैं हूँ वो क़तरा-ए-शबनम जो हो ख़ारे-बियाबाँ पर
ग़ालिब

बम्बई छोड़कर कराची से होता हुआ ग़ालिबन सात या आठ जनवरी, 1948 ई. को यहाँ लाहौर पहुँचा। तीन महीने मेरे दिमाग़ की अजीबो-ग़रीब हालत रही। समझ में नहीं आता था कि मैं कहाँ हूँ। बम्बई में हूँ, कराची में अपने दोस्त हसन अब्बास के घर बैठा हूँ या लाहौर में हूँ जहाँ कई रेस्तोरानों में क़ाइदे-आज़म फ़ंड जमा करने के सिलसिले में रक़्सो-सरूद[1] की महफ़िलें अक्सर जमती हैं।

तीन महीने तक मेरा दिमाग़ कोई फ़ैसला न कर सका। ऐसा मालूम होता था कि पर्दे पर एक साथ कई फ़िल्में चल रही हैं, आपस में गड़मड़, कभी बम्बई के बाज़ार और उसकी गलियाँ, कभी कराची की छोटी-छोटी तेज़ रफ्तार ट्रामें और गधा-गाड़ियाँ और कभी लाहौर के पुरशोर रेस्तोराँ—समझ में नहीं आता था, मैं कहाँ हूँ। सारा दिन कुर्सी पर बैठा ख़यालात में खोया रहता।

आख़िर एक दिन चौंका क्योंकि जो रुपया बम्बई से अपने साथ लाया था, कुछ तो घर में और कुछ घर से दूर क्लिफ़्टन बार में जज़्ब हो चुका था। अब मुझे क़तई तौर पर मालूम हो गया कि मैं लाहौर में हूँ जहाँ कभी-कभी मैं अपने मुकद्दमे के सिलसिले में आया करता था और करनल शॉप से बहुत से खूबसूरत चप्पल ख़रीद कर अपने साथ ले जाया करता था।

मैंने सोचना शुरू किया कि अब क्या काम किया जाए। इस्तिफ़सार[2] करने पर मालूम हुआ कि तक़सीम के बाद फ़िल्मी कारोबार क़रीब-क़रीब मफ़्लूज हो चुका है। जिन फ़िल्म कम्पनियों के बोर्ड नज़र आते हैं, वे उन बोर्डों ही तक महदूद हैं। बहुत तश्वीश[3] हुई। एलाटमेण्टों का बाज़ार गर्म था। मुहाजिर[4] और ग़ैर-मुहाजिर धड़ाधड़ अपने असर और रुसूख से कारखाने और दुकानें एलाट करा रहे थे। मुझे

मशवरा दिया गया मगर मैंने उस लूट-खसोट में हिस्सा न लिया।

उन्हीं दिनों पता चला कि फ़ैज़ अहमद फ़ैज़ और चराग़ हसन हसरत मिलकर एक रोज़नामा जदीद ख़ुतूत पर शाया करने का इरादा कर रहे हैं। मैं उन हज़रात से मिला। अख़बार का नाम 'इमरोज़' था जो आज हर एक की ज़ुबान पर है। पहली मुलाक़ात पर अख़बार की डमी तैयार की जा रही थी। दूसरी मुलाक़ात हुई तो 'इमरोज़' के ग़ालिबन चार पर्चे निकल चुके थे। अख़बार का गेटअप देखकर जी बहुत खुश हुआ। तबीयत में उक्साहट पैदा हुई कि लिखूँ लेकिन जब लिखने बैठा तो दिमाग़ को मुंतशिर[5] पाया। कोशिश के बावजूद हिन्दुस्तान को पाकिस्तान से और पाकिस्तान को हिन्दुस्तान से अलहदा नहीं कर सका। बार-बार दिमाग़ में यह सवाल गूँजता : क्या पाकिस्तान अलहदा होगा? अगर होगा तो कैसे होगा? वो सब कुछ जो सालिम हिन्दुस्तान में लिखा गया है उसका मालिक कौन है? क्या उसको भी तक़्सीम किया जाएगा? क्या हिन्दुस्तानियों और पाकिस्तानियों के बुनियादी मसाइल एक-जैसे नहीं? क्या उधर उर्दू बिल्कुल नापैद हो जाएगी? यहाँ पाकिस्तान में उर्दू क्या शक्ल इख़्तियार करेगी? क्याा हमारी स्टेट मज़हबी स्टेट है? स्टेट के तो हम हर हालत में वफ़ादार रहेंगे मगर क्या हमें हुकूमत पर नुक्ताचीनी की इज़ाज़त होगी? आज़ाद होकर क्या यहाँ के हालात फ़िरंगी अहदे-हुकूमत के हालात से मुख़्तलिफ़ होंगे?

गिर्दोपेश जिधर भी नज़र डालता था, इंतिशार[6]-ही इंतिशार दिखाई देता था। कुछ लोग बेहद खुश थे क्योंकि उनके पास एकदम दौलत आ गई थी लेकिन खुशी मे भी इंतिशार था जैसे वह बिखरकर एक दिन हवा हो जाने वाली है। अक्सर मग़मूमो-मुतफ़क्किर[7] थे क्योंकि वो लुट-पिटकर आए थे। मुहाजिरों के कैम्प देखे। यहाँ खुद इंतिशार के रोंगटे खड़े देखे। किसी ने कहा, अब तो हालत बहुत बेहतर है कुछ अरसा पहले की हालत दीदनी[8] थी। मैं सोचने लगा अगर ये हालात की बेहतरी है तो अबतरी मालूम नहीं कैसी होगी। ग़र्ज़ कि अजीब इफ़्रातो-तफ़्रीत[9] का आलम था। एक का क़हक़हा दूसरे की आह से दस्तो-गरीबाँ था। एक की ज़िन्दगी दूसरे के आलमे-नज़ा[10] से मसरूफ़े-पैकार[11] थी। दो धारे बह रहे थे। एक धारा ज़िन्दगी का एक मौत का। इनके दरमियान खुशी थी जिस पर गुरस्नगी-ओ-तश्नगी[12], शिकमसेरी-ओ-बलानोशी[13] साथ-साथ चलती थीं—फ़ज़ा पर मुर्दनी तारी थी, जिस तरह गर्मियों के आग़ाज़ में आसमान पर बेमक़सद उड़ती हुई चीलों की चीखें उदास होती हैं, इसी तरह 'पाकिस्तान ज़िन्दाबाद और 'क़ाइदे-आज़म ज़िन्दाबाद' के नारे भी कानों को उदास-उदास लगते थे। रेडियो की लहरें इक़बाल मरहूम का यकआहंग कलाम दिन-रात अपने काँधों पर उठा-उठाकर थक और उकता गई थीं। फ़ीचर

प्रोग्राम कुछ इस तरह के होते है थे कि मुर्ग़ियाँ किस तरह पाली जाती हैं, जूते कैसे बनाए जाते हैं, फ़ने-दबाग़त[14] क्या है, रिफ़्यूजी कैम्पो में कितने आदमी आए और कितने गए। क़रीब-क़रीब तमाम दरख़्त नंगे बुच्चे थे। सर्दियों से बचने के लिए ग़रीब मुहाजिरीन ने उनकी छाल उतार कर अपनी खाल गर्म की थी? टहनियाँ काटकर पेट की आग ठण्डी की थी। उन नंगे-बुच्चे दरख़्तों से फ़ज़ा और भी दिलशिकन हद तक उदास हो गई थी। बिल्डिंगों की तरफ़ देखता था तो ऐसा महसूस होता था, सोग में हैं। उनके मकीं भी मातमज़दा थे। बज़ाहिर हँसते थे, खेलते थे, कोई काम मिल जाता था तो वह भी करते थे मगर गोया ये सब कुछ ख़ला में हो रहा था, एक ऐसे ख़ला में, जो लबालब होने पर भी ख़ाली था।

मैं अपने अज़ीज़ दोस्त अहमद नदीम क़ासमी से मिला, साहिर लुधियानवी से मिला। इनके इलावा और लोगों से भी मिला। सब मेरी तरह ज़ेहनी तौर पर मफ़्लूज थे। मैं महसूस करता रहा था कि ये जो इतना ज़बरदस्त भूचाल आया है, शायद इसके कुछ झटके आतिशफ़िशाँ[15] पहाड़ में अटके हुए हैं। बाहर निकल आएँ तो नोक-पलक दुरुस्त होगी और फिर सही तौर पर मालूम हो सकेगा कि सूरते-हाल क्या है?

सोच-सोच कर मैं खुद आजिज़ आ गया था चुनांचे आवारागर्दी शुरू कर दी। बेमतलब सारा दिन घूमता रहता। खुद ख़ामोश रहता लेकिन दूसरों की सुनता रहता। बेहंगम बातें, बेजोड़ दलीलें, ख़ाम सियासी मुबाहिसे[16]—इस आवारागर्दी से यह फ़ायदा हुआ की मेरे दिमाग़ में जो गर्दो-गुबार उड़ रहा था, आहिस्ता-आहिस्ता बैठ गया और मैंने सोचा कि हल्के-फुल्के मज़ामीन लिखना चाहिए। चुनांचे मैने 'नाक की किस्में' और 'दीवारों पर लिखना, जैसे फ़काहिया[17] मजामीन 'इमरोज़' के लिए लिखे जो पसन्द किए गए। आहिस्ता-आहिस्ता मिज़ाह अपने आप तंजिया रंग इख़्तियार कर गया। यह तब्दीली मुझे बिलकुल महसूस न हुई। मैं लिखता गया और मेरे क़लम से सवाल पैदा होते गए है। और 'सवेरे जो कल आँख मेरी खुली' जैसे तेज़ और तुन्द मज़मून निकल गए। जब मुझे इस अम्र का एहसास हुआ कि मेरे क़लम ने गिर्दोपोश छाई हुई धुंध में टटोल-टटोल कर एक रास्ता तलाश कर लिया है तो मुझे ख़ुशी हुई। दिमाग़ का बोझ भी किसी क़दर हल्का हो गया, मैंने ज़ोर-शोर से लिखना शुरू कर दिया-मज़ामीन का यह मजमूआ बाद में 'तल्ख़, तुर्श और शीरीं' के उनवान से शाया हुआ।

तबीयत अफ़साने की तरफ़ माइल नहीं होती थी। इस सिन्फ़े-अदब[18] को मैं बहुत संगीन समझता हूँ। इसलिए अफ़साना लिखने से गुरेज़ करता था। उन्हीं दिनों मेरे अज़ीज दोस्त अहमद नदीम क़ासमी जो ग़ालिबन ऊटपटाँग चींजे लिख-लिखकर तंग आ गए थे, रेडियो पाकिस्तान, पेशावर से अलहदा होकर लाहौर चले आए और

उन्होनें 'इदारा-ए-फ़रोग़े-उर्दू' के इश्तिराक[19] से एक माहनामा पर्चा 'नुक़ूश' जारी किया। उनके इसरार के बावजूद मैं 'नकूश' के पहले चन्द पर्चों के लिए कोई कहानी न लिख सका। जब वह नाराज़ हो गये तो मैंने पाकिस्तान में अपना पहला अफ़साना 'ठण्डा गोश्त' लिखा।

क़ासमी साहिब ने यह मेरे सामने पढ़ा। वह ख़ामोश पढ़ते रहे मगर मुझे उनका रद्दे-अमल मालूम न हो सका। अफ़साना ख़त्म करने के बाद उन्होंने मुझसे माज़रत[20] भरे लहजे में कहा : ''मंटो साहिब, माफ कीजिएगा, अफ़साना बहुत अच्छा है लेकिन 'नुक़ूश' के लिए बहुत गर्म है...''

क़ासमी साहिब से कभी बहस नहीं हुई थी, इसलिए मैंने ख़ामोशी से अफ़साना वापस ले लिया और उनसे कहा : ''बहुत बेहतर, तो मैं आपके लिए दूसरा अफ़साना लिख दूँगा। आप कल शाम तशरीफ़ ले आइएगा।''

क़ासमी साहिब जब दूसरे रोज़ शाम को तशरीफ़ लाए तो मैं अपने दूसरे अफ़साने 'खोल दो' की इख़्तितामी[21] सुतूर लिख रहा था। मैंने क़ासमी साहिब से कहा : ''चन्द मिनट आप बैठिए, मैं अफ़साना मुकम्मल करके आपको देता हूँ।''

इस अफ़साने की इख़्तितामी सुतूर चूँकि बहुत ही अहम थी, इसलिए क़ासमी साहिब को काफ़ी देर इन्तज़ार करना पड़ा। जब अफ़साना मुकम्मल हो गया तो मैंने मुसव्विदा उनके हवाले कर दिया : ''पढ़ लीजिए, खुदा करे आपको पसन्द आ जाए।''

क़ासमी साहिब ने अफ़साना पढ़ना शुरू किया। इख़्तितामी सुतूर पर पहुँचे तो मैंने नोट किया जैसे किसी ने उनको झंझोड़ दिया है। अफ़साना ख़त्म करने के बाद वह कुछ न बोले। मैंने उनसे पूछा : ''कैसा है?''

क़ासमी साहिब पर अफ़साने का असर अभी तक ग़ालिब था। उन्होंने मुख़्तसरन कहा : ''अच्छा है, मैं लिए जाता हूँ'' और आप रुख़्सत लेकर चले गए।

'खोल दो' क़ासमी साहिब के पर्चे 'नुक़ूश-3' में शाया हुआ। क़ारइन (पाठकों) ने पसन्द किया। हर एक का रद्दे-अमल यकसाँ था। आख़िरी सुतूर सबको झंझोड़कर रख देती थी लेकिन एक दम हम सबको झंझोड़कर रख देने वाला हादिसा वक़ू पज़ीर हुआ। हुकूमत को यह अफ़साना अम्ने-आमा[23] के मफ़ाद[24] के मनाफ़ी नज़र आया। चुनांचे हुक्म हुआ : 'नुकूश' की इशाअत छह महीने तक बन्द रहे। अखबारों में हुकूमत के इस इक़दाम[25] के ख़िलाफ़ एहतिजाजन[26] बहुत कुछ लिखा गया मगर इम्तिनाई[27] हुक्म अपनी जगह पर क़ायम रहा।

मैंने एक रोज़ क़ासमी साहिब से मुस्कराकर कहा : ''अगर आप 'ठण्डा गोश्त' शाया करते तो शायद ये बिजली आपके आशियाने पर न गिरती।''

काफ़ी दिन गुज़रने पर 'अदबे लतीफ़' के नाइब मुदीर मेरे पास आए और 'ठण्डा गोश्त' ले गए। अफ़साने की किताबत हो गई, कापियाँ जम गईं, प्रूफ़ निकल गए, गलतियाँ दुरुस्त करके जब वापस प्रेस में गईं तो किसी की नज़र 'ठण्डा गोश्त' वाली कापी पर पड़ी। उसने अफ़साना पढ़ा तो छापने से इनकार कर दिया। क़हरे-दरवेश बर-जाने-दरवेश[28] इस अफ़साने के बग़ैर ही पर्चा शाया किया गया।

चौधरी बरकत अली साहिब कोयटा में थे। वापस आए तो उन्होनें 'अदबे लतीफ़' के दूसरे शुमारे में 'ठण्डा गोश्त' छपवाने की कोशिश की मगर नाकाम रहे। अफ़साने का मुसव्विदा मुझे वापस दे दिया गया।

इस दौरान में कराची से मुहतरमा मुम्ताज़ शीरीं के मुतअद्दिद[29] ख़त आ चुके थे कि मैं उनके 'नया दौर' के लिए कोई अफ़साना भेजूँ। मैंने उठाकर 'ठण्डा गोश्त' उनको रवाना कर दिया। काफ़ी देर के बाद जवाब आया कि "हम देर तक सोचते रहे कि इसे शाया किया जाए या नहीं। अफ़साना बहुत अच्छा है। मुझे बहुत पसन्द है लेकिन डर लगता है कि हुकूमत के एहतिसाब[30] के शिकार न हो जाएं-" 'ठण्डा गोश्त 'यहाँ से भी ठण्डा होकर वापस मेरे पास पहुँच गया। मैंने सोचा, अब इसे किसी रिसाले में नहीं छपवाना चाहिए।

छह महीने की इद्दत पूरी नहीं हुई थी कि हुकूमत ने 'नुक़ूश' पर से 'न छापो' वाली क़ैद हटा दी। चुनांचे मैंने 'नया इदारा' के लिए एक मजमूआ मुरत्तब[31] किया जिसका उनवान मैंने 'नमरूद की खुदाई' रखा। उसमें 'खोल दो' के साथ मैंने 'ठण्डा गोश्त' भी शामिल कर दिया मगर क़ुदरत को कुछ और ही मंज़ूर था।

अज़ीज़ी आरिफ़ अब्दुल मतीन रिसाला 'जावेद' के एडिटर मुक़र्रर हुए तो मेरे पीछे पड़ गए कि मैं उनको 'ठण्डा गोश्त' का मुसव्विदा इशाअत[32] के लिए दूँ। काफ़ी देर मैंने टालमटोल की मगर आख़िरकार उनके पैहम इसरार पर मैंने 'नया इदारा' के मालिक चौधरी नज़ीर अहमद साहिब को एक चिट लिख दी : ये 'जावेद' वाले अपना पर्चा ज़ब्त कराना चाहते हैं, बराहे-करम इनको 'ठण्डा गोश्त' का मुसव्विदा दे दीजिए।

आरिफ़ साहिब अफ़साने का मुसव्विदा ले आए और उन्होने 'जावेद' के ख़ास नम्बर मत्बूआ मार्च, 1949 ई.में शाया कर दिया।

पर्चा छपकर मार्केट में आ गया। अन्दरूनी और बैरूनी एजेंसियों में भी तकसीम हो गया। यहाँ तक ख़ैरियत रही। एक महीना गुज़र गया। मैं मुतमइन हो गया कि अब 'ठण्डा गोश्त' पर कोई आफ़त नहीं आएगी मगर प्रेस ब्रांच की बागें अभी तक चौधरी मुहम्मद हुसैन साहिब (अब मरहूम) के हाथ में थीं। गो ज़ईफ़ी[33] के बाअस उनके हाथ बहुत कमज़ोर हो चुके थे मगर उन्होनें ज़ोर का एक झटका

दिया और पुलिस की मशीनरी हरकत में आ गई।

मैंने एक रोज़ उड़ती-उड़ती सुनी कि छापा पड़ा है और पुलिस 'जावेद' के ख़ास नम्बर के पर्चे उठाकर ले गई है। मैंने जान-पहचान के चन्द लोगों से पूछा। किसी ने इस ख़बर की तस्दीक़ की, किसी ने कहा : "अजी हटाइए, ये जावेदवालों का पब्लिसिटी स्टण्ट है।" इस दौरान में 'जावेद' के मालिक नसीर अनवर का रुक़्क़ा मिला।

मंटो साहिब,

एक ख़बर सुनिए, : आज पुलिस ने दफ़्तर 'जावेद' पर छापा मारा। तलाशी लेने पर बचे-खुचे चन्द पर्चे अपने क़ब्जे में ले लिए। बाक़ी पर्चों की जाँच-पड़ताल हुई तो डिस्पैच रजिस्टर ने वाज़ेह कर दिया कि तमाम पर्चा हिन्दो-पाक के मुख़्तलिफ़ स्टेशनों पर सप्लाई हो चुका है।

रजिस्टर में से तमाम एजेंसियों के पते नोट कर लिए गए और आइन्दा सप्लाई का हिसाब-किताब बन्द कर दिया गया। यह कार्रवाई गिरफ़्तारी का पेशख़ेमा[34] है और मुझे यक़ीन है कि जल्द ही हम मुल्ज़िमों के कटहरे में होंगे। एक और बात काबिले-ज़िक्र है कि एक मक़ामी इदारा इस छापे को इख़्तिरा[35] और प्रोपैगण्डे से मंसूब करता है। मुझे हैरत है कि ऐसा क्यों है? ख़ैर, इसकी तस्दीक़ ख़ुद-ब-ख़ुद हो जाएगी। मुझे तो यह कहना है कि अब ज़रा वहीं चलिए जहाँ तीन बार सज़ा पाने पर आप बरी क़रार दिए गए थे। मेरा ख़्याल है कि यह बार आख़िरी बार होगी।

ख़बर की तस्दीक हो गई। मामला प्रेस एडवाइज़री बोर्ड के सामने पेश हुआ जिसके कन्वीनर कर्नल फ़ैज़, एडिटर 'पाकिस्तान टाइम्स' थे। उसमें 'जावेद' के मालिक नसीर अनवर भी मौजूद थे। उनकी ज़बानी उस मीटिंग की मुख़्तसर रूदाद[36] सुनिए :

'पाकिस्तान टाइम्स' के दफ़्तर में प्रेस एडवाइज़री बोर्ड की मीटिंग थी। फ़ैज़ अजमद फ़ैज़ कन्वीनर थे। मीटिग में एफ़.डब्ल्यू.बस्टन (सिविल मिलिट्री गज़ट), मौलाना अख़्तर अली (ज़मींदार), हमीद निज़ामी (नवाए-वक़्त), वक़ार अम्बालवी (सफ़ीना) और अमीन-उद्दीन सहराई (जदीद निज़ाम) शरीक थे। चौधरी मुहम्मद हुसैन ने 'जावेद' का ख़ास नम्बर पेश किया। आपने सबसे पहले पर्चे के बाग़ियाना और इश्तिआलअंगेज़[37] मज़ामीन नज़्मो-नस्र[38] गिनवाए : 'गुलामी से आज़ादी तक', 'रक़्से-बिस्मिल', 'सैलाबे-चीन'। यह थीं नज़्में। मज़ामीन में से 'लौरेंग से फ़्लैटी तक', 'खेड़ा बहादुर की जय' और 'चीन कितनी दूर है' जेरे-बहस लाए गए। फ़ैज़ हुकूमत के आइद कर्दा[39] इल्ज़ाम की तरदीद करते रहे। दीगर अराकीन[40] ने हाँ में हाँ मिलाई और यूँ यह सियासी इल्ज़ाम टल गया—लेकिन नज़ला 'ठण्डा गोश्त' पर गिरा। फ़ैज़ साहिब ने जब उसे ग़ैर फ़ुहश करार दिया तो मौलाना अख़्तर अली गरज उठे : "नहीं-नहीं' अब ऐसा अदब पाकिस्तान में नहीं चलेगा। जनाब सहराई ने इस

पर सुवाद किया। वक़ार साहिब ने अफ़साने को मलऊन[11] और मतऊन[12] क़रार दिया। हमीद निज़ामी ने नवाए वक़्त का साथ दिया और जब एफ़.डब्ल्यू. बस्टन को चौधरी साहिब ने अंग्रेजी में 'ठण्डा गोश्त' समझाया तो मुझे बेइख़्तियार हँसी आ गई। फ़र्माने लगे : "इस कहानी की थीम यह है कि हम मुसलमान इतने बेग़ैरत हैं कि सिक्खों ने हमारी मुर्दा लड़की तक नहीं छोड़ी..." मुझे हँसी तो आ गई थी लेकिन जब चौधरी साहिब ग़लत तर्जुमानी पर मुसिर[13] रहे तो मुझे अफ़सोस हुआ। मैंने लाख समझाया, फ़ैज़ साहिब ने भी हर तरह से इत्मीनान दिलाया लेकिन फ़ैसला यह हुआ कि अब अदालत ही इसका फ़ैसला करे।

चुनांचे चन्द दिन बाद मैं, नसीर अनवर और आरिफ़ अब्दुल मतीन गिरफ़्तार कर लिए गए। गिरफ़्तार करनेवाले सब-इंस्पेक्टर चौधरी ख़ुदाबख़्श थे। बेहद शरीफ़। कई दिन मेरे मकान के चक्कर काटते रहे। उन दिनों मैं अक्सर बाहर होता। आख़िर एक रोज़ वह मुझसे मिलने में कामयाब हो गए। बड़े अख़लाक़ से पेश आए और कहा : "कल सुबह किसी दोस्त के साथ थाना सिविल लाइंस में तशरीफ़ ले आइएगा ताकि आपकी ज़मानत हो जाए।" इससे पहले कई मर्तबा मुझे पुलिस के आदमियों से पाला पड़ चुका था। चौधरी ख़ुदाबख़्श साहिब का नर्म रवैया मुझ पर बहुत असरअन्दाज़ हुआ।

दूसरे रोज़ सुबह को मैं थाने में हाज़िर हो गया। मेरे दोस्त शेख़ सलीम ने दस्तख़त किए और हम मुक़द्दमे के पहले मरहले से फ़ारिग हो गए।

आरिफ़ अब्दुल मतीन बहुत ही परेशान थे। उनका हलक़ ख़ुश्क हुआ जाता थ। यह हैरत की बात है क्योंकि वह कम्युनिस्ट पार्टी के सरगर्म कारकुन हैं। अदालत से खुदा मालूम क्यों इतने ख़ाइफ़[14] थे। बहरहाल, सम्मन जारी हुए। समाअत की तारीख़ मुकर्रर हुई और हम तीनों ज़िला में हाज़िर हुए।

मेरे लिए यह जगह कोई नई जगह नहीं थी। अपने पिछले तीन मुक़द्दमों के सिलसिले में मैं यहाँ कई मर्तबा आ चुका था और धूल फाँक चुका था। नाम तो जिला कचहरी है लेकिन बेहद ग़लीज़ जगह है। मच्छर, मक्खियाँ, कीड़े-मकौड़े-हथकड़ियों और बेड़ियों की झनकारें। निहायत ही दक़ियानूस टाइपराइटरों की उकता देने वाली टिप-टिप, तीन टाँगों—वाली कुर्सियाँ जिनकी नशिस्त की बेद ग़ायब हैं। दीवारों पर से पलस्तर उखड़ रहा है। लॉन इफ़लासज़दा[15] मैले-कुचैले कश्मीरी के सिर की तरह गंजा है। बुर्क़ापोश औरतें नंगे, गर्द से अटे हुए फ़र्श पर आलथी-पालथी मारे बैठी हैं-कोई गन्दी गालियाँ बक रहा है, कोई बिसूर रहा है-अन्दर कमरों में मजिस्ट्रेट साहिबान निहायत ही वाहियात मेज़ों के पास बैठे मुकद्दमों की समाअत फ़र्मा रहे हैं, पास यार-दोस्त बैठे हैं। दौराने-समाअत उनसे भी गुफ़्तगू जारी है...

अल्फ़ाज़ ज़िला कचहरी की सही तस्वीर नहीं खेंच सकते। यहाँ की फ़ज़ा अलग, यहाँ का माहौल अलग, यहाँ की ज़बान अलग, यहाँ की इस्तिलाहात[16] अलग-अजीबो-ग़रीब जगह है यह। ख़ुदा इससे दूर ही रखे...

आपको नक़्ल लेनी हो तो दरख़्वास्त के साथ 'पहिए' लगाने पड़ेंगे। कोई मिसल मुआइने के लिए निकलवानी हो तो भी 'पहिए' लगाने पड़ेंगे। किसी अफ़सर से मिलना हो तो भी 'पहिए' लगाने पड़ेंगे। अगर काम फ़ौरी कराना है तो पहियों की तादाद बढ़ जाएगी—ग़ौर से देखने की ज़रूरत नहीं। अगर आपकी आँखें सिर्फ़ देख सकती हैं तो आपको ज़िला कचहरी में हर अर्जी पहियों पर चलती नज़र आएगी। एक दफ़्तर से दूसरे दफ़्तर तक चार पहिए। दूसरे दफ़्तर से तीसरे दफ़्तर तक जाने के लिए आठ पहिए। वक़्स अलाहाज़ा[17] अगर आप आदी मुजरिम नहीं तो आपके दिल में ज़बरदस्त ख़्वाहिश पैदा होगी कि कोई आपके पहिए लगा दे और धक्का दे दे ताकि आप जिला कचहरी से बाहर निकल जाएँ।

वकील का सवाल दरपेश था। अदालत में हाज़िर होने से पहले जनाब तसद्दुक़ हुसैन ख़ालिद से मुलाक़ात हुई। आपने कमाले-मेहरबानी से ख़ुद ही कहा कि वह हमारे मुक़द्दमे की पैरवी करने में मसर्रत महसूस करेंगे। चुनांचे उनको ही तकलीफ़ दी गई।

ख़ालिद साहिब आए। हम मुल्ज़िमीन मियाँ ए.एम. सईद, पी.सी.एस. मजिस्ट्रेट दर्जा अव्वल की अदालत में पेश हुए। मियाँ साहिब मौसूफ़ किसी ज़माने में कप्तानी के ओहदे पर फ़ाइज[18] थे मगर अब उनसे बन्दूक़ लेकर अद्लो-इंसाफ़ की तराज़ू उनके हाथ में दे दी गई थी। छोटी-छोटी तेज़ आँखें, छरहरा बदन, रंग साँवला। कुर्सी पर बड़ी तम्कनत[19] से बैठे थे। हम मुल्ज़िमीन सलाम करके कटहरे में खड़े हुए तो आप हमारी तरफ़ देखे बग़ैर मियां तसद्दुक़ हुसैन ख़ालिद की तरफ़ मुतवज्जेह हुए। एक बार फिर ज़मानतें हुईं। उसके बाद दूसरी समाअत की तारीख़ मिल गई। हमने मियाँ सईद साहिब को सलाम किया और अदालत सें बाहर निकल आए।

जून का महीना था। सबके हलक़ ख़ुश्क थे मगर आरिफ़ मतीन का हलक़ तो बिलकुल ही लकड़ी हा रहा था। काश! वहाँ कोई पार्टी मेम्बर होता।

हम दो-तीन पेशियाँ इसी तरह भुगते। मौसम ज़ालिमाना हद तक गर्म हो चुका था लेकिन क़हरे-दरवेश बर जाने-दरवेश 'आवाज़ पड़ने तक' अदालत के बाहर खड़े रहते—क्योंकि डर लगा रहता कि अगर हम इधर-उधर हो गए तो मजिस्ट्रेट साहब का क़हर नाज़िल हो जाएगा। शुरू ही से उनका रवैया बहुत सख़्त था। ऐसा महसूस होता था कि वह पहले ही से अपने दिल में हमारे ख़िलाफ़ फ़ैसला मुरत्तब कर चुके हैं।

मियाँ ख़ालिद ने मुझसे कहा : "क्यों न हम इस अदालत से अपना मुक़द्दमा मुंतक़िल करा लें। मजिस्ट्रेट का रवैया साफ़ मुख़ासिमाना[50] है..."

मैंने कहा : "मियाँ साहिब, छोड़िए। दूसरी अदालत में मुक़द्दमा ले गए तो क्या हमें वहाँ लड्डू-पेड़े खिलाए जाएँगे? रहने दीजिए मुक़द्दमे को यहीं।"

मियाँ ख़ालिद मान गए। चुनांचे हम दो-तीन पेशियाँ भुगते-इस्तिग़ासे[51] की तरफ़ से मि. मुहम्मद याक़ूब वल्द मियाँ गुलाम क़ादिर, मैनेजर कपूर आर्ट प्रेस, लाहौर, शेख़ मुहम्मद तुफ़ैल हलीम, असिस्टेंट सुरपरिटेंडेण्ट डी.सी. ऑफिस, लाहौर, सैयद ज़ियाउद्दीन अहमद मुतर्जिम[52] प्रेस ब्रांच, पंजाब गवर्नमेण्ट और चन्द और हज़रात रस्मी तौर पर पेश किए गए।

सैयद ज़ियाउद्दीन ने कहा कि मेरी राय में 'ठण्डा गोश्त' तमाम का तमाम फ़ुहश है।

मियाँ ख़ालिद के एक सवाल का जवाब देते हुए उन्होंने कहा कि जहाँ तक मुसन्निफ़ की कोशिश का ताल्लुक़ है, वह नेक है मगर अन्दाज़े-इज़हार और इस्तेमाले-अल्फ़ाज़ ग़लत है।

मियाँ ख़ालिद ने गवाह से एक और सवाल किया : "क्या मुसन्निफ़ को अपने किरदार के मुँह में ऐसे अल्फ़ाज़ नहीं डालने चाहिएँ जो उसकी सही शख़्सियत पेश करें?"

सैयद साहिब ने जवाब दिया : "जिस क़िस्म का किरदार हो, वैसे ही अल्फ़ाज़, इस्तेमाल करने चाहिएँ"। आपने यह भी तस्लीम किया कि मुसन्निफ़ का यह काम है कि वह अच्छे-बुरे किरदार तख़लीक़[53] करे।

शहादते-इस्तिग़ासा ख़त्म हुई। मजिस्ट्रेट साहिब ने हस्बे-ज़ाब्ता[54] रस्मी तौर पर हमसे कुछ सवाल किए जिनका मुख़्तसर जवाब दे दिया गया। यह सिलसिला अदालती ज़बान में "इस्तिफ़सारे-मुल्ज़िम बिला हल्फ़"[55] कहलाता है और कुछ इस क़िस्म का होता है।

सवाले-अदालत : आप पर इल्ज़ाम है कि आपने ब हैसियते-मुसन्निफ़ मज़मून 'ठण्डा गोश्त' जो कि रिसाला 'जावेद' के ख़ास नम्बर में ब-ग़र्जे-इशाअत नसीर अनवर प्रिंटर और पब्लिशर मुल्ज़िम हमराही और आरिफ़ अब्दुल मतीन और नसीर अनवर एडिटर रिसाला मज़कूर[56] को जो कि फ़ुहश था, दिया। यह जुर्म ज़ेरे-दफ़ा 292 ताज़ीराते-हिन्द की तारीफ़ में आता है। क्यों न आपको इस जुर्म की सज़ा दी जाए?

जवाब : (जो ख़ालिद साहिब ने मेरी तरफ़ से दिया) मैंने अफ़साना 'ठण्डा गोश्त' 'जावेद' में ब-ग़र्जे-इशाअत दिया लेकिन वह फ़ुहश नहीं था और न मैं उसे

फ़ुहश तसव्वुर करता हूँ। यह अफ़साना इस्लाही[57] है।

सवाले-अदालत : मुक़द्दमा क्यों बनाया गया?

जवाब : पुलिस बेहतर जानती है। उसका नुक़्ता-ए-अख़लाक़ो-इस्लाह हमसे मुख़्तलिफ़ है।

सवाले-अदालत : कुछ और कहना चाहते हैं?

जवाब : इस मौक़े पर नहीं।

अब हमसे सफ़ाई के गवाहों की फ़ेहरिस्त पेश करने के लिए कहा गया। यह फ़ेहरिस्त हमने पहले ही से तैयार कर रखी थी। चुनांचे फ़ौरन पेश कर दी गई। मियाँ सईद साहिब ने जब बत्तीस नाम देखे तो ख़फ़ा हो गए। कहा : "मैं इतना हुजूम नहीं बुला सकता···।"

मियाँ ख़ालिद ने इसरार किया कि हर गवाह अपनी जगह पर बहुत अहम है।

मियाँ सईद ने अपने अन्दाज़ में मज़हका उड़ाने की कोशिश की। मुम्ताज़ शीरीं साहिबा का नाम पढ़ा तो इरशाद किया : "यह मुम्ताज़ शांति कौन है···" अदालत के आदमी मियाँ साहिब के इस मज़ाक़ पर हँसे। हम होंठ भींचे ख़ामोश रहे।

बड़ी मुश्किलों के बाद मजिस्ट्रेट साहिब, दर्जा-ए-अव्वल चौदह गवाह बुलाने पर राज़ी हुए।

चुनांचे फ़ेहरिस्त पर निशान लगा दिए गए।

सम्मन जारी हुए। मैं किसी गवाह से न मिला क्योंकि मैं चाहता था कि हर एक मेरे अफ़साने के मुताल्लिक़ अपनी बेलाग राय दे ताकि मुझे अपनी सही पोज़ीशन मालूम हो सके।

जिन गवाहों के सम्मन की तामील हो चुकी थी, उनको सुबह सवेरे अदालत में हाज़िर होना पड़ता था। मैं बेहद शर्मिंदा था क्योंकि ग़रीब काम-काज छोड़कर कई-कई घण्टे खड़े रहते थे। हम तो मुल्ज़िम थे लेकिन उनकी हालत भी हम जैसी थी। हम अन्दर कटहरे में खड़े रहते थे और वो अदालत के बाहर लोहे के जंगले के साथ लगे इन्तज़ार करते रहते थे कि उन्हें कब आवाज़ पड़ती है।

मेरे दोस्त शेख़ सलीम की हालत क़ाबिले-रहम थी। सुबह-शाम पीने का आदी, सारा वक़्त जम्हाइयाँ लेता रहता था। आख़िर उससे यह अज़ीयत[58] बर्दाश्त न की गई। वह छोटी-सी बोतल में व्हिस्की भर के ले आता और थोड़े-थोड़े वक़्फ़े के बाद पीता रहता। अदब से उसका दूर का भी वास्ता नहीं लेकिन जब वह दूसरों से बातें करता तो यही कहता : "आख़िर फ़ुहशी है क्या? मंटो का अफ़साना 'ठण्डा गोश्त' मैंने पढ़ा नहीं लेकिन यह फ़ुहश नहीं हो सकता···मंटो आर्टिस्ट है।"

हमारी तरफ़ से पहले गवाह सैयद आबिद अली आबिद, एम.ए.एल.एल.बी,

प्रिंसिपल, दयालसिंह कॉलेज, लाहौर थे। आपने बयान देते हुए कहा : "मैंने रिसाला 'ज़ावेद' में 'ठण्डा गोश्त' पढ़ा है। यह एक अदबपारा[59] है मंटो साहिब की मैंने तमाम तसानीफ़ पढ़ी हैं। प्रेमचन्द के बाद जो मुख़्तसर अफ़सानानिगार मशहूर हुए हैं, उनमें सआदत हसन मंटो को ऐक ख़ास मक़ाम हासिल है। इस अफ़साने से ईश्वर सिंह के किरदार का नुमायाँतरीन असर यह है कि उसने जो नारवा हरकत की, उसकी सज़ा उसे फ़ितरत की तरफ़ से नफ़सियाती नामर्दी की सूरत में मिल गई..."

अदालत के एक सवाल पर आबिद साहिब ने कहा : ''वली से लेकर ग़ालिब तक सब, वह चीज़ जिसे फ़ुहश कहा जाता है, लिखते चले आए हैं, वह लिट्रेचर कभी फ़ुहश नहीं होता जो एक बार लिट्रेचर क़रार दिया जा चुका हो...''

इस्तिग़ासे की तरफ़ से किया गया : ''अदब मक़सूद-बिज़्ज़ात[60] है?''

आबिद साहिब ने जवाब दिया : ''मैं पहले कह चुका हूँ कि अदब तनक़ीदे हयात[61] है और उसमें इस सवाल का जवाब शामिल है। हर माक़ूल इंसान के क़ौल और फ़ेल का मतलब होता है लेकिन तमाम इंसान माक़ूल नहीं होते। हर क़ौल या फ़ेल सोसायटी की नज़रों में अच्छा या बुरा हो सकता है। अच्छें और बुरे फ़ेल जाँचने के लिए बेशुमार मेयार होते हैं...''

इस्तिग़ासे के एक और सवाल के जवाब में आबिद साहिब ने कहा : ''यह अफ़साना मेरे सब बच्चों ने पढ़ा है मेरी एक लड़की जो फ़ोर्थ ईयर में पढ़ती है, उससे कई बार सेक्स पर इल्मी बहस हो चुकी है जो उसके निसाब का जुज़[62] है...'' फिर आपने कहा : ''खास आदमियों से, जो कि अदीब हैं, इस अफ़साने के बारे में मेरा तबादला-ए-ख़याला हुआ है, सबने इसको बहुत सराहा है...

सफ़ाई के दूसरे गवाह मि.अहमद सईद, प्रो. नफ़सियात, दयालसिंह कॉलेज, लाहौर थे। आपने अपने बयान में कहा कि अफ़साना 'ठण्डा गोश्त' फ़ुहश नहीं हैं। इसमें एक बहुत बड़ा जिंसी मसला है। उनके नज़दीक फ़ुहश लफ़्ज़ की कोई बुनियाद ही नहीं। दूसरे अल्फ़ाज़ में, फ़ुहाशी एक इज़ाफ़ी[63] चीज़ है। ज़ेहनी तौर पर बीमार अशख़ास[64] पर ठण्डा गोश्त' पढ़ने से बुरा असर हो सकता है।

तीसरे गवाह डॉ.ख़लीफ़ा अब्दुल हकीम, एम.ए.एल.बी., पी.एच.डी., साबिक़ डायरेक्टर ऑफ एज्युकेशन, कश्मीर थे। आपने अपने बयान में कहा : ''इंसानी नफ़सियात[65] के अन्दर जो ख़ैरो-शर[66] है, अदीब का यह काम है, वह उसको इस अन्दाज़ से पेश करे कि जिससे इंसानी ज़िन्दगी के हक़ाइक़ समझने में मदद मिल सके बुरे किरदार को इस अन्दाज से पेश करे कि उसकी बुराई देखकर नफ़रत पैदा हो...''

ख़लीफ़ा साहिब ने अपने बयान में यह भी कहा : ''ज़ेरे-बहस अफ़साने के

किरदार ईश्वर सिंह से शदीद कराहत[67] और नफ़रत पैदा होती है। यह किरदार बिल्कुल सही है। ऐसे किरदारों पर ख़ास कैफ़ियतों के मातहत जिस्मानी हालत दुरुस्त होने के बावजूद नफ़सियाती नामर्दी तारी हो सकती है...''

इन तीन गवाहों के बयान एक पेशी में हुए । चूँकि यह ख़ासे तवील थे और एक-एक लफ़्ज़ ख़ुद मजिस्ट्रेट साहिब को लिखना पड़ता था इसलिए वह झुँझला-झुँझला जाते थे। कई बार आपने तंग आकर कहा : ''मैं मजिस्ट्रेट हूँ या मुहर्रिर?'' लेकिन बहरहाल उन्हें अपना फ़र्ज़ अदा करना ही पड़ता था।

इस पेशी में एक बड़ी दिलचस्प बात हुई। मेरे हाथों में सिगरेटों का डिब्बा था, ग़ालिबन करे ऑन ए का। मजिस्ट्रेट साहब की नजर पड़ी तो आपने मुझे एक बहुत बड़ी डाँट पिलाई : ''यह घर नहीं है, अदालत है...'' मैंने मुअद्दबाना अर्ज़ किया : ''लेकिन हुजुर, मैं पी तो नहीं रहा हूँ...''

आपने और ज़्यादा गर्म होकर कहा : ''ख़ामोश रहो, डिब्बा अपनी जेब में रखो।'' मैंने हुक्म की तामील की—मजिस्ट्रेट साहब, दर्जा अव्वल ने मेज़ पर से अपना सिगरेट टिन उठाया और एक सिगरेट सुलगाकर पीना शुरू कर दिया और मैं मुल्ज़िमों के कटहरे में खड़ा उसका बिखरा हुआ धुआँ पीता रहा।

अगली पेशी पर मियाँ तसद्दुक़ हुसैन ख़ालिद तशरीफ़ न लाए क्योंकि उनके घर में कोई अलील[68] था। हमें तारीख़ मिल गई। उस तारीख़ पर मियाँ साहिब मौसूफ़ फिर तशरीफ़ न लाए कि उनका लड़का विलायत से वापिस आ रहा था और वह उसके इस्तक़बाल के लिए कराची चले गए थे। हम सख़्त उलझन में गिरफ़्तार हो गए। मैंने मजिस्ट्रेट साहिब से मुअद्दबाना[69] गुज़ारिश की कि हमें तारीख़ दे दी जाए, इसलिए कि हमारा वकील मौजूद नहीं है। आपने इससे इनकार कर दिया और हुक्म दिया कि कार्रवाई शुरू हो।

मैं बहुत सटपटाया। गवाह को आवाज़ दी गई। डॉ. सईद-उल्लाह एम.ए.एल. बी., पी-एच.डी., डी.एस-सी. (इन दिनों पाकिस्तान एयर फोर्स के सिविलियन ऑफ़िसर) तशरीफ़ लाए। अब मैं सोचने लगा कि क्या करूँ, मगर शायद इसलिए कि ख़ानदान के सब बुज़ुर्ग वकील और बाप सब-जज थे, दो बड़े भाई बैरिस्टर। इस लिहाज से ख़ून में किसी क़दर क़ानून घुला हुआ था। मैंने मियाँ तसद्दुक़ हुसैन साहिब ख़ालिद की जगह सँभाल ली और अपने गवाह नम्बर चार डॉ. सईद-उल्लाह साहिब से बयान दिलवाना शुरू कर दिया। बात-बात पर मजिस्ट्रेट साहिब मुझे टोकते : ''तुम इस तरह सवाल नहीं कर सकते...तुम यह बात नहीं पूछ सकते...मैं डटा रहा।

डॉक्टर साहिब का बयान आधा ख़त्म हुआ था कि अदालत के कमरे में चार नौजवान वकील, काले कोट पहने, बड़े चुस्त, बड़े बाँके दाख़िल हुए और डॉक्टर

सईद-उल्लाह साहिब के पास खड़े हो गए। एक, जिसकी पतली-पतली मूँछें थीं और जिसका रंग बाक़ी दो के मुक़ाबले में किसी क़दर साँवला था, मेरे साथ कटहरे के साथ लगकर खड़ा हो गया। थोड़ी देर के बाद जब मुझे साँस लेने का मौक़ा मिला तो उसने मेरे कान में कहा : "मंटो साहिब, क्या हम आपके मुक़दमे की पैरवी कर सकते हैं?"

मैंने कुछ न सोचा और कहा : "जी हाँ, आप मुक़दमे की पैरवी कर सकते हैं..." चुनांचे पतली-पतली मूँछों वाले उस नौजवान ने पैरवी शुरू कर दी।

मजिस्ट्रेट साहिब ने उससे पूछा : "आप कौन?"

वकील ने मुस्कुराकर जवाब दिया : "हुज़ूर, मैं इनका वकील हूँ। क्यों मंटो साहिब?" मैंने इस्बात[70] में सिर हिला दिया। -कार्रवाई शुरू हुई। इस वकील के बाक़ी तीन साथी भी हिस्सा लेने लगे। उनकी सरगर्मी में बड़ा दिलकश लड़कपन था, वही जो कॉलेज के ज़िन्दादिल तुलबा[71] में होता है।

मजिस्ट्रेट भिन्ना गए। आपने उन तीन से पूछा : "आप हज़रात क्यों बीच में बोल रहे हैं?"

उन्होंने जवाब दिया : "हुज़ूर, हम मुल्ज़िमों के वकील हैं, क्यों मंटो साहिब?"

मैंने पहले की तरह इस्बात में सिर हिला दिया।

डॉक्टर सईद-उल्लाह साहब ने अपने बयान में जो कुछ कहा मैं उसे मुख़्तसरन पेश करता हूँ। आपने फरमाया : "'ठण्डा गोश्त' पढ़ने के बाद मैं ख़ुद ठण्डा गोश्त बन गया। पज़मुर्दगी[72] और अफ़सुर्दगी, यह था इसका असर। यह अफ़साना शहवानी हैजान हरगिज़ पैदा नहीं करता...ईशर सिंह का किरदार पेश करने के लिए मुसन्निफ़ ने दो-तीन दफ़ा गाली इस्तेमाल की है। शायद फ़नकार ने इसे मुनासिब समझा हो मगर गाली की शक्ल उसने इस तरह बदली है कि गाली, गाली मालूम नहीं होती ... अगर वह गाली जो ईश्वार सिंह ने इस्तेमाल की है, गाली भी रहती, तब भी मेरे नज़दीक अफ़साना फ़ुहश न होता। गाली फ़ुहश भी हो सकती है और फ़ुहश नहीं भी हो सकती...अगर फ़नकार सही फ़नकार है तो वह गाली को बग़ैर ज़रूरत कभी इस्तेमार नहीं करता। इस अफ़साने में गाली का इस्तेमाल फ़नकाराना है..."

प्रोसीक्यूटर सहिब बड़े नस्तालीक़[73] क़िस्म के आदमी थे, बहुत बाँके, कजकुलाह[74], गर्दन में हल्का-सा शानदार ख़म, आँखों पर रिमलैस चश्मा जिसे वह बार-बार अपनी नाक से उतारते और जमाते रहते थे। आपने अज़-राहे-तमस्ख़ुर[75] कुछ कहा तो डॉक्टर सईद उल्लाह साहिब बरस पड़े, इस ज़ोर से कि दूसरे कमरे में सूफ़ी तबस्सुम साहिब कुर्सी पर से उछलकर बाहर निकल आए। बहरहाल मामला टल गया।

प्रोसीक्यूटर साहिब ने जिनका नाम ग़ालिबन मुहम्मद इक़बाल था, डॉक्टर

साहिब से पूछा : ''नफ़्से-मज़मून[76] के लिहाज़ से मुख़्तलिफ़ अदबा को मुख़्तलिफ अलक़ाब[77] दिए गए हैं। मसलन राशिद-उलख़ैरी को मुसव्विरे-ग़म, इक़बाल को मुसव्विरे-हक़ीक़त और ख़्वाजा हसन निज़ामी को मुसव्विरे-फ़ितरत कहा गया है, आप...''

डॉक्टर साहिब ने इक़बाल साहिब की बात काटकर कहा : 'मैं ठण्डा गोश्त' के मुसन्निफ़ को मुसव्विरे हयात का लक़ब दूँगा...''

अब कर्नल फ़ेज़ अहमद फ़ैज़ की बारी आई। आपने अपने बयान में कहा: ''मेरी राय में अफ़साना फ़ुहश नहीं है। एक अफ़साने के अलग-अलग अल्फ़ाज़ को फ़ुहश या ग़ैरफ़ुहश कहने के कोई मानी नहीं हैं। अफ़साने पर तनक़ीद[79] करते वक़्त मजमूई तौर पर तमाम अफ़साना ज़ेरे-नज़र होगा और होना चाहिए। महज़ उर्यानी[80] किसी चीज़ के फ़ुहश होने की दलील नहीं है। मैं समझता हूँ कि इस अफ़साने के मुसन्निफ़ ने फ़ुहशनिगारी तो नहीं की है लेकिन अदब के आला तक़ाज़ों को भी पूरा नहीं किया है क्योंकि इसमें ज़िन्दगी के बुनियादी मसाइल का तसल्लीबख़्श तज्ज़िया[81] नहीं है...''

जिरह के जवाब में फ़ैज़ साहिब ने कहा : 'मेरी भप्पियाँ ले रहे थे' अगर मौजू तक़ाज़ा करें तो मैं ऐसे अल्फ़ाज़ का इस्तेमाल जाइज़ समझता हूँ। 'मुँह भर-भर के बोसे लिए', 'चूस-चूसकर उसका सारा सीना थूकों से लथेड़ दिया' यह अल्फाज़ पार्लियामेंट्री नहीं, लेकिन अदबी एतिबार से जाइज़ हैं..'

फ़ैज़ साहिब के बाद सूफ़ी गुलाम मुस्तफ़ा साहिब तबस्सुम, प्रोफेसर गवर्नमेण्ट कॉलेज, लाहौर, तशरीफ़ लाए, आपने अपने बयान में कहा : ''अफ़साना 'ठण्डा गोश्त' लोगों के अख़लाक़ को ख़राब नहीं करता। हो सकता है इसके बाज़ फ़िक़रे अलग से फ़ुहश हों...आज इंसानी जिंसियात को अदब का मौजू बनाकर हमारे लिट्रेचर का रुजहान एक सही सम्त की तरफ़ जा रहा है।''

जिरह का जवाब देते हुए सूफ़ी साहिब ने फ़रमाया : ''कोई अफ़साना या अदबपारा फ़ुहश नहीं हो सकता जब तक लिखनेवाले का मक़सद अदब निगारी है। अदब बहैसियत अदब के कभी फ़ुहश नहीं होता।''

इक़बाल साहिब ने अपनी नाक पर से कई मर्तबा जल्दी-जल्दी रिमलैस चश्मा उतारा और जमाया। वह सूफ़ी साहिब को घेर-घारकर अपने मतलब की बात कहलवाना चाहते थे, मगर सूफ़ी साहिब तिफ़्ले-मक्तब[82] नहीं थे। वह बीस बरस से उस्तादी करते चले आए थे, इक़बाल साहिब के जाल में न फँसे। एक मर्तबा तो आपने साफ़ कह दिया : ''देखिए साहिब, आप लाख उलट-फेर करें, लेकिन मैं वही कुछ कहूँगा, जो मुझे कहना है।''

इक़बाल साहिब ने सवाल किया : "अगर किसी तहरीर, अफ़साने यह अदबपारे के नताइज मुखर्रिबुल[83] अख़लाक़ हों और मुसन्निफ़ का मक़सद तख़रीबे-अख़लाक़[84] न हो तो आप उस अफ़साने को फ़ुहश कहेंगे या नहीं?"

साफ़ ज़ाहिर था कि इक़बाल साहिब क्या चाहते हैं। सूफ़ी साहिब ने मुस्कुराकर जवाब दिया : "नहीं, इसलिए कि पढ़नेवालों के अपने ज़ेहनी रुजहानात भी शामिल होंगे, न कि मुसन्निफ़ का मतलब...तख़लीक़े-अदब मुसन्निफ अपनी तबअ से मजबूर होकर करता है, और यह तख़लीक़ औरों के लिए भी होती है.."

इक़बाल साहिब ने एक और सवाल किया : "अगर इस तस्नीफ़ से लोगों के अख़लाक़ पर बुरा असर पड़े तो इसकी ज़िम्मेदारी अदीब पर होगी या नहीं?"

सूफ़ी साहिब ने खट से जवाब दिया : "वह बरीउज़्ज़िमा[85] है।

इक़बाल साहिब ने तंग आकर पूछा : "आख़िर मुख़र्रिबे-अख़लाक़ तहरीर क्या है?"

सूफ़ी साहिब ने जवाब दिया : "वह तहरीर, जिससे लिखनेवाले का मक़सद महज़ तख़रीबे-अख़लाक़ हो..."'

इक़बाल साहिब ने नाक पर अपना रिमलैस चश्मा जमा दिया और गर्दन को ज़रा ख़मीदा[86] करके जिरह बन्द कर दी।

डॉक्टर आई. लतीफ़, हैड ऑफ़ दि साइकोलॉजीकल डिपार्टमेण्ट, एफ.सी. कॉलेज, लाहौर, बुलाए गए—मैंने उनका नाम सुना था लेकिन उन्हें देखा कभी नहीं था। आप सूफ़ी साहिब के बयान के दौरान में मियाँ सईद साहिब के पास बैठे थे और रिसाला 'जावेद' का ख़ास नम्बर उनके हाथ में था। मैंने उनकी तरफ़ ग़ौर ही नहीं किया था। जब वह बयान देने लगे तो मैंने उन्हें ग़ौर से देखा, काला रंग। सबसे पहले मुझे उनकी तीखी मूँछें नज़र आईं।

आपने रिसाला एक तरफ़ रखा और कहना शुरू किया : "मैंने 'ठण्डा गोश्त' अभी-अभी पढ़ा है। यह एक ग़लत रिसाले में छपा है। मेरा मतलब है, यह अफ़साना एक पापुलर रिसालें में नहीं छपना चाहिए। अगर यह किसी साइंटिफ़िक रिसाले में केस हिस्ट्री के तौर पर, मर्दुमी और नामर्दुमी की ताईद या तर्दीद[87] में छपता तो इस पर फ़ुहाशी का इल्ज़ाम आयद नहीं हो सकता था...जिन अल्फ़ाज़ की तरफ़ इशारा किया गया है, बोलने में मैं उनको बुरा समझता हूँ लेकिन केस हिस्ट्री में यह अल्फ़ाज़ बड़ी अहमियत रखेंगे।"

ख़ुदा मालूम क्या बात हुई कि डॉक्टर लतीफ़ ने एकदम पूछा : "मि. मंटो कौन हैं...?"

मैंने कहा : "जनाब, यह ख़ाकसार है।"

डॉक्टर साहिब की तीखी मूँछें थरथराईं। आपने मुझसे कुछ न कहा और बयान देने में मशगूल हो गए।

वकील साहिब ने मेरे कान में कहा : "मंटो साहिब, आपका यह गवाह तो होस्टाइल हो गया है। अब आप इस पर जिरह कर सकते हैं।"

मैंने कहा : "हटाइए..."

लेकिन वकील साहिब ने जिरह कर ही दी। इसके जवाब में डॉक्टर लतीफ़ साहिब ने कहा : "अफ़साना ऐसे रिसाले में, जिसको हर बच्चा, बूढ़ा, लड़का-लड़की पढ़ सके, नहीं छपना चाहिए था क्योंकि ऐसी तबा जज़्बात को मुश्तइल[88] करनेवाले तास्सुरात[89] क़ुबूल करनेवाली हों, यह अफ़साना पढ़कर मुश्तइल होंगी..."

जिरह ख़त्म हुई तो डॉक्टर लतीफ़ साहिब मेरे पास आए। उन्होंने हाथ मिलाया और कहा : "आपने मुझे गवाही के लिए बुलाया था तो कम-अज़-कम मिल तो लिए होते?"

मैंने मुस्कुराकर जवाब दिया : "इंशाअल्लाह[90] अब मुलाक़ात का शर्फ़[91] हासिल करूँगा.."

डॉक्टर साहिब ने फिर हाथ मिलाया और चले गए।

अब मैं उन चार नौजवान वकीलों के मुताल्लिक़ कुछ कहना चाहता हूँ जो बड़े अन्दाज़ में मेरे मुक़दमे में दाख़िल हुए थे। पतली-पतली मूँछों, तीखी नाक और साँवले रंगवाले शेख़ ख़ुर्शीद अहमद थे। कॉफ़ी हाउस उनके बग़ैर नामुकम्मल है। दूसरे तीन थे : मि. मज़हर-उल-हक़, मि.सरदार मुहम्मद इक़बाल और मि. एजाज़ मुहम्मद ख़ाँ। आप लोगों को बार-रूम में मालूम हुआ मि मैं ख़ुद अपने केस कण्डक्ट[92] कर रहा हूँ और परेशान हूँ तो वे मेरी मदद के लिए चले आए। मैंने उनका शुक्रिया मुनासिब व मौज़ू अल्फ़ाज़ में अदा किया।

शेख़ ख़ुर्शीद अहमद ने कहा : "इसकी कोई ज़रूरत नहीं...लेकिन दाद दीजिए कि मैंने आपका अफ़साना 'ठण्डा गोश्त' पढ़ा क्या, देखा तक नहीं है..." हम सब ख़ूब हँसे। शेख़ ने कहा : "और मैं शर्त लगाने के लिए तैयार हूँ कि मि. इक़बाल ने भी यह अफ़साना अभी तक नहीं पढ़ा है..."

हमारी तरफ़ से सात गवाह अब तक पेश हुए थे। बक़ाया गवाहों को बुलाने के लिए जब शेख़ ख़ुर्शीद साहिब ने अदालत से दरख़्वास्त की जो मुस्तरद[93] कर दी गई। मजिस्ट्रेट साहिब ने इस ख़याल से कि हमारा पलड़ा वज़नी है, अदालत की तरफ़ से चार गवाह तलब किए : मौलाना ताजवर नजीबाबादी, आग़ा शोरिश काश्मीरी, अबू सईद बज़्मी और डॉक्टर मुहम्मद दीन तासीर।

हमने कई तारीख़ें भुगतीं मगर ये हज़रात जमा न हुए। आख़िर एक तारीख़

पर सब आ गए। ताजवर साहिब से अलैक-सलैक हुई तो आपने लेक्चर पिलाना शुरू कर दिया कि मैं ऐसे ग़लीज़, फ़ुहश और वाहियात अफ़साने लिखता क्यों हूँ। मैं ख़ामोश सुनता रहा इसलिए कि मौलाना के साथ बहस करना फ़िज़ूल था।

आग़ा शोरिश बड़े पुरशोर तरीक़े पर मिले। अबू सईद बज़्मी ने मुझसे एक सिगरेट लिया और सुलगाकर टहलने लगे। आवाज पड़ी तो हम हाज़िरे-अदालत हुए। कार्रवाई शुरू हुई। पहले गवाह मिनजानिबे-अदालत[94] शम्स-उल-उलेमा मौलाना एहसान-उल्लाह ख़ाँ ताजवर नजीबाबादी, प्रो. दयालसिंह कॉलेज, लाहौर थे। आपने फ़रमाया : ''ठण्डा गोश्त' किसी मस्जिद में या किसी मजलिस में जमाअती हैसियत में सुनना पसन्द नहीं किया जा सकता। अगर कोई पढ़े तो अपना सिर सलामत लेकर न जा सके। चालीस साला अदबी ज़िन्दगी में ऐसा ज़लील और गन्दा मज़मून मेरी नज़र से नहीं गुज़रा है...''

मैंने मौलाना से चन्द सवाल किए तो आपने जवाब में कहा : ''यह अफ़साना मैंने पहली बार दयालसिंह कॉलेज में पढ़ा लेकिन पूरा नहीं पढ़ा। थोड़ा-सा पढ़ा और लगू समझकर बन्द कर दिया...मस्नवी गुलज़ारे-नसीम में बकावली और ताज-उल-मुलूक की शादी का तज़्किरा[95] अख़लाक़ से मुतसादिम[96] है...फ़साना-ए-अजायब, मस्नवी बहारे-इश्क़, हिकायते-ख़ानम और कनीज़ का ज़िक्र मस्नीव मौलाना रूम में आता है लेकिन मैंने नहीं पढ़ा...जिंसी तरग़ीब[97] का पहलू मस्नवी मौलाना रूम में नहीं हो सकता...''

जी चाहता था कि मौलाना को ख़ूब सताऊँ, मगर मैंने मुनासिब ख़याल न किया और चन्द सवाल और करके उनको छोड़ दिया—अब आग़ा शोरिश काश्मीरी वल्द आग़ा निज़ामुद्दीन, एडिटर हफ़्तावार 'चट्टान' मूँछों के अन्दर मुस्कराहटें बिखेरते तशरीफ़ लाए।

मेरी तरफ़ देखकर आप खिल के मुस्कराए और बयान देना शुरू कर दिया।

आपने फ़रमाया : ''जहाँ तक मेरे इल्म और एहसासात का तअल्लुक़ है, मैंने 'ठण्डा गोश्त' से अच्छे तास्सुरात फ़राहम[98] नहीं किए। मैं जिस समाज और घराने से तअल्लुक़ रखता हूँ, उसके पेशे-नज़र मैं ऐसा मज़मून अपने पर्चे में शाया नहीं करूँगा। मेरा मदरसा-ए-फ़िक्र इसे गवारा नहीं करता।"

इस्तिग़ासे के एक सवाल का जवाब देते हुए आग़ा साहिब ने कहा : ''इससे ओबाश[99] कारी[100] को तरग़ीब होती है, उन लोगों को, जिनका रुजहाने-तबीयत ख़ासतौर पर बदकारी की तरफ़ माइल हो...''

हमारी तरफ़ से आग़ा साहिब पर कोई जिहर न की गई। अबू सईद बज़्मी, एडिटर 'एहसान' लाहौर पेश हुए तो आपने अफ़साने को मुख़र्रिबे अख़लाक़ क़रार

दिया। उन्होंने कहा कि ''अफसाना मानी और मतलब की वजह से क़ाबिले एतिराज़ है...''

मैंने बज़्मी से पूछा : ''क्यों हज़रत, यह बताइए, क्या इसी अदालत में आपके खिलाफ़ इज़ाला हैसियाते उफी[101] का मुकद्दमा चल रहा है?...''

आपने जब 'जी हाँ' कहा तो मजिस्ट्रेट साहिब ने हैरत से पूछा : "मेरी अदालत में?'' बज़्मी साहिब ने फिर जवाब दिया : जी हाँ। मजिस्ट्रेट साहिब ने क़लम से सिर पर खुजालकर पाइप सुलगाया और अपने काम मे मशगूल हो गए। आख़िरी गावाह मिनजानिबे-अदालत पेश हुए यानी डॉक्टर तासीर साहिब, प्रिंसिपल इस्लामिया कॉलेज, लाहौर।

आपने अपने बयान में कहा ''कहानी अदबी लिहाज से नाक़िस है लेकिन है अदबी। निशान लगाए हुए अल्फाज़ कुछ इस कहानी के लिए जरूरी है, कुछ गैर जरूरी। कुछ अल्फाज ऐसे हैं जिनको नाशाइस्ता कहा जा सकता है लेकिन मै फ़ूहश इसीलिए नही कहता कि लफ्जे-फ़ुहश की तारीफ़ के बारे में मैं वाजेह नही हूँ...मेरे खयाल में जिन लोगों का मैलान बदकारी की तरफ़ है, उनके लिए इस मज़मून में जिंसी तरग़ीब मौजूद है। जिस शख्स़ की तबअ में मैलाने-बदकारी न हो उसे इस मजमून से जिंसी कराहियत होगी, जिंसी तरगीब नहीं होगी।–'ठण्डा गोश्त' का मतलब मुर्दा लड़की है। मै इस कहानी को एक आम जिंसी कहानी समझता हूँ। यह जिंसी अख़लाक ख़राब नही करती।"

अदालत की तमाम कार्रवाई खत्म हुई। अब फैसला बाकी था जो मियाँ ए.एम. सईद साहिब समाअत के दौरान में कई बार ज़बानी सुना चुके थे। शेख खुर्शीद अहमद को यक़ीन था कि हम सबको जुर्माना होगा।

फ़ैसले की तारीख़ सोलह जनवरी इसी साल मुकर्रर हुई।

नसीर अनवर बिलकुल बेपरवाह था। सारी समाअत के दौरान में वह हँसता, मुस्कुराता रहा। आरिफ अब्दुल मतीन अलबता सारा वक़्त बहुत परेशान रहे। उनकी इस परेशानी का बाइस यह भी था कि उनके मुअम्मर[102] वालिद बड़े हिरासाँ थे। जब सफाई की गावाहियाँ ख़त्म हुई थीं तो मैंने अपना तहरीरी बयान दाख़िल किया था। इस तहरीरी बयान को पढ़कर, मुझे अच्छी तरह याद है, मजिस्ट्रेट साहिब ने फरमाया था : ''वह बयान ही मुल्जिम को सजा देने के लिए काफ़ी है।"

---

1. नाचना-गाना 2. पूछताछ, 3. चिन्ता, 4. शरणार्थी., 5. विखण्डित, 6. बिखराव, 7. उदास व चिन्तित, 8. दर्शनीय, 9. कमोबेश, 10. मृत्यु के समय की स्थिति, 11. युद्धरता, संघर्षरत, 12. भूख-प्यास, 13. पेट-भर खाना व अत्याधिक शराब पीना, 14. चमड़ा कमाना, 15. ज्वालामुखी,

16. वहसें, 17. मनोरंजन, 18. साहित्यिक विधा, 19. भागीदारी, 20. क्षमा, 21. अन्तिम, 22. पाण्डुलिपि, 23. जनता मे शान्ति बनाए रखना., 24. लाभ, 25. कदम, पग; 26. विरोध, 27. पाबन्दी, 28. गरीब का गुस्सा अपने ही ऊपर चलता है., 29. बहुत., 30. जाँच-पड़ताल, सेंसर करना, 31. सम्पादित., 32. प्रकाशित करने, 33. बुढ़ापा, 34. पूर्वाभास, 35. अनहोनी, 36. कार्यवाही, 37. भड़कानेवाला, 38. पद्य एंव गद्य, 39. आरोपित, 40. दूसरी पार्टी,, 41. बुरा, गन्दा, 42. धिक्कार योग्य, 43. अड़े रहना, दृढ़ रहना, 44. डरे हुए, 45. गरीबी का मारा हुआ, 46. परिभाषा, 47. इसी तरह ऐसे ही, 48. नियुक्त., 49. शानो-शौकत से, 50. विद्वेपपूर्ण, 51. अभियोजन पक्ष, वादी की तरफ का वकील, 52. अनुवादक, 53. रचना, 54. कानून के अनुसार, 55. अभियुक्त को बगैर शपथ ग्रहण कराए पूछताछ करना, 56. वर्णित, 57. सुधारनेवाला, 58. दुख, तकलीफ, 58. साहित्यिक कृति, 60. अस्तित्व की अभिव्यक्ति का उद्देश्य, 61. जीवन-समीक्षा, 62. हिस्सा; 63. अतिरिक्त; 64. जनता, लोग, 65. मनोविज्ञान, 66. अच्छा-बुरा, 67. घृणा, 68. बीमार, 69. सम्मान सहित प्रार्थना, 70. स्वीकारोक्ति, 71. विद्यार्थी; 72. उदासीनता, 73. सभ्य, 74. टेढ़ी टोपीवाला, 75. मजाक़ से, 76. विपय के वर्गीकरण, 77. उपनाम, जो नाम किसी विशेषता के कारण दिया जाए, 78. उपनाम, 79. समीक्षा, 80. नग्नता, 81. विश्लेषण, 82. अनाड़ी 83. चरित्र को खराब करने वाला, 84. शिष्टाचार को खराब करने वाला, 85. अनुत्तरदायी, 86. झुकाकर, 87. खण्डन, 88. उत्तेजक, उत्तेजित, 89. प्रभाव, 90. ईश्वर करे ऐसा ही हो, 91. सौभाग्य, 92. संचालन, 93. रद्द कर देना, 94. अदालत की ओर से, 95. वर्णन, 96. विरोधी, विरुद्ध, 97. प्रलोभन, 98. प्राप्त, 99. बदकारी, 100. पाठक, 101. मानहानि, 102. वयोवृद्ध।

तहरीरी बयान

मैं अफ़साना 'ठण्डा गोश्त', मत्बूआ[1] माहनामा 'जावेद' लाहौर का मुसन्निफ़ हूँ जो इस्तिग़ासे के नज़दीक उर्यां और फ़ुहश है। मुझे इससे इख़्तिलाफ़ है। यह अफ़साना किसी भी नुक़्ताए-नज़र से ऐसा नहीं है।

फ़हाशी के मुताल्लिक़ बहुत कुछ कहा जा चुका है और कहा जा सकता है मगर यह एक तयशुदा अम्र है कि अदब हर्गिज़-हर्गिज़ फ़ुहश नहीं हो सकता। 'ठण्डा गोश्त' को अगर अदब के दायरे में बाहर कर दिया जाए तो इसके फ़ुहश होने या न होने का सवाल पैदा हो सकता है। मगर यह अफ़साना एक अदीब की तस्नीफ़ है जो अदबे-जदीद में काफ़ी अहमियत रखता है। इसका सुबूत उसकी तसानीफ़ हैं और वो मज़ामीन, जो क़रीब-क़रीब हर अदबी रिसाले में उसके फ़न पर शाया हुए हैं।

इससे पहले तीन मर्तबा मेरे अफ़सानों के बारे में शुब्ह हुआ था कि वो फ़ुहश हैं। चुनांचे मुझ पर मुक़द्दमे चले, सज़ाएँ हुईं लेकिन अपील करने पर हर बार सेशन कोर्ट में मुझे और मेरे अफ़सानों को फ़हाशी के इल्ज़ाम से बरी कर दिया गया ।

मेरे एक मुक़द्दमे के सिलसिले में मिस्टर एम.आर. भाटिया, एडीशनल सेशन जज के फ़ैसले के ये अल्फ़ाज़ क़ाबिले ग़ौर हैं :

"क़ाबिल-ग़ौर अम्र है कि ऐसे अशख़ास[2] मुल्ज़िमीन की सफ़ाई में पेश हुए हैं जो उर्दू ज़बान के आलिम होने की हैसियत में बहुत मशहूर हैं। मिसाल के तौर पर ख़ान बहादुर अब्दुर्रहमान चुग़ताई, मि. के.एल. कपूर, प्रो. डी.ए.वी. कालेज, राजेन्द्र सिंह बेदी और डॉ. लतीफ़, प्रो. एफ.सी. कॉलेज, जो बतौर गवाहाने सफ़ाई पेश हुए। इन सबकी राय है कि मज़मून (बू) में ऐसी कोई चीज़ नहीं जो शहवानी हिस्सियात[3] पैदा करें बल्कि उन लोगों का कहना है कि मज़मून तरक़्क़ीपसन्द है और उर्दू अदब के मॉडर्न रुजहान से तअल्लुक़ रखता है, हत्ताकि इस्तिग़ासे के गवाह नम्बर चार बशीर ने दौराने-जिरह में तसलीम किया कि मज़मून इंसान के अख़लाक पर बुरा असर नहीं डालता।

मातहत अदालते-फ़ाज़िला ने हिन्दुस्तानी नौजवानों की तअय्युशपसन्द[4] ज़िन्दगी का ज़िक्र करते हुए अफ़सोस किया है और इस बात पर मातम किया है कि मुल्क में हिन्दुस्तानियों का पुराना केरेक्टर नाबूद हो रहा है। मातहत अदालत के फ़ाज़िल जज ने वो ख़ूबियाँ भी याद कराई हैं जिनके लिए हम हिन्दुस्तानी कभी मशहूर थे और नसीहत (भी) की है कि फ़ैशनों को ख़त्म कर देना चाहिए।

मालूम होता है कि मातहत अदालते-फ़ाज़िला के ख़यालात तरक़्क़ीपसन्द नहीं हैं। हमें ज़माने के साथ-साथ चलना है-हसीन चीज एक दाइमी मसर्रत[5] है। आर्ट जहाँ भी मिले, हमें उसकी क़द्र करनी चाहिए। आर्ट ख़्वाह वह तसवीर की सूरत में हो या मुजस्सम[6] की शक्ल में, सोसायटी के लिए क़तई तौर पर एक पेशकश हैं, चाहे उसका मौज़ू ग़ैर-मस्तूर[7] ही क्यों न हो। यही कुल्लिया[8] तहरीरों पर भी मुंतबिक[9] होता है।

जब मुल्क के मशहूरो-मारूफ़ आर्टिस्टों और अदीबों ने मुल्ज़िमीन के हक़ में कहा है तो सारा फ़ैसला यहीं हो जाता है कि ज़ेरे बहस मज़मून ऐसा नहीं कि जिस पर किसी क़ानूनी अदालत में नुक़्ताचीनी की जाए। इसलिए मुझे अपील मंजूर करने में कोई पसो-पेश नहीं। जुर्माना अगर अदा कर दिया गया है तो वापस किया जाए, मैं अपील करने वालों को बरी करता हूँ।"

इस फ़ैसले से यही नतीजा अख़्ज[10] होता है कि आर्ट फ़ुहश नहीं हो सकता और किसी फ़नपारे पर किसी क़ानूनी अदालत में नुक़्ताचीनी नहीं की जानी चाहिए।

कोई लिट्रेरी पीस यानी अदबपारा मेयारी या ग़ैर-मेयारी हो सकता है, इसिलए कि आर्टिस्ट हो सकता हैं, अपना मेयार क़ाइम न रख सके इसलिए अफ़सानानिगार का हर अफ़साना उसका शाहकार नहीं हो सकता।

'ठण्डा गोश्त' के स्टैण्डर्ड के बारे में कहा-सुना जा सकता है। यह कहा जा सकता है कि यह अफ़साना मेरे दूसरे अफ़सानों के पाये का नहीं। यह काम अदबी नक़्क़ादों का है और उन्हें इस बात का हक़ है कि वो जाँचें, परखें मगर इस अफ़साने पर किसी सूरत में भी फ़हाशी का इल्ज़ाम नहीं लगाया जा सकता। इसलिए कि मुसन्निफ़ की तरफ़ से अफ़सानबी अदब में, अच्छे-बुरा जैसा भी है, यह एक इज़ाफ़ा है। लेकिन ऐसी सूरत में कि मुझे अपनी पोज़िशन साफ़ करनी है, आइए हम इस अफ़साने को अच्छी तरह जाँचें कि इसमें फ़हाशी का कोई पहलू निकलता है या नहीं :

'ठण्डा गोश्त' जैसा कि ज़ाहिर है, एक अफ़साना है जिसका अक़बी मंज़र यूँ तो गुज़िश्ता फ़सादात है, लेकिन असल में जिसकी बुनियाद इंसानी नफ़्सियात पर क़ाइम है...और इंसानी नफ़्सियात का जिंस से चोली-दामन का साथ है।

अफ़साने में दो किरदार हैं : ईशर सिंह और उसकी दाश्ता या बीबी, कुलवन्त कौर। दोनों ठेठ क़िस्म के गँवार सिक्ख हैं। दोनों जिस्मानी लिहाज़ से बहुत तगड़े हैं। यूँ कहना चाहिए कि ईशर सिंह को जिंसी तशफ़्फ़ी[11] सिर्फ़ कुलवन्त कौर ऐसी औरत ही से और कुलवन्त कौर को जिंसी तशफ़्फ़ी सिर्फ़ ईशर सिंह ऐसे मज़बूत और तवाना[12] मर्द ही से मिल सकती हैं। दोनों की जिंसी ज़िन्दगी बड़ी हमवार थी लेकिन एक ऐसा वक़्त आता है जब कुलवन्त कौर महसूस करती है कि ईशर सिंह तब्दील हो गया है, उसकी जिंसी मुहब्बत में पहली-सी तवानाई नहीं रहीं। वह उससे बेरुख़ी बरत रहा है। किसी और औरत से उसने नाता जोड़ लिया है-असल बात यह थी कि ईशर सिंह एक ज़बरदस्त नफ़्सियाती रद्दे-अमल का शिकार हो जाता है जिसके बायस उसकी जिंसी तवानाई क़रीब-क़रीब मफ़्लूज हो चुकी थी। वह लूटमार के दौरान में क़त्लो-ग़ारत करने के बाद एक नौजवान मुस्लिम दोशीज़ा[13] उठा लाया था कि तब्दीली के तौर पर वह उससे जिंसी मज़ा उठाए मगर जब उसने ऐसा करना चाहा तो उसे मालूम हुआ कि लड़की दहशत के मारे उसके कंधों पर ही मर चुकी है। उसके सामने एक ठण्डी लाश पड़ी थी। उसकी तपती हुई शहवानी ख़्वाहिशात के सामने ठण्डे गोश्त का लोथड़ा पड़ा था। उसका ईशर सिंह को कुछ ऐसा ज़बरदस्त एहसास हुआ कि वह नफ़्सियाती तौर पर नामर्द हो गया ।

अगर ईशर सिंह का साबिक़ा ठण्डी औरतों से पड़ा होता, अगर ईशर सिंह ख़ुद ठण्डा मर्द होता तो उस पर इतना ज़बरदस्त नफ़्सियाती रद्दे अमल न होता। मगर जैसा कि उसका किरदार पेंट किया गया है, वह जिंसी लिहाज़ से उसका हम पाया था और उसका जिंसी रिश्ता भी एक ऐसी औरत से था जो हर लिहाज़ से उसका हम पाया थी। यही वजह है कि ऊपर बयान किए गए हादिसे ने उसे जिंसी लिहाज़ से बिलकुल निकम्मा कर दिया।

यहाँ यह बात क़ाबिले-ग़ौर है कि क़त्लो ग़ारत ने और लूटमार ने ईशर सिंह पर कोई असर नहीं किया था। उसने कई इंसानों को मौत के घाट उतारा था उसके ज़मीर पर एहसास की एक हल्की सी ख़राश भी नहीं आई थी, लेकिन जब वह लड़की की ठण्डी लाश पर झुका तो उसकी मर्दानगी ग़ायब हो गई।

'ठण्डा गोश्त' के बत्न में जो कुछ भी हैं, ज़ाहिर है कि फ़ुहश नहीं। उनवान ही एक बैयिन[14] सुबूत है कि अफ़साना पढ़नेवाले के दिलो-दिमाग़ में शहवत की गर्म लहरें नहीं दौड़ाएगा। जो हादिसा ईश सिंह को पेश आया, वह कैसे किसी क़ारी को शहवानी जज़्बात की तरफ़ माइल कर सकता है?

ईशर सिंह का अन्दाज़े-गुफ़्तुगू उसका अपना है। हज़ारों आदमी रोजमर्रा की ज़िन्दगी में वो अल्फ़ाज़ इस्तेमाल करते हैं जो मुसन्निफ़ ने उसके मुँह से कहलवाए हैं। उसकी

हरकात ग़ैर-फ़ितरी नहीं, यही कुछ कुलवन्त कौर के मुताल्लिक़ कहा जा सकता है।

इस्तिग़ासे के फ़ाज़िल वकील ने ख़ासतौर पर इस बात पर ज़ोर दिया है कि ईशर सिंह के मुकालमों[15] में गालियाँ इस्तेमाल की गई हैं। मैं यहाँ गाली की नफ़्सियात पर बहस नहीं करूँगा, मगर यह एक खुली हुई हक़ीक़त है कि वो अल्फ़ाज़ जो इस्तिग़ासे के वकील के नज़दीक गाली हैं, असल में गाली नहीं हैं।

मैं यहाँ गाली की एक-दो मिसालें पेश करता हूँ।

उर्दू के मशहूर शाइर मिर्ज़ा ग़ालिब, मिर्ज़ा शहाबुद्दीन ख़ाँ साहिब ने नाम एक रुक़्क़े में लिखते हैं

"ये अशआर[16] जो तुमने भेजे हैं, ख़ुदा जाने किस वल्द उज़्ज़िना[17] ने दाख़िल कर दिए हैं। अगर ये शेर मत्न[18] में पाए भी जावें तो यूँ समझना, किसी मलऊन ज़न जल्ब[19] ने असल को छीलकर ये ख़ुराफ़ात लिख दिए हैं।"

--उर्दूए-मुअल्ला : सफ़हा 217

मिर्ज़ा शहाबुद्दीन के एक और ख़त में इरशाद होता है :

"मियाँ, वह क़ाज़ी मसख़रा तो चूतिया है।"

--उर्दूए-मुअल्ला : सफ़हा 218

गाली के ये नमूने तो हो गए, लेकिन मगर कोई शख़्स गुफ़्तुगू के दौरान में यह कहे : "मैं भी अजीब चूतिया हूँ कि आप यहाँ हैं और आपको लाहौर ढूँढता फिरा..." तो ज़ाहिर है, लफ़्ज 'चूतिया' गाली नहीं है–'साला' यहाँ बहुत बड़ी गाली मुतसव्विर की जाती है लेकिन बम्बई में लफ़्ज़ 'साला' कोई अहमियत नहीं रखता। आम गुफ़्तुगू में वहाँ ऐसे कई फ़िक़रे आपके सुनने में आएँगे :

हमारा बाप साला बड़ा अच्छा आदमी था।

साला हमसे मिश्टेक हो गया।

साला कैसी बात करता है?

माँ-बहन की गाली यू.पी. और पंजाब में गुफ़्तुगू में आम इस्तेमाल होती है और किसी के कान खड़े नहीं होते। ख़ास-ख़ास गाली अक्सर लोगों का तकिया कलाम भी बन जाती है। ईशर सिंह भी चन्द गालियों को तकिया कलाम के तौर पर इस्तेमाल करता है। इसीलिए इस्तिग़ासे के फ़ाज़िल वकील का इस नुक़्ते पर ज़ोर देना बिलकुल बेकार है।

इसके अलावा यह अहम बात भी पेशे नज़र रहनी चाहिए कि ईशर सिंह जैसे उजड्ड और गँवार आदमी से शाइस्ता कलामी की तवक़्क़ो कैसे की जा सकती है। उसके मुँह में अगर मुसन्निफ़ ने मुहज़्ज़ब और शाइस्ता अल्फ़ाज़ डाले होते तो अफ़साने में हक़ीक़त निगारी का ख़ात्मा हो जाता, बल्कि मैं तो यह कहूँगा कि

अफ़साना एक निहायत ही भोंडी शक्ल इख़्तियार कर लेता और आर्ट की सतह से बहुत ही नीच ख़ुराफ़ात के खड्ड में जा गिरता।

सवाल यह है कि जो चीज़ जैसी है, उसे मिनोअन[20] क्यों न पेश किया जाए? टाट को अतलस[21] क्यों बनाया जाए? ग़लाज़त के ढेर को ऊद और अम्बर में क्यों तब्दील किया जाए-हक़ीक़त से इन्हिराफ़[22] क्या बेहतर बनने में हमारा मम्दो-मुआविन[23] हो सकता है? हरगिज़ नहीं। फिर ईशर सिंह के किरदार और उसकी गुफ़्तार पर एतराज़ क्या मानी रखता है?

ईशर सिंह गन्दा दहन सही, अफ़साने का मौजू घिनावना सही, लेकिन क्या इसको पढ़ने के बाद हमें इंसानियत की वो रमक़ दिखाई नहीं देती जो ईशर सिंह के सियाह क़ल्ब[24] में ख़ुद उसका मक्रूह[25] फ़ेल पैदा करता है-और यह एक सेहतमन्द चीज़ है कि इस अफ़साने का मुसन्निफ़ इंसानों और इंसानियत से मायूस नहीं हुआ। अगर मुसन्निफ ने ईशर सिंह के दिल और दिमाग़ पर नफ़्सियाती रद्दे-अमल पैदा न किया होता तो यक़ीनन 'ठण्डा गोश्त' एक निहायत ही मुह्मल[26] चीज़ होती।

मुझे अफ़सोस है कि वे तहरीरे, जो इंसानों को बताती हैं कि वो इंसान से हैवान बनकर भी इंसानियत से अलहदा नहीं हो सकते, फ़ुहश और शहवत को उभारने वाली समझी जा रही है-लतीफ़ा ता यह है कि अफ़साने में एक इंसान को उसकी रही-सही इंसानियत एक बहुत बड़ी सज़ा देती है।

यह बात भी क़ाबिले-ग़ौर है कि ईशर सिंह को अपनी चिरी हुई गर्दन का बिलकुल एहसास नहीं। उसको तो आख़िरी साँस तक सिर्फ़ एक बात सताती रहती है : वह एक ठण्डी लाश से ज़िना[27] करने वाला था।

फ्रांस में मशहूर नावलनिगार फ़्लाबेयर की तस्नीफ़ 'मादाम बोवारी' पर फ़हाशी के इल्ज़ाम में मुक़द्दमा चला तो वकीले सफ़ाई मोसियो सेनार ने फ़ाज़िलाना बहस के दौरान में कहा : "हज़रात! यह किताब, जो बक़ौल वकीले- इस्तिग़ासा शहवानी जज़्बात को भड़काती है, मोसियो फ़्लाबेयर के वसी मुतालअ[28] और ग़ौरो-फ़िक्र का नतीजा है। उसन अपनी तवज्जो मतीन[29] फ़ितरत की वसातत[30] से ऐसे मतीन और मलूल[31] मज़ामीन की तरफ़ मुन्अतिफ़[32] की है। वह ऐसा आदमी नहीं है जिसके खिलाफ़ वकीले-इस्तिग़ासा ने हैजानख़ेज़[33] तसवीरों की नक़्क़ाशी के इल्ज़ाम में जगह-जगह अपनी तक़रीर में ज़हर उगला है। मैं फिर दोहराता हूँ कि फ़्लाबेयर की फ़ितरत में बेइंतिहा संगीनी, शदीद संजीदगी और बेपनाह मलाल भरा पड़ा है।"

मैं अपने मुताल्लिक़ सिर्फ़ इतना कह सकता हूँ कि मैं एक शरीफ़ ख़ानदान का फ़र्द हूँ। इत्तिफ़ाक़ से मेरा पेशा तस्नीफ़ो तालीफ[34] है। अपनी फ़ितरत, और जो तालीम और तर्बियत मुझे मिली है, उसकी बदौलत मैंने आज तक सस्ता और

सूफ़ियाना[35] अदब पेश नहीं किया। उर्दू के जदीद अदब से जो लोग ज़रा-सा भी वास्ता रखते हैं उनको मेरे अदबी मक़ाम का इल्म है। 'ठण्डा गोश्त' में फ़्लाबेयर की फ़ितरत की बेइंतिहा संगीनी और शदीद संजीदगी शायद न हो लेकिन इससे इनकार नहीं किया जा सकता कि यह बेपनाह मलाल से भरा पड़ा है।

और जब सवाल मलाल का हो तो शहवत का सवाल ही कहाँ पैदा होता है?

अब अफ़साने को इस पहलू से भी देखा जाए कि मुसन्निफ़ की नीयत क्या है?

राय साहिब लाला सन्तराम की अदालत में अपने अफ़साने 'धुआँ' के सिलसिले में सफ़ाई का बयान देते हुए मैंने कहा था : तहरीरो-तक़रीर में, शेरो-शाइरी में, संगसाज़ी और सनमतराशी में फ़हाशी तलाश करने के लिए सबसे पहले उसकी तरग़ीब टटोलनी चाहिए। अगर यह तरग़ीब मौजूद है, अगर इसका एक शायबा[36] भी नज़र आ रहा है तो वह तहरीर, वह शे'र, वह बुत क़तई तौर पर फ़ुहश है।

ज़ाहिर है कि ऐसी कोई तरग़ीब ज़ेरे बहस अफ़साने में नहीं है। मैं अफ़साने का तज़्ज़िया ऊपर कर चुका हूँ जो यह साबित करने के लिए काफ़ी है कि मुसन्निफ़ की नीयत में कोई फ़र्क़ नहीं है और उसने महज़ एक नफ़्सियाती हक़ीक़त को उसके सही रूप में अफ़साने की सूरत में पेश किया है।

'ठण्डा गोश्त' पढ़कर अगर किसी साहिब के जज़्बात बर अंगेख़्ता[37] हों तो उन्हें किसी ज़ेहनी मुआलिज[38] से रुजू करना चाहिए। 'धुआँ' ही की सफ़ाई के सिलसिले में मैंने अपने बयान में कहा था : एक मरीज़ जिस्म, एक बीमार ज़ेहन ही ऐसा ग़लत असर ले सकता है। जो लोग रूहानी, ज़ेहनी और जिस्मानी लिहाज़ से तन्दुरुस्त हैं, असल में उन ही के लिए शाइर शे'र कहता है, अफ़सानानिगार अफ़साना लिखता है और मुसव्विर तसवीर बनाता है...मेरे अफ़साने तन्दुरुस्त और सेहतमन्द लोगों के लिए हैं, नार्मल इंसानों के लिए, जो औरत के सीने को औरत का सीना ही समझते हैं, जो औरत और मर्द के रिश्ते को इस्तेजाब[39] की नज़र से नहीं देखते...

'ठण्डा गोश्त' भी दूसरे अदबपारों की तरह सेहतमन्द दिमाग़ों के लिए है, ऐसे दिमाग़ों के लिए नहीं जो मासूम और पकीज़ा चीज़ों में भी शहवत कुरेद लेते हैं। अगर कोई औरत लोहे की मशीन की हरकत से शहवानी लज़्ज़त हासिल करती है तो क्या लोहे की मशीन या उसकी हरकत पर सिफ़ली जज़्बात बरअंगेख़्ता करने का इल्ज़ाम धरा जाएगा? दुनिया में तो ऐसे अशख़ास भी मौजूद हैं जो मुक़द्दस किताबों से भी शहवानी लज़्ज़त हासिल कर लेते हैं। ऐसे लोगों का तो इलाज होना चाहिए।

अमरीका में मशहूर मुसन्निफ़ जेम्स ज्वाइस की तस्नीफ़ 'यूलीसेस' को फ़हाशी

से बरी करते हुए जज वूल ज़ेक ने अपने फ़ैसले में लिखा था : एक ख़ास किताब ऐसे जज़्बात और ख़यालात पैदा कर सकती है या नहीं, इसका फ़ैसला अदालत की राय में यह देखकर होगा कि औसत दर्जे की जिंसी जिबिल्लत[10] रखनेवाले आदमी पर उसका क्या असर होता हैं, ऐसे आदमी पर जिसे फ्रांसीसी 'मामूली क़िस्म की हिस्सियात रखने वाला इंसान' कहते हैं और जिसकी हैसियत क़ानूनी तफ़्तीश की उस शाख़ में एक फ़र्ज़ी आमिल की होती है जैसे अदालते ख़फ़ीफ़ा के मुक़द्दमों में 'समझ बूझवाले आदमी' की हैसियत होती है या रजिस्ट्रेशन के क़ानून में ईजाद के मसले के मुताल्लिक़ 'फ़न के माहिर' की।

क़ानून का तअल्लुक़ सिर्फ़ औसत दर्जे के आदमी से है, चुनांचे 'ठण्डा गोश्त' के मुताल्लिक़ कोई फ़ैसला मुरत्तब करने से पहले यह देखना चाहिए कि उसके मुताले से एक औसत दर्जे की जिंसी जिबिल्लतें रखने वाले आदमी के दिल और दिमाग़ पर क्या असर होता है।

मशहूर अमरीकी नावलनिगार अरस्काइन काल्डवैल की तस्नीफ़ 'गाड्स लिटिल ऐकर' को फ़हाशी के इल्ज़ाम से बरी करते हुए अदालत ने अपने फ़ैसले में लिखा था : मुसन्निफ़ का मक़सद एक सच्ची तस्वीर पेंट करना था। ऐसी तस्वीरों में बाज़ ज़रूरी तफ़्सीलों का आ जाना लाज़िमी अम्र है और चूँकि ऐसी तफ़्सीलों का गहरा तअल्लुक़ ज़िन्दगी के जिंसी पहलू से होता है इसलिए उन्हें बहीमाना साफ़गोई के साथ बयान कर दिया जाता है। अदालत यह हुक्म सादिर नहीं कर सकती कि ऐसी तस्वीरें सिरे से बनाई ही न जाएँ ।किरदारों की ज़बान बिलाशुब्ह भद्दी और गन्दी है मगर अदालत मुसन्निफ़ से अनपढ़ और ग़ैरमुहज़्ज़ब लोगों के मुँह में शाइस्ता ज़बान डाल देने का मुतालबा भी नहीं कर सकती।

'ठण्डा गोश्त' एक सच्ची तस्वीर है, इसमें कोई इब्हाम नहीं। बड़ी ही बहीमना साफ़गोई से इसमें एक नफ़्सियाती हक़ीक़त की नक़ाबकुशाई की गई है अगर इसमें कहीं गन्दगी और ग़लाज़त है तो उसे मुसन्निफ़ के साथ-साथ नहीं, अफ़साने के किरदारों की ज़ेहनी सतह के साथ मंसूब करना चाहिए। किसी तहरीर के चन्द अल्फ़ाज़ अगर चिमटे से उठाकर लोगों को दिखाए जाएँ कि ये फ़ुहश हैं तो इससे कोई सही अन्दाज़ा नहीं होगा। इन अल्फ़ाज़ की जुदागाना इशाअत क़ाबिले ग़िरफ्त हो सकती है, बिल्कुल उसी तरह जैसे ग़ालिब, मीर, एरिस्टोफ़ीन, चॉसर, बुकैशियो बल्कि किताबे मुक़द्दस तक के बाज़ मक़ामात को क़ाबिले ताज़ीर गर्दाना जा सकता है, ताहम किसी तहरीर को समझने के लिए उसे मज्मूई तौर ही से देखना पड़ेगा।

मुझे आख़िर में यह कहने की इजाज़त दी जाए कि मुझे इंतिहाई अफ़सोस है, इस्तिग़ासे की तरफ़ से मेरी तस्नीफ़ 'ठण्डा गोश्त' पर कोई अदबी तन्क़ीद नहीं

हुई। अगर ऐसा होता तो मुझे दिली मसर्रत होती। अफ़साने में अगर कोई फ़न्नी कमज़ोरी रह गई थी, बयान में अगर कोई सक़म[11] था, इंशा में अगर कोई ख़ामी थी तो मुझे इसका इल्म हो जाता और मैं कुछ हासिल कर पाता लेकिन मैं तो यहाँ मुल्ज़िमों के कटहरे में खड़ा हूँ और एक निहायत ही घिनावने इल्ज़ाम का मुँह देख रहा हूँ कि मैंने अपनी तस्नीफ़ के ज़रिए से लोगों के शहवानी जज़्बात उभारे हैं। इस इल्ज़ाम के खिलाफ़ मेरे दिल से एहतिजाज के सिवा और क्या चीज़ निकल सकती है हैरत है कि 'ठण्डा गोश्त' पढ़कर क़ारी का ज़ेहन ख़ौफ़ो-नफ़रत में मलफ़ूफ़[12] होने की बजाए शहवत से मुलव्वस[13] हो सकता है।

और भी हैरत है कि ईशर सिंह को जो हौलनांक सज़ा मिली, वो पढ़नेवाले के दिल और दिमाग़ में शहवानी जज़्बात बेदार कर सकती है!

सोलह जनवरी आन पहुँची।

शेख़ सलीम बहुत परेशान था। इस परेशानी के वायस उसने ज़्यादा पीना शुरू कर दी। नसीर अनवर हस्बे मामूल बेपरवाह था। अज़ीज़ी आरिफ़ अब्दुल मतीन का हलक़ पहले से ज़्यादा ख़ुश्क हो गया था।

सोलह जनवरी की सुबह ही पाँच रुपये जेब में डालकर मैं जिला कचहरी रवाना हुआ। शेख़ सलीम पहले ही से वहाँ मौजूद था। वह सुबह से पी रहा था। बोतल पतलून की जेब में थी। ख़ुद बहुत मुज़्तरिब[14] था लेकिन बार-बार तसल्ली देता था : ''भाई जान, फ़िक्र की कोई बात नहीं, सब ठीक हो जाएगा।'' मैं यह सुनकर मुस्कुरा देता।

इतने में नसीर अनवर और आरिफ़ अब्दुल मतीन भी आ गए। आरिफ़ ने मुझसे बड़े तश्वीश[15] भरे लहज़े में पूछा : ''मंटो साहिब, आपका क्या ख़याल है, क्या होगा?''

मैंने जवाब दिया : ''वही जो मंजूरे-ख़ुदा होगा...''

मजिस्ट्रेट साहिब आ चुके थे मगर फ़ैसला सुनाने के आसार दिखाई नहीं देते थे। ग्यारह बज गए, बारह बज गए, पानी पी-पीकर हमारे पेट अफर गए मगर आवाज़ न पड़ी। इतने में मेरे एक मुख़बिर ने मुझे बताया कि फ़ैसला तैयार है मगर मियाँ ए.एम. सईद इसमें शायद कुछ तरमीम[16] करना चाहते हैं।

थोड़ी देर बाद पता चला कि मियाँ साहिब ग़ायब हैं यानी अपने कमरे में मौजूद नहीं हैं और यह कि उन्होंने सुबह से किसी मुक़दमे को हाथ तक नहीं लगाया है। एक साहिब ने यह कहा कि वह बहुत परेशान हैं।

ग़रज़ जितने मुँह, उतनी बातें।

थोड़ी देर के बाद मुख़बिर पक्की ख़बर लाया। एक तरफ़ ले जाकर उसने

मुझसे सरगेशी में कहा : 'मैं फ़ैसला देख आया हूँ...जल्दी-जल्दी में देखा है कि और सिर्फ़ चन्द आख़िरी सुतूरें। आपको यक़ीनन सज़ा होगी और जुर्माना भी...आपके नाम के आगे यह लिखा है : ...and sentences him to undergo...इसके आगे जगह ख़ाली है। दूसरे मुल्ज़िमों को सिर्फ़ जुर्माना होगा। मैं जाता हूँ और ज़ामिन का बन्दोबस्त करता हूँ..."

मैं सोचने लगा, सज़ा कितनी होगी? एक माह की, दो माह की या चन्द दिनों की? मैंने किसी से बात तक नहीं की। अलबत्ता शेख़ ख़ुर्शीद साहिब को सब कुछ बता दिया।

आपने फ़ौरन ज़मानत के काग़ज़ात तैयार कर लिए और मुझसे कहा : "घबराइए नहीं मंटो साहिब, सज़ा ज़्यादा-से-ज़्यादा दस-बारह यौम[17] की होगी।" लेकिन फिर कुछ सोचकर तश्वीशनाक लहजे में कहा : "कहीं ऐसा न हो, वह ज़मानत लेने से इनकार कर दे..."

यह सुनकर मुझे बहुत तश्वीश हुई क्योंकि मजिस्ट्रेट साहिब का रवैया शुरू ही से मुख़ासिमाना[18] रहा था।

लेकिन कुछ किया भी तो नहीं जा सकता था। ख़ामोश दिल-ही-दिल में पेचो-ताब खाता रहा। आख़िर मुझसे न रहा गया और मैंने शेख़ सलीम को सारी बात बता दी। मेरे जी का बोझ तो किसी क़दर हल्का हो गया मगर शेख़ बेचारा और ज़्यादा मुज़्तरिब हो गया, लेकिन उसने तसल्ली देने की ख़ातिर मुझसे कहा : "कुछ फ़िक्र न करो भाईजान, मैं टैक्सी लेकर वहाँ जेल में पहुँचूँगा...रुपया सब कुछ कर सकता है। आपको कोई तकलीफ़ नहीं होगी। मैं ऐसे मामले नबेड़ना जानता हूँ। मेरा ख़याल है, आप इस वक़्त एक बड़ा पैग लगा लीजिए..."

मैंने कहा : "नहीं शेख़ साहिब, शाम को।"

शेख साहिब ने कहा : "तो आप मुतमइन रहें। मैं आपको वहाँ पहुँचा दूँगा..."

यह सुनकर मुझे बेइख़्तियार हँसी आ गई।

एक बज चुका था। शेख़ सलीम, नसीर अनवर और मैंने गवर्नमेण्ट कॉलेज के हॉस्टल के सामने घास के मैदान पर बैठकर आलू-छोले खाए और इस ख़याल से कि कहीं आवाज न पड़ जाए, जल्दी लौट आए और फ़ैसले का इन्तज़ार करने लगे।

नसीर अनवर और आरिफ़ अब्दुल मतीन से मैंने इशारतन कई बार कह दिया था कि वो जुर्माने का बन्दोबस्त कर लें ताकि ऐन वक़्त पर परेशानी का सामना न करना पड़े। शेख़ सलीम पी-पीकर स्कीमें सोच रहा था कि वह जेल में मुझ तक कैसे पहुँचेगा और मेरी आसाइश[19] का बन्दोबस्त किन ज़राए से करेगा।

अज़ीज़ी मुश्ताक़ अहमद अपने एक दौलतमन्द दोस्त शरीफ़ साहिब को मेरी ज़मानत देने के लिए पकड़ लाए थे। ग़रीब भी हमारी तरह खड़े बोर हो रहे थे। शेख़ सलीम को गुस्सा था कि जब वह मौजूद है तो कोई और ज़मानत देने के लिए क्यों लाया गया है। मैंने उनसे कहा : ''शेख़ साहिब, अगर आपको ज़मानत देने ही का शौक़ है तो दो मुल्ज़िम और मौजूद हैं।''

शेख़ साहिब उस वक़्त अच्छे मूड में थे वो मेरी यह बात सुनकर मुस्कुरा दिए और एक पैग और चढ़ाकर स्कीमें सोचने में महू हो गए। उनको इस बात की बहुत फ़िक्र थी कि मंटो की शाम ख़राब हो जाएगी।

पाँच बज गए। तश्वीश और तरद्दुद बढ़ता गया। नसीर बिलकुल बेपरवाह था जैसे कुछ होने वाला नहीं। उसकी यह बेपरवाई क़ाबिले रश्क थी। आरिफ़ अब्दुल मतीन का हलक़ अब इतना ख़ुश्क हो चुका था कि उसने बोलना बन्द कर दिया था। साढ़े पाँच हुए तो हमें बुलाया गया। फ़ौरन शेख़ साहिब को इत्तिला दी गई। वो भागे-भागे आए और हम सब हाज़िरे अदालत हुए।

मियाँ ए.एम. सईद दाँतों तले क़लम दबाए, सामने मेज़ पर फ़ैसले के काग़ज़ रखे सोच में ग़र्क़ बैठे थे। शेख़ ख़ुर्शीद के चेहरे से साफ़ ज़ाहिर था कि वो बेहद मुज़्तरिब हैं। मेरा दिल-ज़ोर-ज़ोर से धड़क रहा था। शेख़ सलीम का रंग ज़र्द था आरिफ़ अब्दुल मतीन बार-बार होंठों पर ख़ुश्क ज़बान फेर रहा था। नसीर अनवर उसी तरह बेपरवा था।

प्रेस रिपोर्टर मौजूद थे। काग़ज़-पेंसिल हाथ में लिए वो बड़ी बेचैनी से फ़ैसले का इन्तज़ार कर रहे थे। चन्द लम्हात मुकम्मल सुकूत तारी रहा, इसके बाद मियाँ ए.एम. सईद साहिब खँकारे, दाँतों की गिरफ़्त से क़लम आज़ाद किया, निब को रोशनाई दिखाई, फ़ैसले के काग़ज़ उलट-पलट किए और बहुत सोच-सोचकर एक काग़ज़ पर ख़ाली जगहें पुर कीं। इसके बाद मेरे बारे में अपना फ़ैसला सादिर फ़रमाया : तीन महीने क़ैदे बा मशक़्क़त और तीन सौ रुपये जुर्माना। अदम-अदायगी-ए-जुर्माना की सूरत में इक्कीस यौम मज़ीद क़ैदे-बा-मशक़्क़त।

शेख़ सलीम का रंग और ज़्यादा ज़र्द हो गया। उसने निगाहों-ही-निगाहों में मुझे तसल्ली दी गोया यह कह रहा हो : कुछ फ़िक्र न करो, मैं वहाँ जेल में ज़रूर पहुँचूँगा...

मैं यह सोचने लगा था कि मजिस्ट्रेट ज़मानत क़ुबूल करेगा या नहीं। थोड़े वक़्फ़े के बाद मियाँ ए.एम. सईद ने दूसरी ख़ाली जगहें पुर कीं और बक़ाया दो मुल्ज़िमीन के बारे में फ़ैसला सुनाया—तीन-तीन सौ रु. जुर्माना। अदम अदायगी-ए-जुर्माना की सूरत में इक्कीस यौम मज़ीद यौम क़ैदे बा मशक़्क़त।

मैंने जुर्माना दाखिल कर दिया। शेख़ खुर्शीद साहिब ने मेरी जमानत के काग़ज़ पेश किए तो मियाँ ए.एम. सईद ने कहा : "मैं अगर ज़मानत मंजूर करता हूँ तो सज़ा का मतलब ही फ़ौत[50] हो जाता है..."

शेख़ .खुर्शीद साहिब ने यह इस्तिदलाल[51] पेश किया : "आपका इर्शाद दुरुस्त। मुल्ज़िम ने जुर्माना अदा कर दिया है जो अपील मंजूर होने की सूरत में यक़ीनन वापस मिल जाएगा। लेकिन वो दो-तीन दिन जो ज़मानत होने से पहले मेरा मुवक्किल जेल में काटेगा, अपील मंजूर होने पर क्या उसे वापस मिल जाएँगे?"

इस्तिदलाल बहुत माक़ूल था मगर फिर भी मियाँ ए.एम. सईद कुछ देर अड़े रहे। आख़िर में उन्होंने करमफ़र्माई[52] की और मेरी ज़मानत कुबूल कर ली।

आरिफ़ अब्दुल मतीन के वालिद साहिब ने उनका जुर्माना अदा कर दिया। अब रह गए नसीर अनवर। उनसे पूछा गया तो उन्होंने बड़ी बेपरवाई से कहा : "मेरे पास तो फ़िलहाल कुछ भी नहीं है..."

मजिस्ट्रेट साहिब ने हुक्म दिया कि हथकड़ी लगाओ और जेल में भेज दो।

नसीर अनवर उसी तरह ख़ामोश खड़ा रहा।

मेरे पास दो सौ रुपये मौजूद थे। चौ.नज़ीर, मालिक 'नया इदारा' से मैंने कहा कि वे एक सौ रुपये का बन्दोबस्त कर दें मगर उनसे बन्दोबस्त न हो सका। सिपाही हथकड़ी लिए नसीर की पीठ पीछे ख़ड़ा था। उनकी झनकार अदालत के कमरे में गूँज रही थी बाहर पुलिस वैन थी, यानी सारे लवाज़िमात मौजूद थे।

आख़िर ख़ुर्शीद साहिब ही काम आए। आपने मियाँ ए.एम. सईद साहिब से ब मुनासिब और मौज़ूँ अल्फ़ाज़ में दरख़्वास्त की कि वो नसीर अनवर की ज़मानत ले लें। जुर्माने का रुपया वो कल सुबह दाख़िल कर देंगे। मजिस्ट्रेट साहिब ने यह दरख़्वास्त कुबूल कर ली। अब ज़ामिन का सवाल था। शेख़ ख़ुर्शीद साहिब ने पूछा, "इनकी ज़मानत कौन देगा?"

कोई आगे न बढ़ा। अचानक शेख सलीम ने, जो अब तक नशे में धुत हो चुके थे, शेख़ .ख़ुर्शीद साहिब से मख़मूर[53] लहजे में कहा : "नसीर साहिब की ज़मानत मैं देता हूँ..."

मेरा दिल धड़कने लगा। अगर अदालत को मालूम हो गया कि शेख़ साहिब पिए हुए हैं तो उनकी ज़मानत कौन देगा?

मुझे यक़ीन था कि वो ज़रूर धर लिए जाएँगे और सारा मामला चौपट्ट हो जाएगा...मैं इसी ख़ौफ़ के मारे कमरे से बाहर चला गया।

मैं बार-बार अन्दर झाँककर देखता कि शेख़ सलीम गिरफ़्तार हुए हैं या कि नहीं, लेकिन ख़ैरियत गुज़री, नसीर अनवर की ज़मानत हो गई...शेख़ साहिब झूमते

हुए बाहर निकले और मुझे गले लगाकर रोने लगे : "अल्लाह मियाँ ने मेरे भाई को बचा लिया।" यह कहकर आपने जेब से बोतल निकालकर एक घूँट भरा जो कि आख़िरी था : "चलो भाई चलें, कहीं दूकान बन्द न हो जाए..."

नसीर अनवर बहुत ममनूनो मुतशिक्कर[54] था। बार-बार शेख़ सलीम का शुक्रिया अदा करता था। शेख़ साहिब ने उससे कहा : "शुक्रिया अदा करने की कोई जरूरत नहीं। मैंने अपना फ़र्ज़ अदा किया है। आप मेरे दोस्त के दोस्त हैं..."

अब सेशन में अपील करने की तैयारियाँ हुईं। मियाँ ए.एम. सईद के फ़ैसले की नक़्ल हासिल करने के लिए दरख़्वास्त दी गई। जब नक़्ल न मिली तो दरख़्वास्त के साथ नौ 'पहिए' लगाए गए, नक़्ल फ़ौरन मिल गई।

मियाँ साहिब का फ़ैसला अंग्रेज़ी में था। ज़ैल में उसका उर्दू तर्जुमा दर्ज है।

---

1. प्रकाशित 2. बहुत-से लोग; 3. कामुकता; 4. भोग-विलास के रसिया; 5. शाश्वत हर्ष; 6. प्रतिभा 7. बेपर्दा; 8. नियम, सिद्धान्त; 9. चरितार्थ; 10. निकालना; 11. सन्तुष्टि; 12. तन्दुरूस्त; 13. युवती; 14. स्पष्ट; 15. संवाद, कथोपकथन; 16. कविता संग्रह, 17. अवैध सन्तान; 18. पुस्तक का मूल लेख, 19. एक गाली; 20. ज्यों-की-त्यों 21. रेशमी कपड़ा; 22. मुँह चुराना, 23. मददगार; 24. दिल, 25. बुरा, गन्दा; 26. बेकार, 27. व्यभिचार; 28. गहन अध्ययन; 29. गम्भीर; 30. माध्यम; 31. गम्भीर; 32. आकर्षित; 33. उत्तेजक; 34. लेखन-सम्पादन; 35. बाजारू; 36.झलक; 37. भड़कना; 38. चिकित्सक; 39. आश्चर्य; 40. प्रकृत्ति 41. ऐब, त्रुटि 42. लिपटा हुआ, भरा हुआ; 43. मिलना, जुड़ना; 44. बेचैन; 45. अफसोस, चिन्तित; 46. परिर्वतन 47. दिन; 48. पक्षपातपूर्ण, विद्वेषपूर्ण; 49. ऐशो-आराम; 50. समाप्त; 51. तर्क; 52. दया, 53. नशीले; 54. एहसानमन्द।

फ़ैसला-1

एक उर्दू रिसाला बनाम 'जावेद' के एडिटर आरिफ़ अब्दुल मतीन, और उसके पब्लिशर नसीर का मय एक मुसन्निफ़[1] सआदत हसन मंटो को मेरे पास मुक़द्दमा ज़ेरे दफ़ा 292 पी.पी.एस. के लिए भेजा गया है। मौख़िरुल्-ज़िक्र[2] मुल्ज़िम के ख़िलाफ यह इल्ज़ाम है कि वह एक फ़ुहश कहानी, जिसका उनवान 'ठण्डा गोश्त' है, का मुसन्निफ़ है और जो मज़्कूराबाला[3] रिसाला के एक ख़ास नम्बर में शाया हुई हैं। दूसरे दो मुल्ज़िमों के ख़िलाफ़ यह इल्ज़ाम है कि उन्होंने इस कहानी को मुंदर्जाबाला[4] अन्दाज़ में शाया करने का जुर्म किया है।

रिसाला 'जावेद' का ख़ास नम्बर मार्च 1949 ई. में शाया हुआ था। यह सैयद ज़िया-उद्दीन मुतर्जिम[5] प्रेस ब्रांच, हुकूमते-पंजाब के इल्म में आया जो इस मुक़द्दमा में गवाहे-इस्तिग़ासा 3 की हैसियत से पेश हुआ है। उसका यह फ़र्ज़ है कि वह किसी भी तबाशुदा चीज़ में कोई फ़ुहश मवाद महसूस करे तो उसके बारे में हुकूमते-पंजाब को मुत्तला करे। उसके ख़याल में मज़्कूराबाला एडिशन में शायाशुदा कहानी बउनवान 'ठण्डा गोश्त' फ़ुहश थी, चुनांचे उसने हुकूमते पंजाब की तवज्जोह इस तरफ़ मब्जूल[6] करवाई और इस सिलसिले में क़ानूनी कार्रवाई के लिए कहा।

इस कहानी की तस्नीफ़ और ख़ास नम्बर में इसकी इशाअत से इनकार नहीं किया गया है, और न पहले दो मुल्ज़िम रिसाले के मुदीर[7] और नाशिर[8] होने से मुन्किर[9] हैं। लिहाज़ा अब सवाल सिर्फ़ यह रह जाता है कि कहानी बउनवान 'ठण्डा गोश्त' फ़ुहश है या नहीं।

इस्तिग़ासे ने मज़्कूरा रिसाले के ख़ास नम्बर को पेश किया है जो रिकार्ड में EX.P.F की हैसियत से दर्ज किया गया है। कहानी जो इस क़ानूनी चाराजोई[10] का मौज़ूद हैं, इस शुमारे के सफ़हा 88 से 93 तक छपी है। मैंने निहायत ग़ौर से इस कहानी को पढ़ा है जो मौज़ू की तश्कील करती है और देखा है कि इस (कहानी) में गन्दा तर्ज़े-बयान और नाशाइस्ता गालियाँ इस्तेमाल की गई हैं। मैंने यह भी

महसूस किया है कि इस कहानी में कई शहवतपरस्ताना[11] मक़ामात पेश किए गए हैं और जिंसी इशारात का अक्सर ज़िक्र किया गया है।

यह तय करने के लिए कि आया कोई तस्नीफ़, मसलन ज़ेरे-बहस कहानी, फ़ुहश है या नहीं, ज़रूरी है कि एक मेयार मुक़र्रर किया जाए जिससे फ़हाशी की तमीज़ की जा सके।

3 क्यू.बी. (1868ई.) में हिकलिन रिपोर्ट में इसी मौज़ू के एक मशहूर मुक़दमे लॉर्ड कोकर्बन जी.जे ने सफ़हा 360ता सफ़हा371 पर फ़हाशी का यह मेयार मुक़र्रर किया था : इस क़िस्म का इल्ज़ामज़दा मवाद जो उन लोगों को बदअख़लाक़ी और बदचलनी की तरग़ीब दे जिनके अज़हान[12] इस क़िस्म के मखर्रिबुल-अख़लाक़ असरात क़ुबूल कर सकते हों और जिनके हाथों में इस क़िस्म का मवाद[13] पहुँच सकता हो मालूम होता है कि हिन्दुस्तान की तमाम अदालत-हाए-आलिमा हमेशा इस मेयार की तक़लीद[14] करती रही हैं। इस मेयार से यह ज़ाहिर है कि क़ानून में मुस्तामला[15] उर्यानी इस माहौल से मुताल्लिक़ के लिए ज़रर रसां[16] ख़याल की जाए। जहाँ तक एक फ्रांसीसी का तअल्लुक़ है, वो बातें बिलकुल बेज़रर[17] समझी जा सकती है। हर सोसाइटी के अपने अख़लाकी मेयार होते हैं और वो चीज़ें जो एक सोसायटी का अख़लाक़ी क़िवाम ख़याल की जाती हैं, बाज़औक़ात दूसरी सोसायटी के मेयार के मुताबिक़ ग़ैर अख़लाक़ी हो सकती हैं। इसी तरह इज़हार के बाज़ असालीब[18] काअसर मुख़्तलिफ सोसायटियों के अफ़्राद पर मुख़्तलिफ़ होता है, ख़्वाह यह इज़हार मुख़ालिफ मेयारा[19] के नज़दीक ग़ैरअख़लाक़ी ही क्यों न हो, इसलिए ज़ेरे-बहस कहानी के फ़ुहश या ग़ैरफ़ुहश होने का फ़ैसला पाकिस्तान के मुरव्विजा अख़लाकी मेयारों के पसमंज़र पर करना होगा और उस असर के मुताबिक़ जो इस क़िस्म की तहरीर इस सोसायटी में रहनेवाले लोगों के अज़हान पर डालेगी।

लॉर्ड कोकबर्न का क़ायम कर्दा मेयार एक मुकम्मल और जामे तारीफ़ नहीं है। यह जैसा कि इसका मफ़हूम ज़ाहिर करता है, सिर्फ़ एक मेयार है। इसके इलावा कुछ और भी मेयार हो सकते है। उनमें से एक वह रुजहान है (यह इल्ज़ामज़दा मवाद में मौजूद है) जो क़ारिईन के अख़लाक़ी एहसासात को ठेस पहुँचाता है। ये मेयार भी क़ारिईन के अख़लाक़ पर मुन्हसिर है।

इस्तिग़ासा ने इब्तिदा में सिर्फ़ पाँच गवाह पेश किए और केस बन्द कर दिया।

गवाह इस्तिग़ासा नम्बर एक मि. मुहम्मद याक़ूब, मैनेजर कपूर प्रिंटिंग प्रेस, गवाह नम्बर दो शेख़ मुहम्मद तुफ़ैल, गवाह नम्बर चार मिर्ज़ा मुहम्मद असलम और गवाह इस्तिग़ासा नम्बर पाँच ख़ुदाबख़्श ने इस उमूर के मुतअल्लिक़ शहादत दी जिनका फ़हाशी से कोई तअल्लुक़ नहीं। गवाह इस्तिग़ासा नम्बर तीन सैयद

ज़िया-उद्दीन ने दूसरे उमूर पर बयान करने के इलावा अपनी राय ज़ाहिर की कि ज़ेरे-बहस कहानी फ़ुहश है, ताहम रिकार्ड में कोई इस क़िस्म का मवाद नहीं जिनसे ज़ाहिर हो कि यह गवाह माहिरे अदब समझा जा सकता है। मेरे ख़्याल में क़ानूने शहादत की दफ़ा नम्बर45 की रू से उसकी शहादत क़ाबिले क़ुबूल नहीं है। इसलिए जहाँ तक फ़हाशी के मसले का तअल्लुक़ है, इस्तिग़ासे का केस जैसा कि इब्तिदाअन[20] पेश किया गया है, ख़ुद अदालत की राय और इल्ज़ामज़दा मवाद के मुताले के बाद उसकी माहियत पर मुन्हसिर हो गया।

मुल्ज़िमीन ने सफ़ाई में सात अदबी उमूर के माहिरीन की हैसियत से पेश किए। इन गवाहों की शहादत से यह साबित करना मक़सूद था कि ज़ेरे बहस तहरीर फ़ुहश नहीं है। सफ़ाई के इख़्तिताम पर इस्तिग़ासे ने दरख़्वास्त की कि मसले की अहमियत के पेशे नज़र कुछ और माहिरीन बतौर अदालती गवाह बुलाए जाएँ और मैंने इंसाफ की ख़ातिर चार और माहिरों को बतौर अदालती गवाह बुलवाया।

बेशतर माहिरीन ने ख़्वाह वो सफ़ाई की तरफ़ से पेश हुए या अदालत की तरफ़ से, किसी-न-किसी फ़रीक़ के हक़ में राय दी कि ज़ेरे-बहस कहानी फ़ुहश है या नहीं? जैसा कि पहले कहा जा चुका है, ताज़ीरात में फ़हाशी की जो इस्तिलाह[21] इस्तेमाल हुई है, उसकी टेक्नीकिल अहमियत है जिसका[22] तय्युन अदालत को करना है। माहिरीन की शहादत उसी हद तक ज़रूरी है जहाँ तक यह अदब के मुरव्विजा मेयारों, इज़हार की शुस्तगी, सूक़ियानापन, अख़लाक़ी या गैर अख़लाकी हैसियत और उस रुजहान के मुताल्लिक़ जो कोई तहरीर क़ारिईन के अज़हान पर असरअन्दाज़ हो, रौशनी डालती है। इन उमूर से यह तअय्युन करना अदालत का काम है कि कोई चीज़ 'फ़हाशी' की शराइत को पूरा करती है या नहीं।

सफ़ाई के गवाह नम्बर एक मि. आबिद अली आबिद, नम्बर दो मि. अहमद सईद, नम्बर तीन डॉ. ख़लीफ़ा अब्दुल हकीम, नम्बर चार डॉ. सईद उल्लाह, नम्बर पाँच फ़ैज़ अहमद फ़ैज़, नम्बर छह सूफ़ी गुलाम मुस्तफ़ा तबस्सुम और नम्बर सात डॉ. आई. लतीफ़—सब साहिबे इल्म हैं। उनके ख़याल के मुताबिक़, क्योंकि आर्ट ज़िन्दगी का आईनादार है, इसलिए फ़नकार की कोई ऐसी चीज़ जो ज़िन्दगी की सच्ची तसवीर हो, हक़ीक़तपसन्दाना है, इसलिए फ़नकार कोई ऐसी चीज़ जो जिन्दगी की सच्ची तसवीर हो, हक़ीक़तपसन्दाना तौर पर पेश करने से अपने हक़ूक़ से तजावुज[23] नहीं करता। इसलिए वो यह जवाज़ पेश करते हैं कि ज़िन्दगी का हक़ीक़तपसन्दाना इज़हार फ़ुहश नहीं हो सकता। वो ज़ेरे-बहस कहानी की ग़ैरशाइस्ता ज़बान और उसके सूक़ियाना मुहावरों को भी क़ाबिले गिरफ़्त नहीं समझते, क्योंकि ये (मुहावरे) इस क़िस्म की गुफ़्तुगू की नुमाइंदिगी करते हैं जो पेशकर्दा किरदार की

नौअ के लोग बोलते हैं। इनमें से बाज़ (गवाहों) ने यह कहा है कि कहानी में क़ारिईन के अख़लाक़ को बिगाड़ने का कोई मैलान नहीं पाया जाता। बाज़ ने इस नुक़्ते पर ख़ामोशी इख़्तियार की है।

अदालती गवाह नम्बर एक मौलाना ताजवर, नम्बर दो आगा शोरिश काश्मीरी, नम्बर तीन मौलाना अबू सईद बज़्मी और नम्बर चार डॉ. तासीर भी इसी पाये के इल्मी आदमी हैं। इन गवाहों की शहादत से यह बात नुमायाँ होती हैं कि ज़ेरे-बहस कहानी बुरा अदब है और ग़ैरशाइस्तगी से पेश की गई है।

सफ़ाई के गवाह नम्बर सात डॉ. आई. लतीफ़ ने राय ज़ाहिर की कि अगर ज़ेरे-बहस कहानी किसी मेडीकल जरीद[24] में शाया होती तो यह एक सबक़ आमोज़[25] केस हिस्ट्री होती लेकिन एक मक़बूले आम रिसाले में, जिसे हर शख़्स पढ़ सकता है, यह नामौज़ूँ मालूम होती है।

सफ़ाई के गवाह नम्बर पाँच कर्नल फ़ैज़ का ख़याल है कि अगरचे वह इसे फ़ुहश नहीं कह सकते, ताहम[26] यह कहानी अदब का कोई अच्छा नमूना नहीं है। इसमें बाज़ ग़ैरशाइस्ता मुहावरे इस्तेमाल किए गए हैं जिनसे इज्तिनाब[27] किया जा सकता था।

अदालती गवाह नम्बर एक मौलाना ताजवर ने इसकी सख़्त और ग़ैरमुबहम[28] अल्फ़ाज़ में मज़म्मत[29] की और कहा कि उन्होंने अपने चालीस साला अदबी तजुर्बे में इससे ज़्यादा कोई चीज़ ग़ैरशाइस्ता नहीं देखी।

अदालती गवाह नम्बर चार डॉ. तासीर की राय है कि इसमें उन लोगों का अख़लाक़ बिगाड़ने का रुज्हान मौजूद है जो शहवानी हिस (यौन इच्छा) की तरफ़ माइल होते हैं।

पाकिस्तान के मुरव्विजा[30] अख़लाक़ी मेयार कुरआने-पाक की तालीम के हवाले से बहुत सही तौर पर मालूम हो सकते हैं। कहा जाता है कि ग़ैरशाइस्तगी और शहवानियत की लगाम शैतान के हाथ में होती है। ग़ैरशाइस्तगी, शहवानियत, नफ़्सपरस्ती[31] और सूक़ियानापन ज़िन्दगी में मौजूद है। अगर अदबी मज़ाक़ के इस मेयार को तस्लीम कर लिया जाए जिसे सफ़ाई के गवाहों ने बयान किया है तो ज़िन्दगी के पहलुओं का हक़ीक़त निगाराना इज़हार अच्छा अदब हो सकता है, लेकिन फिर भी यह हमारे मुआशरे के अख़लाक़ी मेयार की ख़िलाफ़वर्ज़ी करेगा।

मुल्ज़िम सआदत हसन मंटो की लिखी हुई कहानी एक सूक़ियाना आदमी के किरदार को पेश करती है जो अपनी माशूक़ा से, जिसे बहुत शहवतपरस्त दिखाया गया हैं, वहशियाना और सूक़ियाना अन्दाज़ से जिंसी फ़ेल का तालिब होता है जिंसी तज़्मीन[32]के साथ ग़ैरशाइस्तता गालियों का इस्तेमाल आम किया गया है। जिंसी नौअ

के तज़्मीन[33] के सिलसिले में निस्वानी जिस्म की बाज़ पोशीदा आज़ा[34] का ज़िक्र निहायत बदतहज़ीबी से किया गया है। सारी कहानी एक नाशाइस्ता जिंसी मामले पर मर्कूज़[35] है। दरहक़ीक़त जिंसी बदतहज़ीबी ही इस कहानी का बुनियादी तसव्वुर है।

अदबी और नफ़्सियाती माहिर कहानी का एक ख़ास अन्दाज़ से रद्दे अमल कुबूल कर सकते हैं, ताहम मेरी राय में एक अल्हड़ नाबालिग पर इस क़िस्म की कहानी का रद्दे अमल, इज़हार, बोलचाल और ख़यालात में ग़ैरशाइस्तगी की हौसलाअफ़ज़ाई की सूरत में होगा।

सआदत हसन मंटो जैसे बज़ोमे ख़ुद[36] मशहूर मुसन्निफ़ की मिसाल पेशे-नज़र रखते हुए वो नौजवान जो इस कहानी को पढ़ेंगे, इसी तरह से ग़ैरशाइस्तगी को तक़वियत[37] देंगे।

कहानी बउनवान 'ठण्डा गोश्त' को ग़ौर से पढ़ने के बाद मुझे इत्मीनान हो गया है कि इसमें क़ारिईन[38] का अख़लाक़ बिगाड़ने का मैलान मौजूद है और यह हमारे मुल्क के मुरव्विजा अख़लाक़ी मेयारों की ख़िलाफ़वर्ज़ी करती है। इसलिए मैं मुल्ज़िम सआदत हसन मंटो को एक फ़ुहश तहरीर पेश करने का ज़िम्मेदार ठहराता हूँ और उसे ज़ेरे-दफ़ा 292, पी.पी.सी. तीन माह क़ैदे-बा-मशक़्क़त और तीन सौ रुपये जुर्माने की सज़ा देता हूँ। अदम अदायगी-ए-जुर्माना की सूरत में उसको मज़ीद इक्कीस यौम की सज़ा भुगतनी पड़ेगी।

मुल्ज़िमीन आरिफ़ अब्दुल मतीन और नसीर अनवर जो वाज़ेह तौर पर जरीदे के मुदीर और नाशिर हैं जिसमें मज़्कूरा कहानी शाया हुई है, एक फ़ुहश तस्नीफ़ की इशाअते आम के मुजरिम हैं और वो भी इसी दफ़ा के तहत आते हैं। ताहम उनके मामले में उनकी कमउम्री के पेशे नज़र और फिर यह कि कहानी का मुसन्निफ़ एक ऐसा शख़्स था जो ख़ासी अदबी शुहरत का मालिक है, उन्होंने इस एतिमाद की वजह से कहानी क़ुबूल कर ली होगी कि यह क़ाबिले कुबूल अदबपारा हैं, मैं उन हर मुल्ज़िमों के लिए तीन-तीन सौ रुपये जुर्माने की नर्म सज़ा तज्वीज़ करता हूँ। चूँकि यह इंसाफ़ के तक़ाज़ों को पूरा करेगी, इसलिए मैं इसके मुताबिक़ हुक्म देता हूँ। अदम-अदायगी-ए-जुर्माना की सूरत में मुल्ज़िमीन आरिफ़ अब्दुल मतीन और नसीर अनवर को इक्कीस यौम क़ैदे-बा-मशक़्क़त भुगतनी पड़ेगी।

दस्तख

–ए.एम. सईद

मजिस्ट्रेट दर्जा अव्वल

लाहौर

28 जनवरी, 1950 ई. को सेशन में अपील दायर कर दी गई। तारीख़ मिलने पर हम महरुल हक़ साहिब, सेशन जज, लाहौर की अदालत में पेश हुए। आपने इस बिना पर कि वह मुझे और मेरे ख़ानदान को बहुत अच्छी तरह जानते हैं और हमशहर (अमृतसर) के हैं, मुक़द्दमा मि. जोशुआ, एडीशनल सेशन जज की अदलत में मुंतक़िल कर दिया।

दूसरी पेशी पर हम हाज़िर हुए तो मालूम हुआ कि मि. जोशुआ ने केस वापिस महरुल हक़ साहिब को भेज दिया है, यह उज़्र ज़ाहिर करके कि वह उर्दू ज़बान अच्छी तरह नहीं जानते।

महरुल हक़ साहिब ने सोच-विचार के बाद मुक़द्दमा इनायत-उल्लाह ख़ाँ साहिब, एडीशनल सेशन जज की अदालत के सिपुर्द कर दिया। हम हाज़िर हुए तो इनायत-उल्लाह साहिब ने हमारे वकील से फ़रमाया : "यह केस चूँकि मेरे लिए अपनी नौइयत[39] का पहला केस है, इसलिए मैं अच्छी तरह स्टडी करना चाहता हूँ और इसके लिए वक़्त दरकार है...मैं आपको एक महीने बाद की तारीख़ देता हूँ।"

शेख़ ख़ुर्शीद अहमद ने कहा, "ठीक है।" चुनांचे दलाइल[40] के लिए 10 जुलाई की तारीख़ मुक़र्रर हो गई।

शेख़ ख़ुर्शीद अहमद साहिब ने अदालत से बाहर आकर मुझसे कहा : "अच्छा है, इस दौरान में मैं भी ख़ूब तैयारी कर लूँगा।" लेकिन उन्होंने अन्देशा ज़ाहिर किया कि हमारा केस ग़लत आदमी के पास गया है जो बड़ा तंग ख़याल है, दाढ़ी रखता है, नमाज़-रोज़े का पाबन्द है।

मैंने कहा : "हटाइए, यहाँ नहीं तो हाई कोर्ट में देखा जाएगा..."

शेख़ ख़ुर्शीद साहिब ने इस दौरान में अपनी रहबरी[41] के लिए मुझसे कहा कि मैं अपने अफ़साने 'ठण्डा गोश्त' पर एक मुख़्तसर-सा तब्सिरा लिख दूँ, चुनांचे मैंने दर्ज ज़ैल सुतूर लिखकर उनके हवाले कर दीं।

---

1. पुरुषों के नाम के पहले लगाया जाने वाला शब्द, जो प्राय : सरकारी और अदालती काग़ज़ो में लगाया जाता है; 2. अन्त में वर्णित; 3. उपरोक्त; 4. उपरिलिखित; 5. अनुवादक; 6. आकर्षित; 7. सम्पादक; 8. प्रकाशक; 9. इनकार करनेवाला, 10. मुकद्दमा; 11. कामुकतापूर्ण; 12. मानसिकता; 13. विषय-वस्तु, छपा हुआ अंश; 14. पैरवी, अनुकरण; 15. वर्णित; 16. नुक़सानदेह, हानिकारक; 17. हानिरहित; 18. थैलियाँ; 19. स्तर; 20. आरंभ में 21. परिभाषा; 22. निश्चित; 23. उल्लंघन; 24. जर्नल (शवनतदंस); 25. अनुकरणीय, शिक्षापूर्ण; 26. फिर भी; 27. बचा जाना, परहेज़; 28. स्पष्ट; 29. निन्दा; 30. प्रचलित; 31. विषयलोलुप, कामुक; 32. उल्लेख; 33. कार्यो; 34. गुप्तांग; 35. केंद्रित; 36. अपने गलत विचार में; 37. बढ़ावा; 38. पाठकों; 39. किस्म, प्रकार; 40. सुबूत पेश करना या तर्क देना।

तब्सिरा

यूँ तो कहानी बज़ाहिर जिंसी नफ़्सियात के एक नुक़्ते के गिर्द घूमती है लेकिन दरहक़ीक़त इसमें इंसान के नाम एक निहायत ही लतीफ़ पैग़ाम दिया गया है कि वह ज़ुल्मो तशद्दुद और बरबरीयतो-हैवानियत[1] की आख़िरी हुदूद[2] तक पहुँचकर भी अपनी इंसानियत नहीं खोता। अगर ईशर सिंह अपनी इंसानियत खो चुका होता तो मुर्दा औरत का एहसास उस पर इतनी शिद्दत से कभी असर न करता कि वह अपनी मर्दानगी ही से आरी हो जाता।

इतने शदीद क़िस्म के असर को नफ़्सियाती नुक़्ता-ए-निगाह से मुनासिब व मौज़ूँ और क़रीब-अज़-हक़ीक़त दिखाने के लिए ज़रूरी था कि ईशर सिंह का जिंसी लिहाज़ से आम मर्दों के मुक़ाबले में ज़्यादा क़वी[3] बताया जाता, चुनांचे मुसिन्नफ़ ने कहानी में जगह-जगह अपने क़लम की जुम्बिश से बक़दरे-किफ़ायत ऐसा किया है।

ईशर सिंह के किरदार के जिंसी पहलू को और ज़्यादा उजागर करने और इस तरह उसके दर्दनाक अंजाम को क़ारी के लिए क़ाबिले कुबूल बनाने के लिए मुसिन्नफ़ ने कुलवन्त कौर का किरदार पेश किया है जो ईशर सिंह ही की तरह आम औरतों के मुक़ाबले में जिंसी लिहाज़ से कहीं ज़्यादा क़वी और तवाना है।

अगर ईशर सिंह एक आम मर्द होता, उसी तरह अगर कुलवन्त कौर एक आम औरत होती तो यक़ीनी तौर पर अफ़साना 'ठण्डा गोश्त' का अंजाम कुछ और ही होता। आम मर्द पर, जिसका जिंसी तअल्लुक़ एक आम औरत से रहा हो, एक लड़की की ठण्डी लाश हर्गिज़-हर्गिज़ वह नफ़्सियाती असर नहीं कर सकती जो ईशर सिंह ने अपने क़वी और तवाना जिंसी किरदार के बायस महसूस किया और इस शिद्दत से महसूस किया कि वह उसके नीचे दबकर, बल्कि पिसकर अपनी मर्दानगी खो बैठा।

शहवत का जज़्बा-ए-आतशीं है। इंसान में अगर यह जज़्बा बेदार हो तो उसके जिस्म में गर्म रौ दौड़ जाती हैं, उसका दर्जा-ए-हरारत बढ़ जाता है, उसका दिलो-दिमाग़ तप जाता है, जेरे-बहस अफ़साने का उनवान 'ठण्डा गोश्त' है। ज़ाहिर

है कि यह उनवान जो कि मानवी एतिबार ही से ठण्डा है, कारी के दिलो-दिमाग़ में किसी क़िस्म की गर्मी पैदा नहीं कर सकता।

अगर कोई औरत जिंसी लिहाज़ से कमज़ोर हो तो हम उसे 'ठण्डा गोश्त' कहते हैं, यानी ऐसी औरत जो मर्द में जिंसी ख़्वाहिश पैदा नहीं करती। अफ़साना 'ठण्डा गोश्त' में क्लाइमैक्स पैदा करनेवाली एक लड़की की ठण्डी लाश है। ऐसी ठण्डी लाश, जो ईशर सिंह जैसे पुरजोश शहवानी मर्द की सारी मर्दानगी पर बर्फ़ की सिल की तरह गिरती है और उसे यख़बस्ता कर देती है। इससे बख़ूबी सोच सकते हैं कि 'ठण्डा गोश्त' पढ़नेवाले क़ारिईन पर, जो यक़ीनन ईशर सिंह की तरह पुरजोश शहवानी इंसान नहीं हो सकते, इस कहानी के अंजाम ने किस क़िस्म का असर छोड़ा होगा। सफ़ाई के गवाह डॉ. सईद-उल्लाह एम.ए. एल.एल.बी., पी-एच.डी, एस-सी, ने अपने तास्सुरात को मुख़्तसर मुख़्तसर जामे अल्फ़ाज़ में क्या खूब बयान किया है : 'अफ़साना 'ठण्डा गोश्त' पढ़ने के बाद मै .ख़ुद ठण्डा गोश्त बन गया।

जहाँ तक नार्मल इंसानों का तअल्लुक़ है, हम बिला-.ख़ौफ़े-तरदीद कह सकते हैं कि यह अफ़साना पढ़ने के बाद उनका रद्दे-अमल ब-ईनह[4] ऐसा ही होगा। यह जुदा बात है कि वो डॉ. सईद-उल्लाह साहिब की तरह अपने महसूसता को ब-तरीक़े-एहसन बयान न कर सकें।

एबर्नामल इंसानों के मुताल्लिक़ हम कुछ नहीं कह सकते क्योंकि ऐसे लोग मौजूद है जो लाशों से भी मुबाशरत[5] कर सकते हैं।

'ठण्डा गोश्त' में मर्द और औरत के जिंसी तअल्लुक़ात को किसी मक़ाम पर भी लज़ीज़ अन्दाज़ में पेश नहीं किया गया। अव्वलन इसलिए कि ऐसा अन्दाज़ अफ़साने के मक़सद से मुतसादिम[6] था। सानियन[7] इसलिए कि अफ़साने का मुसन्निफ़ 'शहवतनिगार' नहीं है। 'ठण्डा गोश्त' कोई ज़ोड़दार आसन नहीं पेश करता, इम्साक[8] का नुस्ख़ा नहीं बताता, किसी .ख़ुफ़िया तस्वीर की झलक नहीं दिखाता- 'ठण्डा गोश्त' एक दर्दनाक तस्वीर हैं, एक ऐसे मर्द की जिसमें इंसानियत की रमक़ उसके किरदार की तमाम हौलनाकियों के बावुजूद बाक़ी थी। इस रमक़ ने गो उसे अंजामकार नामर्द बना दिया और वह अपने जिंसी रफ़ीक़ के हसद के बायस निहायत ही तकलीफ़देह मौत से हमकनार हुआ। लेकिन यह बात क़ाबिले-ग़ौर है कि मरते हुए उसे अपनी मौत का एहसास बिलकुल नहीं था, इसलिए कि उसके दिलो-दिमाग़ पर सिर्फ़ एक चीज़ मुसल्लत[9] थी : उस लड़की की लाश का बर्फ़नाक रद्दे अमल, जिसके साथ वह मुबाशरत करना चाहता था।

मरने से पहले ईशर सिंह को अपनी बहीमियत[10] का एहसास भी हुआ और यह एहसास उसके इर्द-गिर्द फैली हुई ज़ुलमत में रौशनी की एक किरन थी। लहू

ईशर सिंह की ज़ुबान पक पहुँच गया। जब उसने उसका ज़ायका चखा तो उसके बदन पर झुरझुरी-सी दौड़ गई। उसके अपने आपसे कहा : ''और मैं...और मैं भैनीया छह आदमियों का क़त्ल कर चुका हूँ...इसी कृप्राण से!'

ईशर सिंह ने अपनी कृपान से छह आदमी क़त्ल किए थे। जो नफ़्सियाती हादिसा उसे पेश आया, उससे पहले ग़ालिबन उसने कभी ग़ौर न किया होगा कि उसके हाथों छह आदमियों का ख़ून हो चुका है। मगर अब वह अपने ख़ून का ज़ायक़ा चखते हुए सोचता है, बल्कि यूँ कहिए कि यह सोचने के क़ाबिल हो जाता है कि जिस कृपाण ने मेरा गला काटा है, उससे मैं छह आदमी काट चुका हूँ। जब वह 'छह आदमियों का क़त्ल कर चुका हूँ' के साथ 'भैनिया' इस्तेमाल करता है तो क्या हमें इस गाली में उसकी रूह की दर्दनाक चीख़ सुनाई नहीं देती?

''और मैं...और मैं...भैनीया छह आदमियों को क़त्ल कर चुका हूँ...इसी कृपाण से!'' यानी : ईशर सिंह, तू दर्द और तकलीफ़ महसूस कर रहा है...लेकिन जानता है कि इसी कृपाण से तूने छह आदमी मारे हैं...

ईशर सिंह से हम उसके ख़यालातो-महसूसात के ख़ुश-असलूब[11] बयान की तवक़्क़ो नहीं कर सकते। वह एक गँवार आदमी है लेकिन उसने अपने ख़ास अन्दाज़ में सब कुछ बयान कर दिया है और यह ख़ाम अन्दाज़ अपनी जगह पर मुनासिबो-मौज़ूँ है।

ईशर सिंह की क़ूव्वते मर्दुमी[12] सल्ब[13] हो चुकी थी लेकिन वह अपने अदंर एक नई करवट महसूस कर रहा था। उसके मुक़ाबले में कुलवन्त कौर के दिलो-दिमाग़ पर सिर्फ़ एक ख़याल मुसल्लत था, उस औरत का ख़याल जिसने उसके ख़याल के मुताबिक़ उसके शौहर ईशर सिंह को मोह लिया था। वह पूछती है : ''कौन है वह हरामज़ादी?''

ईशर सिंह की आँखें धुँधला रही थीं। एक हल्की-सी चमक उनमें पैदा हुई और उसने कुलवन्त कौर से कहा : ''गाली न दे उस भड़वी को...''

इन छह अल्फ़ाज़ में क्या मुसन्निफ़ ने ईशर सिंह के सारे जज़्बात जमा नहीं कर दिए। वह कुलवन्त कौर को मना करता है कि वह उस औरत को गाली न दे लेकिन ख़ुद उसे 'भड़वी' कहता है। दरअसल गाली का रुख़ उसकी अपनी जात की तरफ़ है। वह बज़ाहिर तो रहम उस औरत पर खाता है जिसको कुलवन्त कौर 'हरामज़ादी' कहती है लेकिन दरहक़ीक़त उसको रहम अपनी हालत पर आता है।

ज़रा आगे चलिए तो सारा मतलब वाज़ेह हो जाता है।

कुलवन्त कौर चिल्लाई : ''मैं पूछती हूँ, वह कौन है?''

ईशर सिंह के गले में आवाज़ रुँध गई : ''बताता हूँ।'' यह कहकर उसने

अपनी गर्दन पर हाथ फेरा और उस पर अपना जीता-जागता ख़ून देखकर मुस्कराया : "इंसान माइया भी एक अजीब चीज़ है।"

यहाँ हम ईशर सिंह को एक फ़ल्सफ़ी, एक ख़ाम फ़ल्सफ़ी की हैसियत से देखते हैं और इस ख़ाम फ़ल्सफ़ी[14] के अक़ब[15] में हमें सिर्फ़ एक चीज़ नज़र आती है : उस लड़की की ठण्डी लाश, जिससे ईशर सिंह जैसा गर्म मर्द मुबाशरत करना चाहता है।

वह मुस्कराता है, सिर्फ़ मुस्कराने के लिए नहीं। उसकी मुस्कुराहट दरअसल उसकी हैरत का मज़हर है। चूँकि वह समझ नहीं सकता कि उसके साथ क्या हुआ है, इसलिए वह मुस्कुरा देता है और अपने मुज़्तरिब ज़ेहन से फ़रार हासिल करने के लिए ख़ुद से कहता है : 'इंसान माइय भी एक अजीब चीज़ है...'

यह एक बहुत बड़ा अलमीया है जो किसी इंसान के साथ पेश आ सकता है। उसको शहवानी जज़्बात की बरअंगेख़्तगी से क्योंकर मंसूब किया जा सकता है? कहानी जिसमें एक क़वी और तवाना मर्द की शहवत सर्द हो जाती है, पढ़नेवालों के सिफ़ली जज़्बात कैसे मुश्तइल कर सकती है?

इसमें कोई शक नहीं कि 'ठण्डा गोश्त' में चन्द ऐसे अल्फ़ाज़ और फ़िक़रे मौजूद हैं जिनको अगर अफ़साने के जिस्म से नोचकर, अलहदा करके देखा जाए तो वो नाशाइस्ता और ग़ैरमुहज़्ज़ब मालूम होंगे, मगर वो अफ़साने का लाज़िमी जुज़ है जिनके बग़ैर अफ़साना मुकम्मल नहीं हो सकता। किसी लफ़्ज़ के या किसी फ़िक़रे को उसके गिर्द के माहौल के साथ ही देखना पड़ता है।

अगर आप 'जिग सॉ पज़ल'[16] में से एक टुकड़े को उठा लें और कहें : "यह तो गधे की दुम है।" तो ज़ाहिर है कि आप अपनी राय सही तौर पर क़ायम नहीं कर रहे हैं, इसलिए कि उस टुकड़े को उसके सही मक़ाम पर रखकर 'जिग सॉ पज़ल' को मिन-हैसुल-मजम[17] देखना पड़ेगा, क्योंकि हो सकता है कि वह टुकड़ा दूसरे टुकड़ों के साथ जुड़कर किसी ख़ूबसूरत औरत के गले में पड़ी लोमड़ी की खाल की शक्ल इख़्तियार कर जाए।

इसके अलावा हमें यह भी देखना है कि जो नाशाइस्ता और ग़ैरमुहज़्ज़ब अल्फ़ाज़ या फ़िक़रे हैं वो किस क़िस्म के इंसान के मुँह से निकले हैं। ईशर सिंह एक गँवार और ग़ैरमुहज़्ज़ब इंसान है। उसके मुँह से हम शाइस्ता और मुहज़्ज़ब गुफ़्तुगू की तवक़्क़ो नहीं कर सकते।

अब हम गालियों की तरफ आते हैं जो ईशर सिंह के मुकालमों में हमें नज़र आती हैं।

हम हक़ीक़त से कभी इग़्माज़[18] नही कर सकते कि अक्सर मुहज़्ज़ब और

ग़ैरमुहज़्ज़ब इंसान (मर्द और औरतें) अपने रोज़मर्रा की गुफ़्तुगू में गालियाँ इस्तेमाल करते हैं। ईशर सिंह अपनी गुफ़्तुगू में गालियाँ बग़ैर किसी तक़ल्लुफ़ के इस्तेमाल करता है, इसलिए कि उसका मक़सद गाली देना नहीं। अक्सर मक़ामात पर वह गाली को बतौर तकिया कलाम इस्तेमाल करता है।

"और मैं...और मैं...भैनीया छह आदमियों को क़त्ल कर चुका हूँ।"

ज़ाहिर है कि गाली का रुख़ न तो ख़ुद ईशर सिंह की तरफ़ है, न उन छह आदमियों की तरफ़ जिन्हें वह क़त्ल कर चुका है।

"गला चिरा हुआ है माँया मेरा।"

ज़ाहिर है कि 'गले' की कोई माँ नहीं है जिसको वह गाली दे रहा है।

"यह कुड़ीया दिमाग़ ही ख़राब है।"

इसके मुताल्लिक़ भी हम यही कह सकते है कि दिमाग़ की कोई बेटी नहीं है जिसको वह गाली दे रहा है।

इसी तरह कुलवन्त कौर एक जगह कहती है : "यह भी कोई माँया जवाब है?"

दो मक़ामात पर ईशर सिंह कहता है : "इंसान माँया भी अजीब चीज़ है..." – "इंसान कुड़ीया भी अजीब चीज़ है!" जैसा कि सफ़ाई के गवाह मि. आई. लतीफ़ ने कहा है कि, ये गालियाँ अपनी जगह बहुत नफ़्सियाती अहमियत रखती हैं। अफ़साने को ग़ौर से पढ़ने के बाद क़ारी समझ सकता है कि इन गालियों में ईशर सिंह के मुज़्तरिब और मुतजस्सिम[19] दिलो-दिमाग़ की कर्ब अंगेज़[20] कैफ़ियत झलकियाँ लेती है। वह अपनी हालत का सही जाइज़ा लेना चाहता है लेकिन नाकाम रहता है और आख़िरकार इन अल्फ़ाज़ में फ़रार हासिल करता है : "इंसान माँया भी अजीब चीज़ है...! इंसान कुड़ीया भी अजीब चीज़ है...!!"

दस जुलाई का दिन गरजता हुआ पहुँचा।

मुझे सख़्त तश्वीश लाहक[21] थी। घर में सब दुआएँ माँग रहे थे कि ख़ुदा ख़ैर करे। जज सहिब ने ख़ास केस समझते हुए चार घण्टे बहस के लिए वक़्फ़ कर रखे थे। मुझे डर था मियाँ ए.एम.सईद की तरह कहीं इनायत-उल्लाह ख़ाँ साहिब की रवैया थी मुखासिमाना न हो क्योंकि ज़ब्त करना मेरे लिए बहुत मुश्किल था। मियाँ सईद साहिब की अदालत में कई बार ऐसे मौक़े आए थे कि मैं छलक पड़ता मगर हैरत है, मैंने कैसे ज़ब्त किया!

हम सब सुबह हाज़िरे अदालत हुए तो इनायत उल्लाह ख़ाँ साहिब ने अपने धीमे लहजे में शेख़ ख़ुर्शीद साहिब से कहा : "माफ़ कीजिए, आपको आधा घण्टा इन्तज़ार करना पड़ेगा। मैं जरा ये छोटे-छोटे मामले तय कर लूँ।

हम अदालत से बाहर निकल आए। आरिफ़ अब्दुल मतीन ख़ामोश था। शेख़ ख़ुर्शीद साहिब भी ख़ामोश थे। अपने साथ वह मोटी-मोटी क़ानूनी किताबों का एक ढेर उठा के लाए हुए थे। उनका दिमाग़ शायद उनके हवालों में गुम था। मैं हाई कोर्ट की सोच रहा था। नसीर अनवर छिदरी घास पर रूमाल बिछाकर बैठा हुआ गालिबन कोई कश्मीरी गीत गा रहा था।

पौन घण्टे के बाद हमें बुलाया गया। हम अदालत के कमरे में दाख़िल हुए और हमने जज साहिब को सलाम किया।

इनायत-उल्लाह ख़ाँ साहिब ने गर्दन की एक हल्की सी जुम्बिश से उसका जवाब दिया। हम मुल्ज़िमों के कटहरे की तरफ बढ़ने लगे तो आपने अपनी धीमी आवाज़ में कहा : ''कुर्सियों पर तशरीफ़ रखिए।''

मैं समझा कि शायद यह किसी और से कहा गया है मगर उनका रूए-सुखन[22] हमारी तरफ़ ही था। मुझे बड़ा ख़ुशगवार तअज्जुब हुआ। हम कुर्सियों पर बैठ गए। नसीर अनवर के होंठों पर मुस्कराहट खेल रही थी। वह बेहद मुतमइन नज़र आता था।

पेशतर इसके कि बहस शुरू होती, जज साहिब बोले : ''मैंने इस केस का बग़ौर मुताला किया है। आप हज़रात मुतमइन रहें, कोई दिक़्क़त पेश नहीं आएगी। मैंने मिसल में से सिर्फ़ अदालते-मातहत का फ़ैसला पढ़ा है। गवाहियों का मैंने मुताला करना ग़ैरज़रूरी समझा है, अलबत्ता अफ़साना 'ठण्डा गोश्त' बहुत ग़ौर से पढ़ा है।

बहस शुरू होने वाली थी कि इनायतउल्लाह ख़ाँ साहिब ने इस्तिग़ासे और सफ़ाई के वकीलों की तवज्जोह चन्द निकात की तरफ़ दिलाई और वज़ाहत चाही। शेख़ ख़ुर्शीद अहमद ख़ामोश रहे। एक-दो मर्तबा जज साहिब की ताईद में अलबत्ता कुछ ज़रूर कहा। प्रॉसीक्यूटर साहिब की तरदीद ख़ुद ख़ाँ साहिब कर रहे थे।

क़रीबन आधा घण्टा क़ानूनी मुशिग़ाफ़िया[23] करने के बाद आपने मुकसराकर कहा : ''मैं सआदत हसन मंटो को अगर सज़ा दूँ तो वह यह कहेंगे, एक दाढ़ीवाले ने मुझे सज़ा दी...''

इसके बाद वह कुछ देर और अदालते मातहत के फ़ैसले पर कुछ कहते रहे। आख़िर में हमसे मुख़ातिब हुए : ''क्या आप लोगों ने जुर्माना अदा कर दिया था?''

हम सबने कहा : ''जी हाँ।''

इस पर जज साहब ने कहा : ''आप बरी हैं। जुर्माना आपको पूरे-का-पूरा वापस मिल जाएगा।''

मैं चन्द लम्हात कुछ सोच न सका कि क्या हुआ है। शेख़ ख़ुर्शीद साहिब ने मेरा शाना पकड़कर हिलाया और कहा : ''उठिए हज़रत, आप बरी हैं...''

अदालत से बाहर निकलकर जब मैंने चपरासियों को दस रुपये इनआम के

तौर पर दिए तो मुझे एहसास हुआ कि मैं वाक़ई बरी हूँ और यह कि चौथी मर्तबा मेरा अंजाम बख़ैरो ख़ूबी हुआ है। मैंने दिल-ही-दिल में ख़ुदा का शुक्र अदा किया जिसने एक बहुत बड़ी लानत से मुझे रिहाई दिलाई।

शेख़ ख़ुर्शीद साहिब अपनी कामयाबी पर बहुत ख़ुश थे और बजा ख़ुश थे।

---

1. ज़ुल्म की ज़्यादती व हैवानियत; 2. सीमाएँ; 3. ताक़तवर; 4. उस-जैसा; 5. संभोग; 6. टकराव, विपरीत 7. दूसरे; 8. संभोग-क्षमता बढ़ाने वाला; 9. हावी; 10. पशुता; 11. शिष्ट; 12. पुरुषत्व; 13. छिन चुकीं, 14. आधा दार्शनिक; 15. पीछे; 16. एक प्रकार की पहेली; 17. समग्र रूप से; 18. आँखें चुराना; 19. व्याकुल और जिज्ञासा 20. पीड़ाजनक; 21. चिन्तित होना 22. मुख 23. छिद्रान्वेषण

जनाब इनायतउल्लाह ख़ाँ साहिब के अंग्रेज़ी में दिये गये फ़ैसले का उर्दू रूप

अपील बख़िलाफ़े-हुक्म मि. ए.एम. सईद
मजिस्ट्रेट दर्ज़ा अव्वल, लाहौर
मुवर्रख़ा 16 जनवरी, 1950 ई.

दावा ज़ेरे-दफ़ा 292 पी.पी.सी

सज़ा

आरिफ़ अब्दुल मतीन : तीन सौ रुपया जुर्माना, बसूरते-अदम-अदायगी तीन हफ़्ते क़ैदे-बा-मशक़्क़त।

सआदत हसन मंटो : तीन माह क़ैदे-बा-मशक़्क़त और तीन सौ रुपया जुर्माना, बसूरते-अदम-अदायगी इक्कीस यौम क़ैदे-बा-मशक़्क़त।

नसीर अनवर : तीन सौ रुपया जुर्माना, बसूरते-अदम-अदायगी तीन हफ़्ते क़ैदे-बा-मशक़्क़त।

फ़ैसला-2

तीन नौजवानों, आरिफ़ अब्दुल मतीन, नसीर अनवर और सआदत हसन मंटो की तरफ से यह एक अपील है। अव्वलुज़्ज़िक्र[1] दोनों एक उर्दू रिसाला 'जावेद' के अलतर्तीब मुदीर और नाशिर हैं। तीसरा एक अदीब है जिसने मज़्कूरा रिसाले के मार्च, 1949 ई. में शायाशुदा एक ख़ास नम्बर में अपनी एक कहानी जिसका नाम 'ठण्डा गोश्त' है, छपने के लिए दी।

उन्हें बहुक्मे मियाँ ए.एम. सईद, मजिस्ट्रेट दर्जा अव्वल, लाहौर मुवर्रख़ा 16 जनवरी, 1950 ई. ज़ेरे दफ़ा 292 पी.पी.सी. (फ़ुहश किताबों की फ़रोख़्त वग़ैरह) की ख़िलाफ़वर्ज़ी के सिलसिले में मुजरिम क़रार दिया गया है। मुसन्निफ़ मि. मंटो को तीन माह क़ैदे-बा-मशक़्क़त और तीन सौ रुपया जुर्माना, बसूरते-अदम-अदायगी-ए-जुर्माना इक्कीस यौम मज़ीद क़ैदे-बा-मशक़्क़त की सज़ा दी गई है। दूसरे दोनों मुल्ज़िमीन यानी मुदीर और नाशिर को सिर्फ़ तीन-तीन सौ रुपया जुर्माना, बसूरते-अदम-अदायगी तीन-तीन हफ़्ता कैदे-बा-मशक़्क़त की सज़ा दी गई है।

ये तीनों अपील में पेश हुए हैं।

वाक़िआते-फ़ैसला ज़ेरे अपील मौजूद हैं।

मज़मून की तरफ़ हुकूमत की तवज्जोह प्रेस ब्रांच के एक ओहदेदार ने मब्ज़ूल[2] कराई थी और चीफ़ सेक्रेट्री ने क़ानूनी चारापोई का हुक्म दिया था।

मैंने फ़रीक़ैन के फ़ाज़िल मुशीराने क़ानून को सुना है और मिसिल का मुताला किया है। मेरा ख़्याल है कि मुल्ज़िमीन के ख़िलाफ़ जुर्म साबित नहीं किया जा सका, इसलिए सज़ा बरक़रार नहीं रह सकती। मेरा ख़याल है कि मज़मून ज़ेरे बहस को फ़ुहश और ख़ासतौर पर ख़िलाफ़े क़ानून क़रार नहीं दिया जा सकता।

मुल्ज़िमीन रिसाले से अपना तअल्लुक़ मानते हैं। अब तय करने के लिए फ़क़त एक सवाल है कि कहानी, फ़ुहश और खुसूसन ख़िलाफ़े क़ानून है या कि नहीं। इस सिलसिले में कई नुक्ते पैदा होते हैं। अव्वलन यह कि लफ़्ज़ 'फ़ुहश' से

हम क्या मुराद लेते हैं। दोम यह कि ऐसा मामला है जिसमें माहिरीन की शहादत पेश की जा सकती है, सोम यह कि आया यह मज़मून ज़ेरे बहस क़ाबिले इतलाक़[3] मेयारों के मुताबिक़ क़रार दिया जा सकता है?

मैंने क़ानूने राइम एडीशन 1945 ई. में रतनलाल वग़ैरह की कॉमेंट्री देखी हैं और वहाँ उठाए हुए सवालों पर फ़रीक़ैन[4] के पेशकर्दा दलाइल पर ग़ौर किया है। फ़हाशी की जाँच का मेयार वहाँ यह मुक़र्रर किया गया है : आया फ़हाशी के तहत इल्ज़ामज़दा मज़मून में उन लोगों के अख़लाक़ बिगाड़ने और उनको बुरी तरग़ीब देने का मैलान है जिनके ज़ेह्न ऐसे ग़ैर अख़लाक़ी असरात क़ुबूल करने के लिए तैयार हैं और जिनके हाथों में इस क़िस्म की अख़लाक़ के लिए ज़रर रसाँ-तस्नीफ़ है, अन्दाज़ा किया जाए, उनके ज़ेह्न में बदचलनी और बदकारी का असर पैदा करेगी, (अगर ऐसा है) तो यह एक फ़हश्इशाअत होगी। क़ानून की मंशा है कि उस की फ़रोख़्त को रोका जाए। अगर कोई तहरीर हक़ीक़तन किसी एक भी जिंस के नौजवानों या ज़्यादा उम्र के लोगों के अज़हान को इंतिहाई गन्दे और शहवत परस्ताना क़िस्म के ख़यालात समझाए तो उसकी इशाअत ख़िलाफ़े-क़ानून है, ख़्वाह मुल्ज़िम के पेशे नज़र कोई दर-पर्दा मक़सद ही क्यों न हो जो मासूम हत्ता कि क़ाबिले-तारीफ़ हो। कोई चीज़ जो शहवानी जज़्बात को मुश्ततईल करे, फ़ुहश है।

फिर ऐसे फ़ैसले भी हैं जो क़रार देते हैं कि महज़ फ़िक़रों और जुमलों को इसलिए माफ़ नहीं किया जा सकता कि बाक़ी की इशाअत्त नाक़ाबिले एतिराज़ है, और कि यह कोई जवाब[5] नहीं कि शायाशुदा मज़मून किसी मुम्ताज़ मुसन्निफ़ का लिखा हुआ है या ऐसे उस्लूब[6] में लिखा गया है जो आसानी से हर एक की समझ में नहीं आ सकता या यह कि इसकी इशाअत मेडिकल है और सिर्फ़ मखसूस[7] गाहकों के पास बेची जाती है हमें न सिर्फ़ तस्नीफ़ की माहियत को, बल्कि हाज़िर मुआशरे की हालत को भी देखना है। अगर तस्नीफ़ बाज़ार में आज़ादाना मुहैया हो सकती है तो हमें यह तय नहीं करना कि मख़सूस या ख़्वाहिश से ख़रीदने वाला गाहक और पढ़नेवाले कौन हैं। हमें तो सिर्फ़ यह देखना है कि आया यह आवाम तक पहुँच सकती है जिनमें दोनों जिंस के जवांसाल[8] और बड़ी उम्र के लोग भी शामिल हैं। पस हमें तस्नीफ़ की माहियत[9] का अपने समाज की मौजूदा हालत की रौशनी में तअय्युन करना है।

मेरे ख़याल में इस मामले को इस मक़ाम पर छोड़ा जा सकता है और हमें इसकी तरफ़ बाद में रुजू करना चाहिए, जब हम इस मसले पर ग़ौर कर चुकें कि आया यह सवाल माहिरों की राय से तय हो सकता है या नहीं। जहाँ तक इस अम्र का ताअल्लुक़ है, मैं समझता हूँ कि यह मामला माहिरों की राय से हर्गिज़ तय

पानेवाला नहीं। हमें इस पर ग़ौर नहीं करना कि इसके मुताल्लिक़ कुछ ख़ास और मुम्ताज़ अदीब क्या राय क़ायम करते हैं, इसके बरख़िलाफ़ हमें यह ग़ौर करना है कि पढ़ने वालों पर आमतौर से तहरीरो-तस्नीफ़ का क्या रद्दे अमल होगा। अगर मेरा यह ख़याल दुरुस्त है तो फ़ाज़िल अदालते मातहत की रिकार्ड कर्दा शहादतों का कोई हिस्सा इस नुक्ते के लिहाज़ से क़ाबिले-कुबूल नहीं रह सकता। अगर हम उन हजरात की शादहत को, जो फ़रीक़ैन या अदालत की तरफ़ से पेश हुए, आम पढ़नेवालों की शहादत की हैसियत से कुबूल करें और किसी एक फ़रीक़ को ख़ास अहमियत न दें तो रिकार्ड शुदा शहादत अदालत को कोई ज़्यादा मदद नहीं देती। गवाहों की एक जमात ने यह कहा है कि ज़ेरे बहस मज़मून इंतिहाई फ़ुहश है। दूसरी जमात ने इसके ख़िलाफ़ बयान दिया है और इसे एक ऐसा फ़नपारा क़रार दिया है जिसमें कोई भी ग़ैरअख़लाक़ी चीज़ नहीं ग़ौर करने पर यह पता चल सकता है कि यह राय ऐन क़ुदरती फ़र्क़ है। मुख़्तलिफ तबक़ों को पढ़नेवालों का रद्दे अमल मुख़्तलिफ़ होता है। जब तक हम जाँच का एक मेयार मुक़र्रर न करें जिसको पेशे नज़र रखा जाए, इत्तिफ़ाके राय पैदा नहीं हो सकता और यह भी ज़ाहिर है कि मुख़्तलिफ़ मिज़ाजों, उम्रों, पेशों और मुख़्तलिफ़ किस्म की तालीम हासिल किए हुए लोगों का रद्दे अमल भी ज़रूर मुख़्तलिफ़ होगा, और इलावा इसके कि यह तय है, अख़लाक़ एक इज़ाफी इस्तिलाह है, फ़हाशी के सवाल पर नज़रिया ज़रूर एक-दूसरे से मुख़्तलिफ और बहुत नुमायाँ हद तक मुख़्तलिफ़ होंगे (इसलिए) मेरी राय में सही बात यह है कि इस मसले को उस 'अफ़सानवी आदमी' (यानी) 'पब्लिक के एक आम रुक्न' के नक़्ता-ए-नज़र से जाँचना चाहिए।

यह तय कर चुकने बाद हमें यह देखने के लिए ज़ेरे बहस मज़मून पर ग़ौर करना है कि यह हमारे समाज के मुसल्लिमा अख़लाक़ी नज़रिया के ख़िलाफ कहाँ तक जाता है। इस मौक़े पर हमें ज़ेरे अपील फ़ैसले के एक ग़लत मफ़्रूज़े" और गुमराह करनेवाली दलील की तरफ़ इशारा करना है। फ़ाज़िल मजिस्ट्रेट ने इस बयान से इब्तिदा की है कि फ़हाशी की इस्तिलाह उस माहौल के साथ मुताल्लिक़ हैं जिसमें उसके मुताल्लिक़ फ़ैसला किया जाना है। उसने कहा है कि मुख़्तलिफ़ क़ौमों और सोसायटियों के मेयार मुख़्तलिफ़ हो सकते हैं। यहाँ तक वह दुरुस्त था। उसने ग़लती वहाँ की, जब उसने यह समझा कि पाकिस्तान के मुरव्विजा अख़लाकी मेयार क़ुरआने पाक की तालीम के सिवा और कहीं से ज़्यादा सही तरीक़े पर मालूम नहीं हो सकते। फिर वह यह कहता है कि 'ग़ैरशाइस्तगी और शहवतपरस्ती शैतान की तरफ़ से है'' -इसमें शक नहीं कि यह हमारा राहनुमा है (क़ुरआने-पाक की तालीम के मुताबिक़ अख़लाक़ी मेयारों की तश्कील) लेकिन सवाल यह नहीं है, बल्कि सवाल

यह है कि (आज) हमारे समाज की असली हालत क्या है। जैसा कि ज़ाहिर है, हमने अपना नस्बुलऐन[11] अभी तक हासिल नहीं किया है। (तो) अपील करनेवालों को इसके मुताबिक़ जाँचना चाहिए जिस तरह कि हमारी सोसाइटी है, न कि उस तरह जैसा कि उसे होना चाहिए।

जब हम सोचते हैं कि कैसी-कैसी मत्बूआत[12] मार्किट में मौजूद हैं जिन पर कोई एहतिसाब[13] क़ायम नहीं तो हम इस नतीजे पर पहुँचते हैं कि ज़ेरे बहस मज़मून कहीं कम क़ाबिले एतिराज़ है मुताद्दिद 'असरारी' मत्बूआत की इशाअत के खिलाफ़ कोई पाबन्दी नहीं जिनसे ज़्यादा और कोई चीज़ फ़ुहश नहीं हो सकती। सिनेमाओं में 'तमाशाओं' की नुमाइश पर कोई एहतिसाब नहीं जो ज़ेरे-बहस मज़मून से कुछ कम क़ाबिले एतिराज़ नहीं होते। अगर हमें मग़रिबी तहज़ीब को अपनाना और उसको पसन्द करना है जैसा कि हम कर रहे हैं तो मैं समझता हूँ कि हम ऐसी तहरीर पर जैसी कि हमारे सामने मौजूद है, माक़ूल तौर पर फ़हाशी का एतिराज़ नहीं कर सकते। यह तो उस तहज़ीब का लाज़िमी नतीजा है और हस्बे-मामूल इसके अलावा और कुछ नहीं चूमा-चाटी और बग़लगीरी एक ऐसी चीज़ है जो हर रोज़ सिनेमाओं में पेश की जाती है। बदकारी वह आम और बुनियादी ज़मीन है जिस पर 'सच्ची कहानियाँ' और दाइमी मुसल्लसें उस्तवार[14] की जाती हैं। दरहक़ीक़त यही तमाम अंग्रेज़ी और मग़रिबी[15] नावलों का बुनियादी प्लाट है। अगर उन पर कोई एतिराज़ नहीं किया जाता तो मुझे कोई वजह नज़र नहीं आती कि हम क्यों इन नौजवानों पर सख़्ती करें।

ज़ेरे-बहस कहानी रिसाले के सफ़हा 88 से लेकर सफ़हा 93 तक छपी है। क़िस्सा यूँ बयान किया गया है कि एक ख़ास शख़्स, जिसका नाम ईशर सिंह था, का एक ख़ास औरत कुलवन्त कौर के साथ नाजाइज तअल्लुक़ था। उसने फ़सादात के दौरान एक मकान में छह आदमियों को क़त्ल किया था और एक ख़ूबसूरत लड़की को वहाँ से उठा लाया था। उसने उस लड़की के साथ ज़िना-बिलजब्र[16] करने की कोशिश की लेकिन उसे पता चला कि लड़की मर चुकी है। वह तो ठण्डा गोश्त है। इस कहानी के मुताबिक़ इस इन्किशाफ़[17] ने ईशर सिंह पर ऐसा असर किया और उसे शहवानी जज़्बात को इतना सुन्न कर दिया कि जब वह बाद में कुलवन्त कौर के पास गया तो वह इस क़ाबिल नहीं रहा था कि उसके साथ सो सके, हालाँकि उसने इस मक़सद के लिए (कुलवन्त कौर के साथ सोने के लिए) इब्तिदाई क़दम उठाए थे। इस (अफ़साने) में यहाँ-वहाँ कुछ नाशाइस्ता इस्तिलाहें और कुछ क़ाबिले एतिराज़ अल्फ़ाज़ मौजूद हैं और कुछ सूक़ियाना गालियाँ भी, बिलकुल उसी क़िस्म की, जो हमारी सोसाइटी के निचले तबक़े में आम हैं।

अब किसी मज़मून की माहियत पर ग़ौर करने के लिए आदमी को कई इस्तिलाहात और तशरीहात[18] के ज़ेरे-नज़र रखने पड़ेगा, मसलन चन्द एक का नाम लें तो एक मज़मून बाज़ौक'' या 'बदज़ौक़', ग़ैरमुनासिब' या 'सूक़ियाना', नाशाइस्ता' या 'फ़ुहश' हो सकता है। इतने तद्रीजी[19] रंगों के इम्तिज़ाज[20] को एक-दूसरे से अलग हटाकर इस मज़मून को जिसे फ़ुहश क़रार दिया जाना हो, कतई तौर पर 'ग़ैरशाइस्ता', ग़ैरअख़लाक़ी', 'ज़रर-रसां' और 'बहुत कुछ और' होना चाहिए, लेकिन ज़्यादा-से-ज़्यादा मैं इस मज़मून के मुताल्लिक़ कहूँगा तो वह यह है कि यह सूक़ियाना और नाशाइस्ता है।

फ़ाज़िल पी.पी.एस. ने किसी ऐसे ख़ास क़ाबिले-एतिराज़ पैरों की तरफ़ इशारा नहीं किया है। जिसको वह यक़ीनी तौर पर 'फ़ुहश' क़रार देता है। किसी शख़्स ने कहानी की चन्द सुतूरों पर निशान लगाए हैं लेकिन वो ऐसी हैं जिनके मुताल्लिक़ मैं पेशतर ज़िक्र कर चुका हूँ और उनको दोबारा पेश करने से कोई मुफ़ीद मक़सद हासिल नहीं होगा। मुझे इसलिए फ़ाज़िल अदालते मातहत से इख़्तिलाफ़ है। मैं यह वाज़ेह कर देना चाहता हूँ कि मेरा मक़सद यह नहीं है कि मुझे इस मज़मून से इत्तिफ़ाक़ है लेकिन मैं इसे 'फ़ुहश' या ज़्यादा क़ाबिले-एतिराज़ नहीं समझता।

चुनांचे मैं अपील मंजूर करता हूँ और तीनों अपील करने वालों को बरी करता हूँ। वो पहले ही ज़मानत पर हैं। जुर्माना अगर अदा कर दिया गया है तो वह सारे का सारा वापस दे दिया जाए।

एक लतीफ़ा सुनिए।

ग्यारह जुलाई की सुबह को नज़ीर अहमद चौधरी, मालिक 'नया इदारा' और मुदीर 'सवेरा' जो दूसरे तरक़्क़ीपसन्दों के साथ मिलकर मुझे राजअतपसन्द[21] क़रार दे चुके हैं और हलफ़ उठा चुके हैं कि मेरी कोई तहरीर अपने 'सवेरा' में शाया नहीं करेंगे, तशरीफ़ लाए। उन्होंने बग़लगीर होकर बड़ी गर्मजोशी से मुबारकबाद दी और कहा : ''मंटो साहिब, 'ठण्डा गोश्त' इनायत फ़रमा दीजिए कि मैं 'नमरूद की ख़ुदाई' में शामिल कर लूँ...''

मैं चौधरी साहिब की इस दरख़्वास्त पर कोई तब्सिरा नहीं करना चाहता। चन्द दिन हुए, कोहाट से एक साहिब, ऑफ़िसर केडिट मज़हर अली का ख़त मौसूल[22] हुआ :

मुझे उम्मीद है, आपको याद होगा कि मैं कौन हूँ। रियाज़ साहिब की दुकान पर आपसे चन्द मुलाक़ातों ही ने मुझे आपका गिरवीदा[23] बना दिया था। बहुत दिन हुए, मैंने अख़बार में पढ़ा था कि आपको 'ठण्डा गोश्त' से निजात मिल गई है। फ़ुर्सत कम होने के बायस आपको मुबारकबाद का ख़त न लिख सका। अब गो

मुवारकबद बहुत देर से है लेकिन फिर भी आप कुबूल फ़रमाएँ। मुझे पक्का यक़ीन है कि ऐसी मुख़ालिफ़तों के बावुजूद आपके मद्दाह[24] बढ़ते ही जाएँगे।

सुना है, चौधरी मुहम्मद हुसैन साहिब जो आपके साथ अक्सर नोक-झोंक करते रहते थे, इस दुनिया ही से चल बसे। अब तो मामला कुछ बेमज़ा सा हो गया। लेकिन दुनिया में सिरफिरों की कमी नहीं। कोई और साहिब उनकी जगह ज़रूर सँभाल लेंगे।

मुझे चौधरी मुहम्मद हुसैन साहिब की वफ़ात[25] का बहुत अफ़सोस है। ख़ुदा उनको ग़रीक़े-रहमत[26] करे, अब कि वह इस दुनिया में नहीं है, मैं उनके मुताल्लिक़ कुछ कहना नहीं चाहता। उनकी जगह अगर कोई दूसरा सँभाल लेगा तो मैं कहूँगा : सरे-दोस्ताँ सलामत कि तू ख़ंजर आज़माई।

—सआदत हसन मंटो

लाहौर

29 अगस्त, 1950 ई.

---

1. प्रथम वर्णित; 2. आकर्षित, ध्यानाकर्षित; 3. चर्चा किए जाने के योग्य; 4. दोनों पक्षों; 5. औचित्य; 6. शैली; 7. विशिष्ट, ख़ास; 8. नवयुवक; 9. वास्तविकता; 10. अनुमान, अन्दाज़; 11. उद्देश्य; 12. मुद्रित पुस्तकें; 13. गणना, पाबन्दी; 14. बनाई, मज़बूत; 15. पश्चिमी; 16. वलात्कार; 17. रहस्योद्घाटन; 18. स्पष्टीकरण; 19. क्रमिक, क्रमध : ; 20. सम्मिश्रण; 21. प्रतिक्रियावादी; 22. प्राप्त; 23. प्रशंसक, चाहनेवाला; 24. चाहनेवाले, प्रशंसक; 25. मृत्यु; 26. ख़ुदा अपनी रहमत में डुबो दे।

तआ़त्तुल

'ठण्डा गोश्त' का मुक़द्दमा क़रीब-क़रीब एक साल चला। मातहत अदालत ने मुझे तीन माह क़ैदे-बामशक़्क़त और तीन सौ रुपये ज़ुर्माने की सज़ा दी। सेशन में अपील की तो बरी हो गया। (इस हुक़्म के ख़िलाफ़ दायर कर रखी है; मुक़द्दमे की समाअत अभी नहीं हुई।)

इस दौरान मुझ पर जो गुज़री है, उसका कुछ हाल आपको मेरी किताब 'ठण्डा गोश्त' के दीबाचे ब-उनवान 'ज़हमते-मेहूरे-दरख़्शाँ' में मिल सकता है।

दिमाग़ की कुछ अजीब-सी कैफ़ियत थी। समझ में नहीं आता था कि क्या करूँ? लिखना छोड़ दूँ या एहतिसाब से क़तअन बेपरवाह होकर क़लमज़नी करता रहूँ? सच पूछिए तो तबीयत इस क़दर खट्टी हो गई थी कि जी चाहता था, कोई चीज़ एलाट हो जाए तो आराम से किसी कोने में बैठकर चन्द बरस क़लम और दवात से दूर रहूँ ; दिमाग़ में ख़यालात पैदा हों तो उन्हें फाँसी के तख़्ते पर लटका दूँ; एलाटमेण्ट मयस्सर न हो तो ब्लैक मार्केटिंग शुरू कर दूँ या नाजायज़ तौर पर शराब कशीद करने लगूँ...

(दः) **सआदत हसन मंटो**

लाहौर,
11 जनवरी 1952

हाईकोर्ट जजमेण्ट

P L D 1952 Lahore 384
Before Muhammad Munir, C.J. and Muhammand Jan, J
CROWN-Appellant
versus
SAADAT HASSAN MINTO and two others-
Accused-Respondents

Crown's Appeal No. 584 of 1950, decided on 8th April, 1952 from the order of Inayat Ullah Khan, Additional Session Judge, Lahore, dated the 10th July 1950, acquitting the accused-respondents.

Penal Code (XLV of 1860), S 292---
'Obscene'-Definition--
Outline of story innocuous yet details may be obscene---
Obscenity to be determined with reference to standards current in society in which words are uttered or published---
Intention of outhor-Whether material in determining obscenity.

हो सकता है कहानी का कथानक पूरी तरह से हानिरहित हो ; इसके बाद वे ब्यौरे अश्लील हो सकमे हैं जिनमें इज़्हार के कुछ प्रयुक्त पैराये इंतिहाई बेहूदा हों और कुछ भोंडे रूपक हों जो यौन कर्म के निष्पादन की ओर संकेत करते हो।

शालीनता और अश्लीलता की शब्दावलियाँ सापेक्ष होती है और एक समाज में जो चीज़ अश्लील या शालीनतारहित है, संभव है कि दूसरे समाज में वही चीज़ बिलकुल शालीन और नैतिक समझी जाए। इस सवाल पर ग़ौर

करते हुए कि क्या कुछ शब्द और शैलियाँ अश्लील है या नहीं, हमें ऐसे मानदंडो का निर्शारण करना होगा जो उस समाज में प्रचलित हो जहाँ उन शब्दों और शैलियों का प्रयोग किया गया हो। इस मुल्क में य सभ्य संसार के किसी भी कोने में समाज की वर्तमान स्थिति को देखते हुए इस तथ्य में संदेह की गुंजाइश नहीं रह जाती कि संभोग की तैयारी की प्रक्रिया का वर्णन चाहे कितना ही दुरुस्त और यर्थाथमूलक हो, उसे बहरहाल अश्लील समझा जाएगा। (खण्ड 386)

अश्लीलता की यह पहचान हमेशा क़ायम रही है कि क्या अभियोग की विषयवस्तु में ऐसे ज़ेह्नों को बिगाड़ने और ग़लत रास्ते की ओर प्रवृत करने का रूझान पया जाता है जो अनैतिक प्रभाव ग्रहण कर सकते हैं और जिनके हाथों में इस क़िस्म की रचनाएँ पहुँच सकती है और और यह कि इस रचना को प्रकाशित करने का मंशा या इरादा इसे अश्लील होने से नहीं बचा सकता और इसके ब्यौरे अपने-आप में अश्लील हों। (खण्ड 386, इ)

वह आपत्तिजनक इबारत जो अत्यंत पतित यौन संबंधी ब्यौरों से भरी पड़ी है और निःसन्देह दोनों लिंगों के नौउम्र ज़ेह्नों, यहाँ तक कि बड़ी आयु के लोगों के भी ज़ेह्नों में बदकारी और यौन-प्रवृत्ति के निकृष्ट विचारों का कारण बन सकती है, इस इबारत को अश्लील क़रार दे दिया गया है। यह सवाल यहाँ एकदम ग़ैरअहम है कि इस कहानी की रचना में लेखक का मंशा क्या था। (खण्ड387,ब)

Reg v. Hicklin 1868 L R 3 Q B 360 rel.
Kailashchandra Acharya v. Emperor I L R 60 Cal. 201 ref.
Abdul Aziz Khan, Advocate—General for Appellant (Crown).
Abdur Rahman for Respondents.

Judgment

मुहम्मद मुनीर, चीफ जस्टिस : सुनवाई का मुआमला पाकिस्तानी दण्ड संहिता की धारा 292 के अन्तर्गत लाए गए अभियोग पत्र से बरी किए जाने के खिलाफ़ सरकार की अपील है। इस मुक़द्दमे के प्रतिवादी आरिफ़ अब्दुल मतीन, नज़ीर अहमद और सआदत हसन मंटो हैं जिनके मुक़द्दमे बाबत इशाअत फुहशियात[1] की सुनवाई मियाँ एक.एम. सईद, प्रथम श्रेणी मजिस्ट्रेट, लाहौर ने की और उनमें से पहले दो को तीन सौ रूपये फ़ी केस जुर्माना और तीसरे को तीन माह क़ैदे-बामशक़्क़त और तीन सौ रुपये जुर्माना की सज़ा दी। अपील करने पर जनाब इनायतुल्लाह ख़ाँ, एडीशनल सेशन जज, लाहौर ने उपरोक्त मजिस्ट्रेट के फ़ैसले को रद्द क़रार दे दिया और प्रतिवादी को बरी कर दिया।

आरिफ़ अब्दुल मतीन उर्दू की एक पत्रिका 'जावेद' का सम्पादक और नज़ीर अहमद उसका प्रकाशक है। मार्च 1949 में उपरोक्त पत्रिका ने एक छोटी-सी कहानी शीर्षक 'ठण्डा गोश्त' से प्रकाशित की जो सआदत हसन मंटो की लिखी हुई थी। प्रतिवादियों की सज़ा का कारण इस कहानी का प्रकाशन था जिसे अभियोग पक्ष ने कथित रूप से अश्लील और पाकिस्तानी दण्डसंहिता की धारा 292 के अन्तर्गत दण्डनीय क़रार दिया। कहानी के प्रकाशन और लेखन को स्वीकार किया गया लेकिन यह आपत्ति की गई कि उपरोक्त कहानी एक साहित्यिक कृति है और अश्लील नहीं है। विद्वान मजिस्ट्रेट ने कहानी को अश्लील ठहराया लेकिन विद्वान एडीशनल सेशन जज ने आपत्ति को स्वीकार किया और अपील मंजूर की। हमारे सामने विचारणीय प्रश्न यह है कि क्या उपरोक्त कहानी पाकिस्तानी दंड संहिता की धारा 292 के अन्तर्गत 'अश्लील' है या नहीं है।

कहानी के केवल दो पात्र हैं : ईशर सिंह उसकी रखैल कुलवन्त कौर। ईशरसिंह को एक मज़बूत, हट्टा-कट्टा, ग़ुस्सैल और अक्खड़ सिख तथा कुलवन्त कौर को उसी काया की हट्टी-कट्टी और विलासिनी स्त्री के रूप में पेश किया गया है।

1947 के सांप्रदायिक दंगों के दौरान ईशरसिंह ने अनेक लोगों को मौत के घाट उतारा और उनकी सम्पत्ति को हड़प कर लिया। एक दिन उसने एक ऐसे घर पर हमला किया जिसमें एक परिवार के सात व्यक्ति रहते थे। उसने उनमें से छह को मार डाला और सातवें को, जो कि एक सुन्दर लड़की थी, अग़वा कर लिया। उस लड़की को अपने कंधों पर डालकर उसे थूहड़ की झाड़ियों में ले गया और ज़मीन पर लिटा दिया और उससे आनन्द प्राप्ति की कोशिश करने ही वाला था कि उस लड़की को मुर्दा पाकर भयभीत हो गया। चन्द दिनों के बाद जब उसने कुलवन्त कौर से सम्भोग करना चाहा तो उसने ख़ुद को लाचार पाया क्योंकि उसका यौनांग काम ही न कर पाता था। उसके आठ रोज़ बाद वह दोबारा कुलवन्त कौर के पास सम्भोग के पक्के इरादे के साथ आया और हालांकि दोनों ने अपनी-सी बहुतेरी कोशिश की, फिर भी ईशरसिंह ने अभी भी ख़ुद को शारीरिक रूप से लाचार पाया। कुलवन्त कौर को यह भ्रम हुआ कि उसके और ईशरसिंह के बीच कोई दूसरी औरत आ गई है। चुनाँचे उसने तरह-तरह के सवालात कर डाले। इस पर ईशर सिंह को बताना पड़ा कि उसने क्या किया था और उस पर क्या गुज़री थी।

जहाँ तक कहानी की रूपरेखा के प्रश्न है, कहानी पूरी तरह हानिरहित है हालाँकि यह सवाल उठता है कि जो कुछ बयान किया गया है उसे सम्भावित यौन क्रिया नाम का दिया जा सकता है या नहीं : अभियोग पक्ष ने जिस चीज़ को अश्लील ठहराया है वह कहानी के तत्व और कुलवन्त कौर से ईशर सिंह की बातचीत में प्रयोग किए गए शब्द हैं। कुछ वाक्य अत्यन्त निकृष्ट हैं और कुछ भौंडे रुपक हैं जो यौन-क्रिया के संचलन की ओर इशारा करते हैं। सबसे आपत्तिजनक दृश्य यह है कि जहाँ ईशर सिंह कुलवन्त कौर से दोबारा मिलता है और उसे और ख़ुद को यौनकर्म के लिए तैयार करता है। सम्भोग की विधि को खुले शब्दों में बयान किया गया है। इबारत कुलवन्त कौर के नंगे बदन के ज़िक्र से भरी हुई है और कुलवन्त कौर को 'उबलती हाँडी' की मंज़िल पर लाने के लिए ईशर सिंह ने जो हरकतें की, उसका पूरा-पूरा ब्यौरा पेश करती है। इन आरंभिक क्रियाओं को एक रूपक 'फेंटना' और आख़िरी क्रिया को एक और रूपक 'पत्ता फेंकना' के ज़रिए किया गया है। शालीनता के किसी भी मानदण्ड के अनुसार यह इबारत निश्चित रूप से अश्लील है। यह सही है कि शालीनता और अश्लीलता की 'शब्दावलियाँ' सापेक्ष होती है और एक समाज में वही चीज़ अश्लील या शालीनतारहित है। संभव है कि दूसरे समाज में जो चीज़ बिलकुल शालीन और नैतिक समझी जाए मगर इस सवाल पर ग़ौर करते हुए कि क्या कुछ शब्द और शैलियाँ अश्लील है या नहीं, हमें ऐसे मानदण्डों का निर्धारण करना होगा जो उस समाज में प्रचलित हों जहाँ उन शब्दों और शैलियों का

प्रयोग किया गया हो। इस मुल्क में या सभ्य संसार के किसी भी कोने में समाज की वर्तमन स्थिति को देखते हुए इस तथ्य में संदेह की गुंजाइश नहीं रह जाती कि सम्भोग की तैयारी की प्रक्रिया का वर्णन चाहे कितना ही दुरूस्त और यर्थाथपरक हो, उसे बहरहाल अश्लील समझा जाएगा। अदालत में सफ़ाई की ओर से या अदालत के गवाहों की हैसयित से इस सवाल पर कि क्या विचाराधीन कहानी अश्लील थी या नहीं, बहुत-से साहित्यकारों और विद्वानों के बयानों पर ग़ौर किया गया। डॉक्टर आई. लतीफ़, अध्यक्ष, मनोविज्ञान विभाग, एम.सी. कालेज, लाहौर, गवाहे सफ़ाई सात ने बयान दिया कि यह कहानी यौन भावनाओं को भड़का सकती है और इसे किसी साहित्यिक पत्रिका में प्रकाशित नहीं होना चाहिए था। मौलाना एहसानुल्लाह ख़ाँ ताजवर नजीबाबाद, प्रोफ़ेसर, दयालसिंह कॉलेज, लाहौर, गवाह अदालत एक ने सम्बन्धित रचना को चरित्र पर बुरा असर डालने वाली, निकृष्ट और घटिया शैली का क़रार दिया और कहा कि अपने चालीस वर्षीय साहित्यिक जीवन में उनका साबक़ा कभी भी ऐसी तकलीफ़देह और निम्न कोटि की रचना से नहीं पड़ा था। इसी तरह शोरिश काश्मीरी, गवाहे अदालत दो ने यह राय ज़ाहिर की कि उस समाज और खानदान के पेशेनज़र जिससे वह सम्बन्धित हैं ऐसा फुहश अफ़साना वे कभी भी प्रकाशित नहीं करेंगे और न ही अपने लड़कों और लड़कियों को उसे पढ़ने की इजाज़त देंगे। मौलाना अबू सईद बज़्मी, संपादक 'एहसान', लाहौर, गवाह अदालत तीन ने बयान दिया कि यह कहानी नैतिकता की दुश्मन है।

प्रतिवादी मंटो ने अपने लिखित बयान में इस नुक़्ते पर ज़ोर दिया कि लेखक का मंशा इस तथ्य का निर्धारण करता है कि प्रयोग किए जानेवाले शब्द अश्लील हैं या नहीं प्रतिवादी के पक्ष को अनेकों लेखको का अनुमोदन प्राप्त हुआ। जिन्होंने सफ़ाई की तरफ़ से शहादतें दी हैं, मसलन जनाब आबिद अली आबिद, प्रिंसिपल, दयालसिंह कालेज, लाहौर, अहमद सईद, प्रोफ़ेसर, दयालसिंह कालेज, डाक्टर ख़लीफ़ा अब्दुल हक़ीम, अध्यक्ष, दर्शनशास्त्र एवं मनोविज्ञान विभाग, और भूतपूर्व डीन, जामिया उस्मानिया; डाक्टर सईदउल्लह, सिविलियन ऑफ़िसर, रायल पाकिस्तान एयरफोर्स; और सूफ़ी गुलाम मुस्तफ़ा तबस्सुम, प्रोफ़ेसर, गवर्नमेंट कालेज, लाहौर। बड़े अफसोस की बात है कि अदालत में यह मुआमला साहित्याकारों के बीच मतभेद का मामला बन गया और हैरत की बात यह है कि उनमें इस कहानी के अश्लील होने के बारे में मतभेद पाया गया। जिन लोगों ने इस कहानी के प्रकाशन को ग़ैर नुक्सानदे समझा है, उनकी साहित्य और कला सम्बन्धी धारणा कुछ भी हो, उन्हें यह बात याद दिलाना ज़रूरी है कि क़ानून में अश्लीलता की धारणा जिन अर्थों में

व्याख्यायित है उसे समझने में वे एक सिरे से ग़लती कर रहे है।

Reg. v. Hicklin 1868 LR 3Q B 360 मुक़द्दमे से लेकर आज तक, अश्लीलता की यह पहचान हमेशा क़ायम रही है कि क्या अभियोग की विषयवस्तु में ऐसे ज़ेहनों को बिगाड़ने और ग़लत तरीक़ों की ओर प्रवृत्त करने का रुझान पाया जाता है जो अनैतिक प्रभाव ग्रहण कर सकते हैं और जिनके हाथों में इस क़िस्म की रचनाएँ पहुँच सकती हैं और यह कि इस रचना को प्रकाशित करने का मंशा या इरादा इसे अश्लील होने से नहीं बचा सकता अगर इसके ब्यौरे अपने-आप में अश्लील हों। इस मुल्क के कई मुक़द्दमों में यह परिभाषा लगातार स्वीकार की जाती रही है जिसकी हालिया मिसाल Kailash Chandra Acharjya Emperor I L R 60 Cal. 201 का मुक़द्दमा है और जिसमें इस विषय पर विस्तृत चर्चा की गई है। कहानी की यह इबारत जिसकी तरफ़ इस फ़ैसले में ऊपर विशेष रूप से संकेत किया गया है, अत्यन्त पतित यौन सम्बन्धी ब्यौरों से भरी पड़ी है और बिला शुब्हा दोनों लिंगों के नौउम्र ज़ेहनों, यहाँ तक कि बड़ी उम्र के लोगों के भी ज़ेहनों मे बदकारी और यौन-प्रवृत्ति के निकृष्ट विचारों का कारण बन सकती है। यह सवाल यहाँ क़तई ग़ैर अहम है कि इस कहानी की रचना में लेखक की मंशा क्या थी। ऐसे मामलों में अहमियत का पात्र मंशा या नीयत नही, बल्कि रूझान होता है। बात यूँ न होती हो कि एक दोधीज़ा जो माल रोड पर नग्नता की स्थिति में शरीर के अंगों की नुमाइश टहल-टहलकर कर रही होती, उसे किसी भी अश्लील क्रिया का दोषी न समझा जाता अगर ऐसा करने में उसका मंशा महज़ नग्नतावाद के शारीरिक लाभों का प्रदर्शन होता। लेकिन उपरोक्त उदाहरण में क्या इसके बारे में दो राय हो सकती है कि यह कार्य अश्लील होगा या नहीं?

अब जिस प्रश्न पर विचार करना बाक़ी रह जाता है वह प्रतिवादी के विद्वान वकील का पेश किया हुआ है। हमने पहले ही यह बात कर दी है कि प्रतिवादियों के ख़िलाफ़ जो ज़ुर्म है उसका सम्बन्ध पूरी कहानी से है विद्वान वकील की आपत्ति यह है कि विद्वान एडीशनल सेशन जज ने प्रतिवादियों का जब बरी कर दिया तो विद्वान एडवोकेट जनरल का यह कर्त्तव्य भी है कि वे कहानी के उन हिस्सों को स्पष्ट करते जो अभियोग पक्ष की दृष्टि में अश्लील थे, ख़ासतौर पर जबकि अपील के तर्कों में यह अभियोग लगाया गया है कि कहानी के कुछ हिस्से अश्लील हैं। हम इस एतिराज़ में कोई वज़न नहीं पाते क्योंकि यह प्रकाशन जिसे अश्लील ठहराया गया हैं, कोई किताब नहीं, सिर्फ़ एक छोटी-सी कहानी है जो पूरी की पूरी अश्लील है। इससे अलग हटकर हमने अपील की सुनवाई को उस समय मुल्तवी कर दिया जब

यह एतिराज़ उठाया गया ताकि प्रतिवादियों के विद्वान वकील को एडवोकेट जनरल की ओर से वे हिस्से पहुँच जाएँ जिन्हें अभियोग पक्ष ने अश्लील ठहराया है। इन हिस्सों की आख़िरकार निशानदेही कर दी गई और उनमें वह उद्धरण भी शामिल है जिसका हमने विशेष उल्लेख किया हे। उपरोक्त कारणों के आधार पर हम सभी प्रतिवादियों को दोषी क़रार देते हैं और चूँकि पाकिस्तान के कुछ अदबी हलकों में शालीनता के बारे में निहायत गुमराह करने वाले विचार प्रचलित हो गए हैं और मंटो इन्हीं हल्कों में शामिल है, इसलिए हम प्रतिवादियों में हर एक को मुबलिग़ तीन सौ रुपये जुर्माने या एक माह क़ैदे-बामशक़्क़त की सज़ा देते हैं।
Respondents sentenced.

शमीम हन्फ़ी के उर्दू अनुवाद पर आधारित

पसमंज़र

"आज की ताज़ा ख़बर सुनी आपने?"

"कोरिया की?"

"जी नहीं।"

"बेगम जूनागढ़ की?"

"जी नहीं।"

"क़त्लो-ग़ारत की किसी नई वारदात की?"

"जी नहीं...सआदत हसन मंटो की।"

"क्यों...? मर गया?"

"जी नहीं। वह कल ग़िरफ्तार कर लिया गया।"

"फहाशी[1] के सिलसिले में?"

"जी हाँ...पुलिस ने उसकी ख़ानातलाशी भी ली।"

"कोकीन या नाजायज़ शराब वग़ैरह निकली?"

"नहीं...अख़बारों में लिखा था कि उसके मकान से कोई नाजायज़ चीज़ बरामद नहीं हुई।"

"लेकिन उसका वुजूद बज़ाते ख़ुद नाजायज़ है।"

"जी हाँ...कम-अज़-कम हुकूमत तो यही समझती है।"

"फिर उसे बरामद क्यों न किया गया?"

"यह बरामद और दरामद का मुआमला हुकूमत क अपने हाथों में है। जिसे चाहे बरामद करे, जिसे चाहे दरामद करे! सच पूछिए तो यह काम हुकूमतों ही के हाथ में होना चाहिए वो इसका सलीक़ा जानती है।"

"इसमें क्या शक हैं...।"

"तो क्या ख़याल है आपका...? इस मर्तबा तो मंटो को फाँसी की सज़ा ज़रूर मिलनी चाहिए..."

"मिल जाए तो अच्छा है। रोज़ का टंटा ख़त्म हो।"

"आपने ठीक कहा है। 'ठण्डा गोश्त' के बारे में हाईकोर्ट ने उसके ख़िलाफ़ जो फ़ैसला दिया है, इसके बाद तो उस कमबख़्त को ख़ुद-ब-ख़ुद मर जाना चाहिए था...मेरा मतलब है ख़ुदख़ुशी कर लेनी चाहिए थी।"

"अगर वह इस कोशिश में नाकाम रहता...?"

"...तो उस पर यक़ीनन मुक़द्दमा चलता कि उसने अपनी जान लेने की कोशिश की। मेरा ख़याल हैं, यही वजह है कि ख़ुदख़ुशी से बाज़ रहा। वगरना वह बाज़ रहनेवाला आदमी नहीं।"

"तो आपका मतलब है कि वह अपनी फ़हाशी जारी रखेगा?"

अजी हज़रत! यह उस पर पाँचवाँ मुक़द्दमा है। अगर उसे बाज़ रहना होता तो पहले मुक़दमें के बाद ही ताइब[2] होकर कोई शरीफ़ाना काम शुरू कर देता। मिसाल के तौर पर गवर्नमेण्ट की मुलाज़िमत कर लेता या घी बेचता, या महल्ला पीर गीलानियाँ के ग़ुलाम अहमद साहिब की तरह कोई दवा ईजाद कर लेता।"

"जी हाँ, ऐसे सैकड़ों शरीफ़ाना काम हैं। मगर वह पहले दर्जे का हटधर्मी है। लिखेगा और ज़रूर लिखेगा।"

"मालूम है आपको, इसका अंजाम क्या होगा?"

"कुछ बुरा ही नज़र आता है।"

"छह मुक़द्दमे उस पर पंजाब में चल रहे होंगे, दस सिंध में, चार सूबा सरहद में, तीन मशरिक़ी पाकिस्तान में...वह इनकी ताब न लाकर पागल हो जाएगा।"

"दो मर्तबा तो पागल हो चुका है।"

"यह उसकी दूर अन्देशी थी...वह रिहर्सल कर रहा था ताकि सचमुच पागल हो जाए तो पागलख़ाने में आराम से रहे।"

"पागल होकर क्या करेगा?"

"पागलों को होशमन्द बनाने की कोशिश करेगा।"

"यह भी जुर्म है।"

"मालूम नहीं। यह तो कोई वकील ही बता सकता है कि ताज़ीराते-पाकिस्तान में इसके लिए कोई दफ़ा मौजूद है या नहीं।"

"होना चाहिए। पागलों को होशमन्द बनाना दफ़ा 292 की रोशनी में तो बहुत ख़तरनाक जुर्म मालूम होता है।"

"दफ़ा 292 के बारे में तो अब हाईकोर्ट ने 'ठण्डा गोश्त' का फ़ैसला करते हुए साफ़ तौर पर कह दिया है कि क़ानून को मुसन्निफ़ की नीयत से कोई वास्ता नहीं। वह नेक हो या बद, क़ानून को तो सिर्फ़ यह देखना है कि मैलान[3] क्या है?

"इसीलिए तो मैं अर्ज़ कर रहा था कि पागलों को होशमन्द बनाने के फ़ेल में नीयत कैसी भी हो, उसके मैलान का ज़ेरे-ग़ौर रखना पड़ेगा, और ज़ाहिर है कि इस फ़ेल[4] का मैलान किसी सूरत में भी बेज़रर[5] क़रार नहीं दिया जा सकता।"

"ये क़ानूनी मूशिगाफ़ियाँ[6] हैं। इनसे हमें दूर रहना चाहिए।"

"आपने बहुत अच्छा किया जो बर्वक़्त तंबीह कर दी क्योंकि ऐसी बातों के मुताल्लिक़ सोचना ही अज़खुद एक बड़ा संगीन जुर्म है।"

"लेकिन हज़रत, मैं सोचता हूँ, अगर मंटो सचमुच पागल हो गया तो उसके बीवी-बच्चों का क्या होगा?"

"उसके बीवी-बच्चे जाएँ जहन्नुम में। क़ानून को उनसे क्या वास्ता?"

"दुरुस्त है लेकिन हुक़ूमत क्या उनकी मदद नहीं करेगी?"

"हाँ, हुकूमत...हुक़ूमत की बात जुदा है। मेरा ख़याल है उसे मदद करनी चाहिए। और कुछ नहीं तो अख़बारों में इस बात का ऐलान कर देना चाहिए कि वह इसके मुताल्लिक़ ग़ौर कर रही है।"

"जब तक ग़ौर होगा, तब तक मामला साफ़ हो जाएगा।"

"ज़ाहिर है। अब तक होता तो ऐसा ही रहा है।"

"लानत भेजिए मंटो और उसके बीवी-बच्चों पर। आप यह बताइए हाई कोर्ट के फ़ैसले का उर्दू अदब पर क्या असर होगा?"

"उर्दू अदब पर भी लानत भेजिए।"

"नहीं साहिब, ऐसा न कहिए। सुना है कि अदब क़ौम का बहुत बड़ा सरमाया होता हैं।"

"होगा भाई...हम तो उसे सरमाया कहते हैं जो नक़्दी की सूरत में बैंक में पड़ा हो।

"लाख रुपये की बात कही आपने...तो मोमिन, मीर, अहसन, ज़ौक़, सादी, हाफ़िज़ बग़ैरह सब दफ़ा 292 साफ़ कर देगी?"

"करना चाहिए वर्ना उसके बुजूद का मतलब ही क्या है?"

"ये जितने अदीब और शाइर बने फिरते हैं अब इनको चाहिए कि होश में आएँ और कोई शरीफ़ाना पेशा इख़्तियार करें।"

"लीडर बन जाएँ..."

"सिर्फ़ मुस्लिम लीग के?"

"हाँ, मेरा मतलब यही था। किसी और लीग का लीडर बनना फ़ुहश है।

"बेहद फ़ुहश।"

"लीडरी के आलावा और भी शरीफ़ाना पेशे मौजूद हैं...डाकख़ानों के बाहर बैठकर पाकीज़ा इबारत में ख़तूनवीसी करें। दीवारों पर इश्तिहार लिखें। बेरोज़गारी

के दफ़्तर में क्लर्क हो जाएँ। नया-नया मुल्क बना है, हज़ारों जगहें ख़ाली हैं, कहीं भी समा जाएँ ...।"

"जी हाँ...इतनी ख़ाली ज़मीन पड़ी है।"

"हुक़ूमत सोच रही है कि तवाइफ़ों ओर रण्डियों के लिए रावी के पास एक बस्ती बना दे ताकि शहर की ग़लाज़त दूर हो। क्यों न इन शाइरों, अफ़सानानिगारों और अदीबों को भी उनमें शामिल कर लिया जाए?"

"बहुत अच्छा ख़याल है, ये लोग वहाँ ख़ुश रहेंगे।"

"लेकिन अंजाम क्या होगा?"

"अंजाम की कौन सोचता है...जो होना होगा, हो जाएगा..."

"हाँ...वहाँ पड़े झक मारते रहेंगे...लोहे को लोहा काटता है, फ़हाशी काटती रहेगा।

"बड़ा दिलचस्प सिलसिला रहेगा।"

"मंटो को तो ख़ासतौर पर वहाँ अपनी दिलचस्पी का मन भाता सामान मिल जाएगा। लेकिन वह कमबख़्त उनक मुजरा सुनने के बजाय उन पर लिखेगा। कई सौगंधियाँ कई सुल्तानाएँ पेश करेगा।"

"और कई ख़ुशिया[7], कई ढोंडू..."

"मालूम नहीं, कमबख़्त को ऐसे गिरे हुए इंसानों को उठाने में क्या मज़ा आता है? सारी दुनिया उन्हें ज़लील और हक़ीर समझती है मगर वह उनको सीने में लगाता है, उनको प्यार करता है।"

"उसकी बहन इस्मत ने उसके मुताल्लिक़ कुछ ठीक ही कहा था कि मंटो को अजीबो-ग़रीब तहलका मचा डाल देने वाली और सोतों को चौका देने वाली चीज़ों से बड़ी रग़बत है। वह सोचता है, अगर बहुत से लोग सफ़ेद कपड़े पहने बैठे हों तो, और कोई कीचड़ मलकर वहाँ चला जाए तो सब हक्का-बक्का रह जाएँगे...सब लोग रो-पीट रहे हों, वहाँ एक ऊँचा क़हक़हा लगा दो तो सब दम साधकर टुकर-टुकर मुँह देखने लगेंगे। बस धार बैठ जाएगी, सिक्का जम जाएगा..."

"उसका भाई मुम्ताज़ हुसैन कहता है : वह नेकी की तलाश में निकलता है और उसकी एक किरन ऐसे इंसान के पेट से निकालता है जिसके बारे में आप इस इस क़िस्म की कोई तवक़्क़ो ही नहीं रखते। यह है मंटो का कारनामा।"

"यह बड़ी लग़्व[8] हरकत है बल्कि फ़ुहश हरकत है कि ऐसे इंसान के पेट में रौशनी की एक किरन निकाली जाए जिसमें सिवाय अन्तड़ियों और ग़ुज़्ल[9] के और कुद न हो। और कीचड़ मल के सफ़ेदपोश लोगों के दरमियान पड़ना..."

"यह और भी फ़ुहश है।"

"यह इतनी कीचड़ लाता कहाँ से है?"

"मालूम नहीं। कहीं-न-कहीं से ढूँढ़ निकालता है।"

"गन्दगी का ग़व्वास[10] जो ठहरा।"

"आइए, हम दुआ माँगें कि ख़ुदा हमें उसके लानती वुजूद से निजात दिलाए...इसमें ख़ुद मंटो की भी निजात है :"

"ऐ ख़ुदा, ऐ रब्बुल आलमीन...ऐ रहीम, ऐ करीम! हम दो गुनहगार बन्दे तेरे हुज़ूर गिड़गिड़ाकर दुआ माँगते हैं कि तू सआदत हसन मंटो को जिसके वालिद का नाम ग़ुलाम हसन मंटो है और जो बहुत शरीफ़, परहेज़गार और ख़ुदातरस आदमी था, इस दुनिया से उठा ले, जहाँ वह ख़ुशबूएँ छोड़ देता है और बदबूओं की तरफ़ भागता है। नूर में वह अपनी आँखें नहीं खोलता लेकिन अँधेरे में ठोकरें खाता फिरता है। सत्र[11] से उसको कोई दिलचस्पी नहीं, वह सिर्फ़ इंसानों का नंग देखता है। मिठाइयों से उसे कोई रग़बत नहीं, कड़वाहटों पर अलबत्ता जान देता है। घरेलू औरतों की तरफ़ वह आँख उठाकर भी नहीं देखता लेकिन बेसवाओं से घुल-मिल के बातें करता है। साफ़ और शफ़्फ़ाफ़ पानी छोड़ के बदरौओं[12] में नहाता है। जहाँ रोना है, वहाँ हँसता है, और जहाँ हँसना है, वहाँ रोता है। कोयले की दल्लाली में जो अपना मुँह काला करते हैं उनकी कालिख साफ़ करके हमें दिखाता है। तुझे भूलकर उस शैतान के पीछे मारा-मारा फिरता है। जिसने तेरी उदूल-हुक्मी की थी...ऐ रब्बुल आलमीन, उस शरअंगेज[13] नजिसपसन्द[14] और शरीर इंसान को इस दुनिया से उठा ले जिसमें वह बदकिरदारों और बदअतवारों[15] के नामा-ए-आमाल[16] की सियाहियाँ मिटाने की कोशिश में मसरूफ़ है...ऐ ख़ुदा वह बहुत शरपसन्द है। अदालतों के फ़ैसले सुबूत हैं लेकिन ये अर्ज़ी अदालतें हैं, तू उसे इस दुनिया से उठा और अपनी आसमानी अदालत मे ख़िलाफ़ मुकद्दमा चला और उसको सज़ा दे लेकिन देख उसे अदाएँ बहुत आती हैं, ऐसा न हो तुझे उसकी कोई अदा पसन्द आ जाए...तू सबकुछ जाननेवाला है। हमारी सिर्फ़ यह दुआ है कि वह इस दुनिया में न रहे। रहे तो हम-जैसा बनकर रहे, हम जो एक-दूसरे के ऐबों पर पर्दा डालते है...'ईं दुआ अज़-मनो-अज़-जुमला जहाँ आमीन बाद!"

1. अश्लीलता; 2. तौबा करनेवाला; 3. अभिरुचि; 4. काम; 5. जिससे कोई हानि न हो; 6. बाल की खाल निकालना 7 मंटो के अफ़साने 'ख़ुशिया' का पात्र ; 8. वाहियात; 9. अश्लील; 10 . भिष्ठा, मल-मूत्र; 11. शरीर का वह भाग, जिसको छिपाना आवश्यक है; 12. गन्दी नाली; 13. बुराई फैलाने वाले; 14. ग़लीज़ गन्दगीपसन्द; 15. बुरे तौर-तरीक़े, कुरीतियाँ; 16 कर्मपत्र; 17. यह प्रार्थना अक्षरश : सत्य एवं फलीभूत हो।

पाँचवाँ मुक़द्दमा

एक

अपने अफ़सानों के सिलसिले में मुझ पर चार मुक़द्दमे चल चुके हैं। पाँचवाँ अब चला है जिसकी रूदाद[1] मैं बयान करना चाहता हूँ।

पहले चार अफ़साने, जिन पर मुक़द्दमा चला, उनके नाम हस्बे ज़ैल हैं :

एक : काली शलवार

दो : धुआँ

तीन : बू

चार : ठण्डा गोश्त और

पाँचवाँ : ऊपर, नीचे और दरम्यान

पहले तीन अफ़सानों में तो मेरी ख़लासी हो गई : 'काली शलवार' के सिलसिले में मुझे दिल्ली से दो-तीन बार लाहौर आना पड़ा।

'धुआँ' और 'बू' ने मुझे बहुत तंग किया, इसलिए कि मुझे बम्बई से लाहौर आना पड़ता था...

...लेकिन 'ठण्डा गोश्त' का मुक़द्दमा सबसे बाज़ी ले गया। इसने मेरा भुरकस निकाल दिया।

यह मुक़द्दमा गो यहाँ पाकिस्तान ही में हुआ, मगर अदालतों के चक्कर कुछ ऐसे थे जो मुझ ऐसा हस्सास[2] आदमी बर्दाश्त नहीं कर सकता था कि अदालत एक ऐसी जगह है जहाँ हर तौहीन बर्दाश्त करना ही पड़ती है।

ख़ुदा करे, किसी को जिसका नाम 'अदालत' है, उससे वास्ता न पड़े। ऐसी अजीब जगह मैंने कहीं भी नहीं देखी।

पुलिसवालों से मुझे नफ़रत है। उन लोगों ने मेरे साथ हमेशा ऐसा सुलूक़ किया है जो घटिया क़िस्म के अख़लाक़ी मुल्ज़िमों से किया जाता है।

पिछले दिनों जब कराची के एक पर्चे 'पयामे-मशरिक़' ने मेरी इजाज़त के बग़ैर मेरा मज़मून 'ऊपर नीचे और दरम्यान' लाहौर के अख़बार 'एहसान' से नक़्ल किया तो कराची की हुकूमत ने मेरा वारण्ट जारी कर दिया।

...मैं घर पर नहीं था। पुलिस के दो सब इंस्पेक्टर, चार सिपाहियों के साथ आए और मेरे घर का मुहासरा[3] कर लिया।

मेरी बीवी ने उनसे कहा कि मंटो बाहर गया है। अगर आप चाहें तो मैं उसे अभी बुला लेती हूँ। वो मुसिर[4] थे कि मंटो घर ही में है और मेरी बीवी झूठ बोल रही है।

जब पुलिस आई थी, मैं उस वक़्त चौधरी नज़ीर अहमद की दुकान 'नया इदारा' में, जो 'सवेरा' का दफ़्तर भी है, बैठा था और मैंने एक अफ़साना लिखना शुरू किया था।

इस अफ़साने की मैंने बमुश्किल दस सतरें लिखी होंगी कि चौधरी रशीद अहमद साहिब, जो चौधरी नज़ीर के छोटे भाई हैं और 'मकतबा-ए-जदीद' के मालिक हैं, तशरीफ़ लाए उन्होंने कुछ तवक़्क़ुफ़[5] के बाद पूछा : "यह आप क्या लिख रहे हैं?"

मैंने जवाब दिया : "एक अफ़साना शुरू किया है...और यह बहुत लम्बा होगा।"

चौधरी रशीद साहिब ने बड़े तश्वीशनाक[6] लहजे में कहा : "मैं आपको एक बहुत बुरी ख़बर सुनाने आया हूँ।"

ज़ाहिर है कि मेरा रद्दे अमल क्या होगा। चन्द मिनट तो मैं सोचता रहा कि 'बहुत बुरी ख़बर' क्या हो सकती है। कई ख़याल दिमाग़ में आए। मैं ऊपर, नीचे और दरमियान होता रहा, मगर कुछ समझ में न आया।

आख़िर मैंने चौधरी रशीद से पूछा कि भाई, क़िस्सा क्या है?

उन्होंने कहा : "क़िस्सा यह है कि पुलिस आपके घर के दरवाज़े के बाहर खड़ी है। वह मुसिर है कि आप घर में है, इसलिए वह ज़बरदस्ती अन्दर दाख़िल होने की कोशिश कर रही है।

मेरे पास अहमद राही और हमीद अख़्तर बैठे थे। जब उन्होंने यह सुना तो बहुत मुज़्तरिब[7] हुए। चुनांचे वो भी मेरे साथ हो लिए।

हमने ताँगा लिया और घर रवाना हुए।

जब वहाँ पहुँचे तो देखा कि फ़्लैट के दरवाज़े के पास पुलिस खड़ी है।

मेरा भानजा (हामिद जलाल) और बिरादरे निस्बती[8] (ज़हीरुद्दीन) अपनी मोटरों के पास खड़े पुलिसवालों से महवे गुफ़्तुगू[9] थे और उनसे कह रहे थे कि वह अख़बारों को टेलीफ़ोन कर दें ताकि दूसरे रोज़, जो कुछ मेरे साथ गुज़रे, अख़बारों में छप जाए।

मैं, हमीद अख़्तर और अहमद राही जब घर पहुँचे तो देखा कि अब्दुल्लाह मलिक खड़ा पुलिस के अफ़सरों से गुफ़्तुगू में मसरूफ़ है।

अब्दुल्लाह कम्युनिस्ट मेरे मकान के बाहर खड़ा था और सब इंस्पेक्टरों और सिपाहियों से गुफ़्तुगू कर रहा था कि मैं, अहमद राही और हमीद अख़्तर ताँगे में पहुँचे।

सब इंसपेक्टर और सिपाहियों ने मेरी बीवी और बहन को यह धमकी दी थी कि वो तलाशी लेना चाहते हैं और अगर दरवाज़े न ख़ोले गए तो वो ज़बरदस्ती अन्दर घुस आएँगे।

मैं जब पहुँचा और बाहर कंपाउंड में उन पुलिस अफ़सरों से मुलाक़ात हुई तो मेरा ख़याल है कि उन्हें बक़दरे किफ़ायत नदामत[10] हुई। मैंने उन्हें अन्दर मकान में तशरीफ़ लाने के लिए कहा। यह दावत उन्होंने क़ुबूल फ़रमाई और अन्दर तशरीफ़ ले आए।

दो अफ़सर थे, बड़े अक्खड़ क़िस्म के। मैंने उनसे मुलाक़ात की वजह पूछी तो उन्होंने फ़रमाया कि कराची से वारण्ट आए हैं कि आपकी ख़ानातलाशी ली जाए।

मुझे बड़ी हैरत हुई मैं कोई ख़ुफियाफ़रोश नहीं हूँ। अफ़्यून नहीं बेचता, शराब का ग़ैरक़ानूनी कारोबार नहीं करता। मेरे पास कोकीन भी नहीं है, फिर ये पुलिसवाले, जो कराची से वारण्ट लेकर आए हैं, मेरी ख़ानातलाशी क्यों ले रहे हैं?

पुलिस अफ़सर जब अन्दर तशरीफ़ लाए तो उन्होंने मुझसे पहले यह सवाल किया कि मेरी लाइब्रेरी कहाँ हैं?

मैं उनसे क्या कहता? मेरी लाइब्रेरी यहाँ पाकिस्तान में चन्द किताबों पर मुश्तमिल[11] है। उनमें तीन डिक्शनरियाँ या लुग़ात हैं।

मैंने उनसे अर्ज़ की : "मेरी जितनी किताबें थीं, वो तो बम्बई में रह गई। आपको अगर किसी पर्चे या पुर्ज़े की तलाश है तो आप बम्बई तशरीफ़ ले जाएँ। एड्रेस हाज़िर है।"

वो अफ़सर कुछ ऐसे बदज़ौक़ थे कि उन्होंने इस बज़्लासंजी[12] की दाद न दी और मेरी ख़ानातलाशी शुरू कर दी। ख़ाना मेरा मैख़ाना नहीं। बीयर की आठ-दस ख़ाली बोतलें ज़रूर थीं, लेकिन पुलिस अफ़सरों ने उनको देखने की ज़हमत न की।

अल्मारियों में चीनी के प्याले थे। एक तिपाई पर छोटा-सा बक्स था जिसमें कुछ काग़ज़ात थे। पुलिस अफ़सरों ने एक-एक पुर्ज़ा देखा। अख़बारों के कुछ तराशे थे, वो उन्होंने अपने क़ब्ज़े में ले लिए।

उसके बाद मैंने उन अफ़सरों से कहा कि अब बराहे-करम तलाशी के वारण्ट जो दारूल हुकूमत कराची से आए हैं, मुझे दिखा दीजिए मगर उन्होंने इनकार कर दिया।

वारण्ट का काग़ज़ एक हवलदार के हाथ में था। उसने मुझे दूर से दिखाते हुए कहा : "यह है..."

मैंने उससे पूछा : "यह क्या है?"

उसने जवाब दिया : "यह वही चीज़ है जिसके ज़रिए से हम यहाँ पहुँचे हैं।"

जब मैंने इसरार किया कि मैं यह काग़ज़ देखे बग़ैर नहीं टलूँगा तो उन्होंने वारण्ट का काग़ज़ दोनों हाथों में मज़बूती से पकड़े रखा और कहने लगे : "आप पढ़ लीजिए..."

मैंने सरसरी तौर पर पढ़ा तो मुझे मालूम हुआ कि ख़ानातलाशी के अलावा यह काग़ज़ मेरी गिरफ़्तारी का वारण्ट भी है।

अब ज़मानत का मरहला[13] दरपेश आया।

पुलिस अफ़सर कुछ इतने ख़ुदसर थे कि उन्होंने किसी की ज़मानत क़ुबूल न की। मेरा भानजा था गज़ेटेड अफ़सर। मेरा बिरादरे-निस्बती, वह भी गज़ेटेड अफ़सर। मगर पुलिसवालों ने उनकी ज़मानत क़ुबूल न की, उनसे यह कहकर कि आप हुक़ूमत के मुलाज़िम हैं। हो सकता है कि आप कल बरतरफ़ कर दिए जाएँ।

क़िस्सा मुख़्तसर यह है कि मैंने दो मर्तबा अपनी अलालत के बाअस कराची की अदालत को माज़रतनामा[14] मय डॉक्टरी सर्टिफ़िकेट पेश किया कि मैं हाज़िरे अदालत नहीं हो सकता, लेकिन बकरे की माँ कब तक ख़ैर मनाएगी। मुझे बिलआख़िर कराची जाना ही पड़ा।

एक दिलचस्प लतीफ़ा : यहाँ जब आख़िरी वारण्ट आए तो ज़मानत देने के लिए घर में कोई मौजूद नहीं था।

मैं अपने बहुत से दोस्तों के पास गया उनमें से कोई भी न मिला। आख़िर मुहम्मद तुफ़ैल साहिब के पास गया। वह बड़े शरीफ़ आदमी हैं, मेरे साथ बादिले-नाख़्वास्ता या ख़्वास्ता हो लिए। ज़मानत हो गई, इसलिए कि उनका एक अदबी इदारा है (वह 'नुक़ूश' के मालिक भी हैं और मुदीर भी) और उनकी दुकान में जितनी किताबें हैं, वो इसकी ज़मानत हैं कि वह पाँच हज़ार की ज़मानत दे सकते हैं।

एक और लतीफ़ा सुनिए : "तुफ़ैल साहिब ने ज़मानत तो दे दी मगर उन्हें यह ख़तरा पैदा हो गया कि शायद मैं तारीख़ मुक़र्ररा पर अदालत में हाज़िर नहीं हूँगा।

ख़ुदा गवाह है कि मेरे पास ज़हर खाने को भी एक पैसा न था। तुफ़ैल साहिब सुबह पाँच बजे मेरे ग़रीबख़ाने पर तशरीफ़ लाए। उनकी जेब में सेकेण्ड क्लास के दो टिकट थे। ताँगे का ख़र्च भी उन्होंने दिया। वह मेरे साथ-साथ रहे। मेरे साथ उन्होंने मेरा एक दोस्त नसीर अनवर कर दिया था, ताकि मैं कराची यक़ीनी तौर पर पहुँच जाऊँ।

कराची में जो कुछ मुझ पर बीती, उसका हाल आपको फिर कभी सुनाऊँगा इसलिए कि सख़्त बीमार हूँ।

दो

'नुक़ूश' के किसी पिछले शुमारे में (शुमारा : 29-30 फ़रवरी-मार्च, 1953 ई.) इस उनवान से मैंने एक मज़मून लिखना शुरू किया था लेकिन मुकम्मल न कर सका था, इसलिए कि मैं सख़्त बीमार था बीमार तो मैं अब भी हूँ, और मेरा ख़याल है कि सदा बीमार रहूँगा, बाज़ अहबाब[15] कहते हैं कि तुम्हारी यह बीमारी ही सब कुछ है, यानी मेरी मज़मूनगिरी और अफ़सानानिगारी।

तुफ़ैल साहिब जो इस पर्चे के मालिक और एडिटर हैं, उन्होंने मेरे मुताल्लिक़ एक मज़मून भी 'मंटो साहिब' के उनवान से लिखा है। इस मज़मून पर बिरादर अहमद नदीम क़ासमी ने, जो बदक़िस्मती से 'इमरोज़' के क़ाइम मक़ाम एडिटर मुक़र्रर हो गए हैं, दर्ज ज़ैल तब्सिरा किया है, 'नक़्क़ाद' के नाम से :

"मुहम्मद तुफ़ैल का मज़मून 'मंटो साहिब' शख़्सी और बहुत हद तक निजी हैसियत रखता है, और हमारे ख़याल में तुफ़ैल साहिब को उन 'राज़हाए दुरूने पर्दा' [16] को दरूने पर्दा ही रखना चाहिए था जो मंटो साहिब के और उनके मरासिम[17] से मुताल्लिक़ हैं। नाशिर और अदीब नीज़ एडिटर और अदीब के ताल्लुक़ात का यूँ सरे बाज़ार ऐलान होने लगे तो न नाशिरों को कहीं ठिकाना मिले और न अदीबों को। कमज़ोरियाँ और ख़ामियाँ किसमें नहीं होतीं लेकिन उनको छापे के हवाले कर देना कम-अज़-कम हमारी नज़र में हुदूदे एतिदाल[18] से तजावुज़[19] करना है। यह दुरुस्त है कि अदीबों और फ़नकारों की नन्ही ख़ामियों पर से नक़ाबकुशाई[20] उनकी शख़्सियत को ज़्यादा उजागर करने में मदद देती है। मगर ऐसी नक़ाबकुशाई भी क्या कि दूसरा आदमी नक्कू बनकर रह जाए। मज़मून के मुताले से मालूम होता है कि तुफ़ैल साहिब की नीयत बुरी नहीं। जज़्बात की रौ में आकर वह चन्द बातें ऐसी कह गए हैं जो न कि जाती या यूँ न कहीं जाती तो बेहतर था।"

मैं इस तब्सिरे से पहले तुफ़ैल साहिब को यह ख़त लिख चुका था :

बिरादरम, अस्सलाम अलैहकुम!

कल रात मुझे सफ़िया ने बताया था कि आपने मुझ पर 'नुक़ूश' में मज़मून लिखा है। ज़्यादा पीने की वजह से मुझसे ठीक पढ़ा नहीं जा रहा था; चूँकि सफ़िया को मज़मून पसन्द था, इसलिए उसने मेरे कहने पर इधर-उधर से सुनाया जो मुझे क़तअन पसन्द न आया; यही सबब हुआ कि मैंने आपको आधी दर्जन के क़रीब गालियाँ दीं; और उसके बाद मुझे नींद आ गई।

सुबह उठकर अपनी आँखों से मज़मून पढ़ा तो मुझे पसन्द आ गया। आपने जो कुछ लिखा है, उससे मुझे इनकार नहीं; अपनी कमज़ोरियों के बावुजूद (मैं) बेहद

ख़ुश हूँ कि आपने जो कुछ लिखा है, उसमें हिचक़िचाहट का शायबा[21] तक नहीं; जो कुछ मैं हूँ वह इस मज़मून में मौजूद है बल्कि वाफ़िर[22] मौजूद है। इस (मज़मून) में बाज़ बातें ऐसी (मौजूद) हैं जो मुझमें मौजूद थीं मगर मेरे लिए महसूस की हद से बाहर थीं, ख़ाकसार सआदत हसन मंटो।

मैं अब इस (मज़मून) के मुताल्लिक़ कुछ और कहना नहीं चाहता। जो हक़ीक़त है, उससे मुझे कभी इनकार नहीं होगा; मैं अगर शराब पीता हूँ तो मैं इससे क्यों इनकार करूँ; मैंने अगर किसी से उधार लिया है तो मुझे इससे भी इनकार नहीं होना चाहिए; अगर मुझे दुनिया इस लिहाज़ से बुरा समझती है तो समझा करें। मैं अगर दुनिया की ऐसी बातों के मुताल्लिक़ ही सोचता रहता तो मेरा ख़याल है कि मैं सौ से ज़्यादा अफ़सानों का मुसन्निफ़ न होता।

साहिबे-नक़्दो-बसर[23] (अहमद नदीम क़ासमी) फरमाते हैं : 'यह दुरुस्त है कि अदीबों और फ़नकारों की नन्ही-नन्ही ख़ामियों पर से नक़ाबकुशाई उनकी शख़्सियत को ज़्यादा उजागर करने में मदद देती है। मगर ऐसी नक़ाबकुशाई भी क्या कि दूसरा आदमी नक्कू बनकर रह जाए' मुझे मालूम नहीं कि तुफ़ैल साहिब के मज़मून के बाद मैं नक्कू बनकर रह गया हूँ या नहीं; इसका फ़ैसला होता रहेगा।

मुझे तुफ़ैल साहिब के इस मज़मून के मुताल्लिक़ सिर्फ़ इतना अर्ज़ करना है कि उन्होंने अपने बीमार भाई के दवा-दारू को महज़ इसलिए पसे-पुश्त[24] रखा और मेरी मदद फ़रमाई कि उन्हें अपने बुज़ुर्गों का यह क़ौल याद आ गया था कि किसी की ज़मानत हर्गिज़-हर्गिज़ नहीं देनी चाहिए, जिसका मुझे अफ़सोस है; अगर मुझे उनकी इस कमज़ोरी का इल्म होता तो मैं कभी अदालत में हाज़िर न होता; वह गिरफ़्तार होते, और जब वह किसी ज़ामिन की तलाश करते तो मैं उनसे कहता कि हज़रत, बुज़ुर्गों की उस नसीहत को पेशे नज़र रखिए जिसको आप महज़ मुरव्वत की ख़ातिर भूल गए...ज़मानत को छोड़िए और चलिए मेरे साथ जेल में...जैसा कि आपने इस मज़मून की पहली क़िस्त में पढ़ा होगा, यह मेरे पाँचवें मुक़दमे की रूदाद है।

मैं और मेरा दोस्त नसीर अनवर स्टेशन पहुँचे; टिकट तुफ़ैल साहिब ने ले ही दिए थे, मगर अब सवाल यह था कि जगह कैसे मिले? (फिर) हमारे पास बीयर की बोतलें (भी) थीं, (और) गाड़ी में उनके लिए भी जगह न थी।

मुझे मअन[25] याद आया कि मेरा एक हम जमात याकूब तौफ़ीक लाहौर स्टेशन पर असिस्टेण्ट स्टेशन मास्टर है; इत्तिफ़ाक़ की बात है कि वह उस वक़्त ड्यूटी पर थे; मैं उनसे मिला तो उन्होंने सीटों का बन्दोबस्त कर दिया। चुनांचे हम कराची रवाना हो गए।

जिस डिब्बे में हमें जगह दी गई (थी), उसमें एक मौलवी साहिब भी सवार

थे। वह तस्बीह के दाने फेर रहे थे।

मैंने सोचा कि यह तो वबाले जान हो जाएँगे, चुनांचे (मुझे) एक तरकीब सूझी। मैंने नसीर अनवर से कहा कि भई, एक बीयर की बोतल तो खोलो।

उसने फ़ौरन सीट के नीचे से एक बोतल निकाली और खोलकर मेरे हवाले कर दी। मौलवी साहिब अपनी तस्बीह के दाने फेरते हुए दूसरे स्टेशन पर उतर गए। मुझे यहाँ एक और लतीफ़ा याद आ गया (है) :

लाहौर स्टेशन पर हमारे कम्पार्टमेण्ट में एक साहिब अपनी अहलिया[26] के साथ तशरीफ लाए। साहिब को तो ख़ैर मैं और नसीर अनवर बर्दाश्त कर लेते, मगर साहिबा को बर्दाश्त करना बहुत मुश्किल था; असल में वह हमें बर्दाश्त नहीं कर सकती थीं।

चुनांचे जब वो दोनों कम्पार्टमेण्ट में दाखिल़ हुए तो मैंने साहिब से कहा : "देखिए हज़रत, हम शराबी आदमी हैं...बीयर की पन्द्रह बोतलें हमारे पास हैं...हम पिएँगे और वाही-तबाही बकेंगे।...आप शरीफ़ आदमी हैं और ग़ालिबन अपनी बीवी के साथ हैं...इसलिए बेहतर है कि आप किसी और कम्पार्टमेण्ट में जगह तलाश कर लें..."

अब जब कि में यह मज़मून लिख रहा हूँ तो मुझे तुफ़ैल साहिब बताते हैं कि उन साहिब ने, जो अपनी बुर्क़ापोश अहलिया के हमराह थे, स्टेशन मास्टर से कहा कि फ़लाँ-फ़लाँ डिब्बे में जहाँ उन्हें जगह दी गई है, दो बदमाश बैठे हैं...

स्टेशन मास्टर ने ताज़्जुब का इज़हार किया और कहा कि उस डिब्बे में तो सआदत हसन मंटो है जोकि बेहद शरीफ़ आदमी है। मगर उन साहिब ने कहा : "जी नहीं...उसने मुझसे ख़ुद कहा है कि वह शराबी-कबाबी है..."

बहरहाल वह बला टल गई, वह यूँ कि उन साहिब को किसी और कम्पार्टमेण्ट में जगह दे दी गई औ हम बेफ़िक्र हो गए।

लाहौर से कराची तक का सफ़र निहायत ज़लील है; सेकेण्ड क्लास में भी इतनी गर्द आती है कि अलअमां[27]। बहरहाल सफ़र बीयर की बोतलों की बदौलत कट ही गया।

मेरा ख़याल था कि किसी होटल में ठहरा जाए, मगर जेब इजाज़त न देती थी। मैंने फ़ैसला किया कि ख़्वाजा नसीरुद्दीन के यहाँ ठहरा जाए, इसलिए भी कि बीवी ने ताकीद की थी कि : "देखो, मेरे भाई के पास जाना..."

मैंने सोचा कि सारी ख़ुदाई एक तरफ़, जोरू का भाई एक तरफ़। मैंने ख़ुदाई को एक तरफ़ रखा और जोरू के भाई के पास चला गया।

(ख़्वाजा नसीरुद्दीन) बड़ा शरीफ़ आदमी है; माअशाअल्लाह अच्छी मुलाज़िमत पर है, माक़ूल तनख़्वाह मिलती है; बहुत बड़े फ़्लैट में रहता है। उसने हमारी बड़ी

आवभगत की। इत्तिफ़ाक़ से उसके साथवाला फ़्लैट ख़ाली था। वह मुझें और नसीर अनवर को दे दिया गया।

मुझे कोई ख़्वाहिश नहीं थी कि मैं वहाँ कराची में ज़्यादा दिन रहूँ, इसलिए कि बम्बई में पन्द्रह बरस रहने के बाद कराची में कोई कशिश नज़र नहीं आती थी।

दूसरे दिन हम मजिस्ट्रेट साहिब की ख़िद्‌मत में हाज़िर हुए।

मामूली-सी इमारत थी एक छोटा-सा कमरा था जिसमें एडीशनल डिस्ट्रिक्ट मजिस्ट्रेट तशरीफ़ फ़रमा थे।

मुझ पर लाहौर में कई मुक़दमे चल चुके थे; मैं जिला कचहरी के आदाब से वाक़िफ़ था, यानी (वह जगह) जहाँ अदब आदाब का कोई वास्ता ही नहीं।

मैं मजिस्ट्रेट साहिब के हुज़ूर सर-ता-पा[24] बन्दगी बनके खड़ा हो गया।

उन्होंने मेरी तरफ़ देखा और पूछा : "आप क्या चाहते हैं?"

मजिस्ट्रेट साहिब के लह्‌जे की मुलाइमियत मेरे लिए बड़ी ताज्जुबख़ेज थी। मैंने अर्ज़ किया : "जनाब, मेरा नाम सआदत हसन मंटो है...आज आपने मुझे मेरे मज़मून 'ऊपर, नीचे और दरमियान' के सिलसिले में फ़ुहशनिगारी की दफ़ा 292 के मातहत तलब फ़रमाया...है"

आपने मुझे बड़े ग़ौर से देखा और कहा : "तशरीफ़ रखिए!"

मैने ख़्याल किया कि मालूम नहीं, उन्होंने किससे तशरीफ़ रखने को कहा है, क्योंकि लाहौर की अदालतों में तो ऐसा रिवाज नहीं है। मै खड़ा रहा।

जब मजिस्ट्रेट साहिब ने देखा कि मैंने तशरीफ़ नहीं रखी तो उन्होंने दोबारा कहा : "तशरीफ़ रखिए मंटो साहिब!"

मैं उनकी मेज़ के पास रखी हुई बेंच पर बैठ गया।

मजिस्ट्रेट साहिब थोड़ी देर के बाद मुझसे मुख़ातिब हुए : "आप इतने दिन तशरीफ़ क्यों नहीं लाए?"

मैंने अर्ज़ की : "जनाब! मेरी तबीअत नासाज़ थी..."

मजिस्ट्रेट साहिब ने फ़रमाया : "आपने मेडीकल सर्टिफ़िकेट भेज दिया होता।" : मैंने झूठ बोला कि मैं इस क़दर बीमार था कि मेडिकल सर्टिफिकेट भेजने के मुताल्लिक़ सोच ही नहीं सकता था।

मजिस्ट्रेट साहिब ने मेरा झूठ सुना और ख़ामोश रहे। फिर कहा : "आप क्या चाहते हैं?"

मैं सोचने लगा कि मैं क्या चाहता हूँ। असल में तो मैं अपना छुटकारा चाहता था। मुझे बार-बार तुफ़ैल साहिब का ख़्याल आता था जिन्होंने मेरी ज़मानत दी थी और बाद में उनको मेरी लाउबाली तबीयत के बाअस सुबह-सवेरे सेकेण्ड क्लास के

दो टिकटों के साथ आना पड़ा था।

मैंने कुछ देर सोचा और फिर मजिस्ट्रेट साहिब से कहा : ''मुझे आप फ़ारिग़ कर दीजिए। मैं जल्दी वापस जाना चाहता हूँ।''

आपने फ़रमाया : ''इतनी जल्दी तो यह काम नहीं हो सकता...मैंने आपका मज़मून अभी तक नहीं पढ़ा है...इंशाअल्लाह आज पढ़ लूँगा और कल सुबह फ़ैसला सुना दूँगा...''

मैंने और नसीर अनवर ने उनको आदाब अर्ज़ की और मोटरसाइकिल रिक्शा में बैठकर बीयर पीने चले गए। यह रिक्शा मुझे कराची में बहुत पसन्द आई; फ़टफ़ट करती चलती है; घण्टों का फ़ासला मिनटों में तय होता है और किराया भी कुछ ज़्यादा नहीं होता।

दूसरे रोज़ हम अदालत में हाज़िर हुए।

मैजिस्ट्रेट साहिब ने मेरे सलाम का जवाब दिया और फ़रमाया : ''तशरीफ़ रखिए!'' मैंने बेंच पर तशरीफ़ रख दी।

आपने एक छोटा-सा काग़ज़ निकाला और फ़रमाया : ''मैंने फ़ैसला लिख लिया है...'' उसके बाद उन्होंने रीडर की तरफ़ देखा और उससे कहा : ''आज क्या तारीख़ है?''

उसने जवाब दिया : ''पच्चीस...!''

मैं ज़रा ऊँचा सुनता हूँ। मेरे कान एक अरसे से ख़राब हैं। मैं समझा कि मुझे पच्चीस रुपए जुर्माना हुआ है, चुनांचे मैंने मजिस्ट्रेट साहिब से कहा : ''जनाब, पच्चीस रुपए जुर्माना?''

पच्चीस रुपए जुर्माने का यह मतलब था कि मैं अपील नहीं कर सकता था; उस सूरत में सज़ा बहाल रहती।

मजिस्ट्रेट साहिब ने ग़ालिबन पाँच सौ रुपए जुर्माना किया था, मगर जब उन्होंने यह सुना : 'पच्चीस रुपए जुर्माना' तो वह मुस्कराए; क़लम लिया और जुर्माना पच्चीस रुपए में तब्दील कर दिया।

नसीर अनवर ने फ़ौरन जेब से पच्चीस रुपये निकाले और अदा कर दिए और साथ ही मुझसे कहा : ''सस्ते छूटे हो, अपील-वपील का झंझट ग़लत होता, कब तक यहाँ अदालतों की ठोकरें खाते रहते...क्या तुम्हें 'ठण्डा गोश्त' का मुक़द्दमा याद नहीं...''

मुझे 'ठण्डा गोश्त' का मुक़द्दमा याद आ गया और मैं काँप-काँप गया।

मैंने ख़ुदा का शुक्र अदा किया कि उसने इतनी जल्दी मेरी ख़लासी कर दी। मैं मजिस्ट्रेट साहिब को आदाब अर्ज़ करके जाने ही वाला था कि उन्होंने मुझसे

कहा : ''आप कब वापस जा रहे हैं?''

मैंने जवाब दिया : ''ग़ालिबन आज ही चला जाऊँगा।''

उन्होंने कहा : ''नहीं, आज न जाइए...मैं आपसे मिलना चाहता हूँ।'' मुझे बहुत हैरत हुई कि वह मुझसे क्यों मिलना चाहते हैं। बहरहाल मैंने उनसे कहा : ''मैं कल तक ठहर जाऊँगा।''

उन्होंने मुझसे पूछा : ''कल चार बजे आपसे कहाँ मुलाक़ात हो सकती है?''

मैं जिन-जिन बारों में जाकर बीयर पीता रहा था, मैंने उनका नाम ले दिया। वह परहेज़गार क़िस्म के आदमी थे। फ़ैसला कॉफ़ी हाउस पर हुआ।

वक़्त चार बजे तय हुआ था मगर हम पन्द्रह मिनट देर से पहुँचे।

मैजिस्ट्रेट साहिब मौजूद थे। आपसे रस्मी-रस्मी गुफ़्तुगू होती रही।

थोड़ी देर के बाद उन्होंने मुझसे बड़े प्यार से कहा : ''मंटो साहिब, मैं आपको इस दौर का बहुत बड़ा अफ़सानानिगार मानता हूँ...आपसे मिलने का मकसद सिर्फ यह है कि आप यह ख़्याल दिल में लेकर न जाएँ कि मैं आपका मद्दाह[29] नहीं...''

मैं सख़्त मुतहैयुर[30] हुआ : ''आप मेरे मद्दाह हैं तो जनाब, आपने मुझे जुर्माना क्यों किया?''

वह मुसकराए : ''इसका जवाब मैं आपको एक बरस के बाद दूँगा...''

कई महीने गुज़र चुके हैं, चन्द बाक़ी रह गए हैं—देखिए मजिस्ट्रेट साहिब, जो अपने वादे के मालूम होते हैं, क्या इन्किशाफ़[31] फ़रमाते हैं।

---

1. वृत्तान्त 2. संवेदनशील; 3. घेरना; 4. हठ करनेवाला; 5. देर; 6. चिन्तित; 7. घबराया हुआ; 8. बहनोई; 9. बातचीत में लगे हुए; 10. लज्जा; 11. सम्मिलित 12. परिहास; 13. कठिन काम; 14. उज़्र। 15. कुछ लोग; 16. आन्तरिक रहस्य; 17. सम्बन्ध; 18. बराबरी का दर्जा; 19. सीमा से बाहर होना; 20. पर्दा उठाना, रहस्योद्घाटन; 21. झलक; 22. बहुत ज़्यादा; 23. आलोचनात्मक दृष्टिवाले; 24. नज़रअन्दाज़ 25. अकस्मात; 26. पत्नी; 27. त्राहि-त्राहि; 28. सिर से पैर तक; 29. प्रशंसक; 30. आश्चर्यचकित; 31. रहस्य प्रकट करते हैं।

कहानियाँ

धुआँ

वह जब स्कूल रवाना हुआ तो उसने रास्ते में एक, क़साई देखा, जिसके सिर पर एक बहुत बड़ा टोकरा था। उसमें दो ताज़ा ज़िब्ह किए हुए बकरे थे। उनकी खालें उतरी हुई थीं और उनके नंगे गोश्त में से धुआँ उठ रहा था। जगह-जगह पर यह गोश्त, जिसको देखकर मसऊद के ठण्डे गालों पर गर्मी की लहरें-सी दौड़ जाती थीं, फड़क रहा था जैसे कभी-कभी उसकी आँख फड़का करती थी।

सवा नौ बजे होंगे मगर झुके हुए ख़ाकिस्तीर[1] बादलों के बाइस ऐसा मालूम होता था कि बहुत सवेरा है। सर्दी में शिद्दत नहीं थी, लेकिन राह चलते आदमियों के मुँह से गर्मागर्म समोवार की टोंटियों की तरह गाढ़ा सफ़ेद धुआँ निकल रहा था। हर शै बोझल दिखाई देती थी जैसे बादलों के वज़न के नीचे दबी हुई है। मौसम कुछ वैसी ही कैफ़ियत का हामिल[2] था जो रबड़ के जूते पहनकर चलने से पैदा होती है। इसके बावजूद कि बाज़ार में लोगों की आमदो-रफ़्त जारी थी और दुकानों में ज़िन्दगी के आसार पैदा हो चुके थे। आवाज़ें मद्धम थीं जैसे सरगोशियाँ हो रही हैं चुपके-चुपके। धीरे-धीरे बातें हो रही हों, हौले-हौले लोग क़दम उठा रहे हैं कि ज़्यादा ऊँची आवाज़ पैदा न हो।

मसऊद बग़ल में बस्ता दबाए स्कूल जा रहा था। उसकी चाल भी सुस्त थी। जब उसने बेखाल के ताज़ा ज़िब्ह किए हुए बकरों के गोश्त से सफ़ेद-सफ़ेद धुआँ उठता देखा तो उसे राहत महसूस हुई। उस धुएँ ने उसके ठण्डे गालों पर गर्म-गर्म लकीरों का एक जाल सा बुन दिया। उस गर्मी ने उसे राहत पहुँचाई और वह सोचने लगा कि सर्दियों में ठण्डे यख़ हाथों पर बेंत खाने के बाद अगर यह धुआँ मिल जाया करे तो कितना अच्छा हो।

फ़ज़ा में उजलापन नहीं था, रौशनी थी मगर धुँधली। कुहरे की एक पतली-सी तह हर शै पर चढ़ी हुई थी जिससे फ़ज़ा में गदलापन पैदा हो गया था। यह गदलापन आँखों को अच्छा मालूम होता था, इसलिए कि नज़र आनेवाली चीज़ों की नोक-पलक

कुछ मद्धम पड़ गई थी।

मसऊद जब स्कूल पहुँचा तो उसे अपने साथियों से यह मालूम करके क़तई तौर पर ख़ुशी न हुई कि स्कूल सिकत्तर की मौत के बाइस बन्द कर दिया गया है। सब लड़के ख़ुश थे, जिसका सुबूत यह था कि वह अपने बस्ते एक जगह पर रखकर स्कूल के सेहन में ऊटपटाँग खेलों में मशगूल थे। कुछ छुट्टी का पता मालूम करते ही घर चले गए थे। कुछ आ रहे थे और कुछ नोटिस बोर्ड के पास जमा थे और बार-बार एक ही इबारत पढ़ रहे थे।

मसऊद ने जब सुना कि सिकत्तर साहिब मर गए हैं तो उसे बिलकुल अफ़सोस न हुआ उसका दिल जज़्बात से बिलकुल ख़ाली था। उसने यह ज़रूर सोचा कि पिछले बरस जब उसके दादा जान का इंतिक़ाल इन ही दिनों में हुआ था तो उनका जनाज़ा ले जाने में बड़ी दिक़्क़त हुई थी, इसलिए कि बारिश शुरू हो गई थी। वह भी जनाज़े के साथ गया था और क़ब्रिस्तान में चिकनी कीचड़ के बाइस ऐसा फ़िसला था कि खुदी हुई क़ब्र में गिरते-गिरते बचा था। यह सब बातें उसको अच्छी तरह याद थीं। सर्दी की शिद्दत, उसके कीचड़ से लथपथ कपड़े सुर्ख़ी माइल नीले हाथ जिनको दबाने से सफ़ेद-सफ़ेद धब्बे पड़ जाते थे, नाक जो कि बर्फ़ की डली मालूम होती और फिर आकर हाथ-पाँव धोने और कपड़े बदलने का मरहला—यह सब कुछ उसको अच्छी तरह याद था। चुनांचे जब उसने सिकत्तर साहिब के मौत की ख़बर सुनी तो उसे बीती हुई बातें याद आ गईं और उसने सोचा : जब सिकत्तर साहिब का जनाज़ा उठेगा तो बारिश शुरू हो जाएगी और क़ब्रिस्तान में इतनी कीचड़ हो जाएगी कि कई लोग फिसलेंगे और उनको ऐसी चोटें आएँगी कि वह बिलबिला उठेंगे।

मसऊद ने यह ख़बर सुनकर सीधे अपनी क्लास का रुख़ किया। कमरे में पहुँचकर उसने अपने डेस्क का ताला खोला। दो-तीन किताबें जो कि उसे दूसरे रोज़ फिर लाना थीं, रखीं और बाक़ी बस्ता उठाकर घर की जानिब चल पड़ा।

रास्ते में उसने फिर दो ताज़ा ज़िब्ह किए हुए बकरे देखे। उनमें से एक को अब क़साई ने लटका दिया था। दूसरा तख़्ते पर पड़ा था। जब मसऊद दूकान पर से गुज़रा तो उसके दिल में ख़्वाहिश पैदा हुई कि वह गोश्त को, जिसमें से धुआँ उठ रहा था, छूकर देखे। चुनांचे उसने आगे बढ़कर उँगली से बकरे के उस हिस्से को छूकर देखा जो अभी तक फड़क रहा था। गोश्त गर्म था। मसऊद की ठण्डी उँगली को यह हरारत बहुत भली मालूम हुई। क़साई दुकान के अन्दर छुरियाँ तेज़ करने में मसरूफ था। चुनांचे मसऊद ने एक बार फिर गोश्त को छूकर देखा और वहाँ से चल पड़ा।

घर पहुँचकर उसने जब अपनी माँ को सिकत्तर साहिब की मौत की ख़बर

सुनाई तो उसे मालूम हुआ कि उसके अब्बा जी उन्हीं के जनाज़े के साथ गए हैं। अब घर में सिर्फ़ दो आदमी थे—माँ और बड़ी बहन। माँ बावरचीख़ाने में बैठी सालन पका रही थीं और बड़ी बहन कुलसुम पास ही एक काँगड़ी लिए दरबारी की सरगम याद कर रही थी।

चूँकि गली के दूसरे लड़के गवरमेंट स्कूल में पढ़ते थे, जिस पर इस्लामिया स्कूल के सिकत्तर की मौत का कुछ असर नहीं हुआ था, इसलिए मसऊद ने ख़ुद को बिलकुल बेकार महसूस किया। स्कूल का कोई काम भी नहीं था, छठी जमात में जो कुछ पढ़ाया जाता है, वह घर में अपने अब्बा जी से पढ़ चुका था। खेलने के लिए भी उसके पास कोई चीज़ न थी। एक मैला-कुचैला ताश ताक़ में पड़ा था मगर उससे मसऊद को कोई दिलचस्पी न थी। लूडो और इसी क़िस्म के दूसरे खेल, जो उसकी बड़ी बहन अपन सहेलियों के साथ हर रोज़ खेलती थी, उसकी समझ में बालातर[3] थे। समझ में बालातर यूँ थे कि मसऊद ने कभी उनको समझने की कोशिश ही नहीं की थी। उसको फितरतन ऐसे खेलों से कोई लगाव नहीं था।

बस्ता अपनी जगह पर रखने और कोट उतारने के बाद वह बावरचीख़ाने में अपनी बहन के पास बैठ गया और दरबारी की सरगम सुनता रहा जिसमें कई दफ़ा सा रे गा मा आता थ। उसकी माँ पालक काट रही थी। पालक काटने के बाद उसने सब्ज़-सब्ज़ पत्तों का गीला-गीला ढेर उठाकर हँडिया में डाल दिया। थोड़ी देर के बाद जब पालक को आँच लगी तो उसमें सफ़ेद-सफ़ेद धुआँ उठने लगा। उस धुएँ को देखकर मसऊद को बकरे का गोश्त याद आ गया। चुनांचे उसने अपनी माँ से कहा : ''अम्मी जान, आज मैंने क़साई की दुकान पर दो बकरे देखे। उनकी खाल उतरी हुई थी और उनमें से धुआँ निकल रहा था बिलकुल वैसे ही जैसा कि सुबह-सवेरे मेरे मुँह से निकला करता है।''

''अच्छा...!'' यह कहकर उसकी माँ चूल्हे में लकड़ियों के कोयले झाड़ने लगी। ''हाँ...और मैंने गोश्त को अपनी उँगली से छूकर देखा तो वह गर्म था।''

''अच्छा...!'' यह कहकर उसकी माँ ने वह बरतन उठाया जिसमें उसने पालक साग धोया था और बावरचीख़ाने से बाहर चली गई।

''...और वह गोश्त कई जगह पर फड़कता भी था।''

''अच्छा...'' मसऊद की बड़ी बहन ने दरबारी सरगम याद करना छोड़ दी और उस तरफ़ मुतवज्जेह हुई : ''कैसे फड़कता था?''

''यूँ...यूँ।'' मसऊद ने उँगलियों से फड़कन पैदा करके अपनी बहन को दिखाई

''फिर क्या हुआ?'' यह सवाल कुलसुम ने अपने सरगम भरे दिमाग़ से कुछ

इस तर्ज़ पर निकाला कि मसऊद एक लम्हे के लिए बिलकुल ख़ाली उज़्ज़ेहन[1] हो गया।

"फिर क्या होना था? मैंने ऐसे ही आप से बात की थी कि क़साई की दूकान पर गोश्त फड़क रहा था। मैंने उँगली से छूकर भी देखा था। गर्म था!"

"गर्म था।"...! अच्छा, मसऊद यह बताओ, तुम मेरा एक काम करोगे?"

"बताइए।"

"आओ, मेरे साथ आओ।"

"नहीं, आप पहले बताइए, काम क्या है?"

"तुम आओ तो सही मेरे साथ।"

"जी नहीं...आप पहले काम बताइए।"

"देखो, मेरी कमर में बड़ा दर्द हो रहा हैं...मै पलंग पर लेटती हूँ तुम ज़रा पाँव से दबा देना...अच्छे भाई जो हुए, अल्लाह की क़सम बड़ा दर्द हो रहा है।" यह कहकर मसूद की बहन ने अपनी कमर पर मुक्कियाँ मारना शुरू कर दीं।

"यह आपकी कमर को क्या हो जाता है? जब देखो, दर्द हो रहा है, और फिर उसे दबवाती भी मुझी से हैं। क्यों नहीं अपनी सहेलियों से कहतीं..." मसऊद उठ खड़ा हुआ बिलकुल नहीं दबाऊँगा।"

"शाबाश! शाबाश!" उसकी बहन उठ खड़ी हुई और सरगमों की कापी सामने ताक़ में रखकर उस कमरे की तरफ़ रवाना हुई जहाँ वह और मसऊद, दोनों सोते थे।

सहन में पहुँचकर उसने अपनी दुखती हुई कमर सीधी की और ऊपर आसमान की तरफ़ देखा। मटियाले बादल झुके हुए थे : "मसऊद, आज ज़रूर बारिश होगी।" यह कहकर उसने मसऊद की तरफ़ देखा मगर वह अन्दर अपनी चारपाई पर लेटा था।

मगर कुलसुम अपने पलंग पर औंधे मुँह लेट गई तो मउसऊद ने उठकर घड़ी में वक़्त देखा : "देखिए बाजी, ग्यारह बजने में दस मिनट बाक़ी हैं। मैं पूरे ग्यारह बजे आपकी कमर दाबना छोड़ दूँगा"

"बहुत अच्छा, लेकिन तुम अब ख़ुदा के लिए ज़्यादा नख़रे न बघारो...इधर मेरे पलंग पर आकर जल्दी कमर दबाओ, वरना याद रखो, बड़े ज़ोर से कान ऐंठूँगी।" कुलसुम ने मसऊद को डाँट पिलाई।

मसऊद ने अपनी बड़ी बहन के हुक्म की तामील की। दीवार का सहारा लेकर पाँव से उसकी कमर दबाना शुरू कर दी। मसऊद के वज़न के नीचे कुलसुम की चौड़ी-चकली कमर में ख़फ़ीफ़ सा झुकाव पैदा हो गया। जब उसने पैरों से दबाना ...िया, ठीक उसी तरह जिस तरह मज़दूर मिट्टी गूँधते हैं तो कुलसुम ने मज़ा

लेने की ख़ातिर हौले-हौले हाय-हाय करना शुरू कर दिया।

कुलसुम के कूल्हों पर गोश्त ज़्यादा था। जब मसऊद का पाँव उस हिस्से पर पड़ा तो उसे ऐसा महसूस हुआ कि उस बकरे के गोश्त को दबा रहा है जो उसने क़साई की दूकान में अपनी उँगली से छूकर देखा था। इस एहसास ने चन्द लम्हात के लिए उसके दिलो-दिमाग़ में से ख़यालात पैदा किए जिनका कोई ख़याल मुकम्मल ही न था।

एक-दो बार मसऊद ने यह भी महसूस किया कि उसके पैरों के नीचे गोश्त लोथड़ों में हरकत पैदा हुई है, उसी क़िस्म की हरकत जो उसे बकरे के गर्म-गर्म गोश्त में देखी थी...उसने बड़ी बददिली से कमर दबाना शुरू की थी मगर अब उसे इस काम में लज़्ज़त महसूस होने लगी। उसके वज़न के नीचे कुलसुम हौले-हौले कराह रही थी। यह भिंची-भिंची आवाज़, जो कि मसऊद के पैरों की हरकत का साथ दे रही थी, उस गुमनाम-सी लज़्ज़त में इज़ाफ़ा कर रही थी।

टामपीस में ग्यारह बज गए मगर मसऊद अपनी बहन कुलसुम की कमर दबाता रहा। जब कमर अच्छी तरह दबाई जा चुकी तो कुलसुम सीधी लेट गई और कहने लगी : "शबाश मसऊद! शाबाश! तो अब लगे हाथों टाँगें भी दबा दो, बिलकुल इसी तरह...शाबाश मेरे भाई..."

मसऊद ने दीवार का सहारा लेकर कुलसुम की रानों पर अपना पूरा वज़न डाला तो उसके पाँव के नीचे मछलियाँ तड़प-सी गईं...बेइख़्तियार वह हँस पड़ी और दोहरी हो गई।

मसऊद गिरते-गिरते बचा, लेकिन उसके तलवों में मछलियों की वह तड़प मुंजमिदसी[5] हो गई। उसके दिल में ज़बर्दस्त ख़्वाहिश पैदा हुई, कि वह फिर उसी तरह दीवार का सहारा लेकर अपनी बहन की रानें दबाए। चुनांचे उसने कहा : "यह आपने हँसना क्यों शुरू कर दिया? सीधी लेट जाइए कि मैं आपकी टाँगें दबा दूँ..."

कुलसुम सीधी लेट गई। रानों की मछलियाँ इधर-उधर होने के बाअस जो गुदगुदी पैदा हुई थी, उसका असर अभी तक उसके जिस्म में बाक़ी था : "ना भाई, मेरे गुदगुदी होती है। तुम वहशियों की तरह दबाते हो..."

मसऊद ने ख़याल किया कि शायद उसने ग़लत तरीक़ा इस्तेमाल किया है : "नहीं, अब की दफ़ा मैं पूरा बोझ आप पर नहीं डालूँगा...आप इत्मीनान रखिए, अब ऐसी अच्छी तरह दबाऊँगा कि आपको कोई तकलीफ़ न होगी..."

दीवार का सहारा लेकर मसऊद ने अपने जिस्म को तोला। इस अन्दाज़ से आहिस्ता-आहिस्ता कुलसुम की रानों पर अपने पैर जमाए कि उसका आधा बोझ कहीं ग़ायब हो गया। हौले-हौल बड़ी होशियारी से उसने पैर चलाने शुरू किए।

कुलसुम की रानों में अकड़ी हुई मछलियाँ उसके पैरों के नीच दब-दबकर इधर-उधर फिसलने लगी। मसऊद ने एक बार स्कूल में तने हुए रस्से पर एक बाज़ीगर को चलते देखा था। उसने सोचा कि बाज़ीगर के पैरों के नीचे तना हुआ रस्सा इसी तरह फिसलता होगा।

इससे पहले कई बार उसने अपनी बहन कुलसुम की टाँगें दबाई थीं। मगर वह लज़्ज़त जोकि उसे अब महसूस हो रही थीं, पहले कभी महसूस नहीं हुई थी। बकरे के गर्म-गर्म गोश्त का उसे बार-बार ख़्याल आता था। एक-दो मर्तबा उसने सोचा : 'कुलसुम को अगर ज़िब्ह किया जाए तो खाल उतर जाने पर क्या उसके गोश्त में से भी धुआँ निकलेगा?' लेकिन ऐसी बेहूदा बातें सोचने पर उसने अपने आपको मुजरिम महसूस किया और दिमाग़ को इस तरह साफ़ कर दिया जैसे वह स्लेट को स्पंज से साफ़ किया करता था।

"बस-बस..." कुलसुम थक गई, "बस-बस..."

मसऊद को एकदम शरारत सूझी। वह पलँग पर से नीचे उतरने लगा तो उसे कुलसुम की दोनों बग़लों मे गुदगुदी शुरू कर दी। हँसी के मारे वह लोट-पोट हो गई। उसमे इतनी सकत नहीं थी कि वह मसऊद के हाथों को परे झटक दे लेकिन जब उसने इरादा करके मसऊद के लात जमानी चाही तो मसऊद उछलकर ज़द से बाहर हो गया और स्लीपर पहनकर कमरे से निकल गया।

जब वह सहन में दाख़िल हुआ तो उसने देखा कि हल्की-हल्की बूँदा-बाँदी हो रही है। बादल और भी झुक आए थे। पानी के नन्हे-नन्हे क़तरे पैदा किए बग़ैर सहन की ईंटों में आहिस्ता-आहिस्ता जज़्ब हो रहे थे। मसऊद का जिस्म का दिलनवाज़ हरारत महसूस कर रहा था जब हवा का ठण्डा-ठण्डा झोंका उसके गालों के साथ मस[6] हुआ और दो-तीन नन्ही-नन्ही बूँदें उसकी नाक पर पड़ीं तो एक झुरझुरी-सी उसके बदन में लहरा उठी। सामने कोठे की दीवार पर एक कबूतर और कबूतरी पास-पास पर फुलाए बैठे थे। ऐसा मालूम होता था कि दोनों दमपुख़्त[7] की हुई हँडिया की तरह गर्म हैं। गुलदाऊदी और नाज़बू के हरे-हरे पत्ते ऊपर लाल-लाल हँडिया की तरह गर्म हैं। गुलदाऊदी और नाज़बू के हरे-हरे पत्ते ऊपर लाल-लाल गमलों में नहा रहे थे। फ़ज़ा में नींदें घुली हुई थीं। ऐसी नींद जिनमें बेदारी[8] ज़्यादा है और इंसान के इर्द-गिर्द नर्म-नर्म ख़्वाब यूँ लिपट जाते हैं, जैसे ऊनी कपड़े।

मसऊद ऐसी बातें सोचने लगा जिनका मतलब उसकी समझ में नहीं आता था। वह उन बातों को छूकर देख सकता था मगर उनका मतलब उसकी गिरफ़्त से बाहर था। फिर भी एक गुमनाम-सा मज़ा इस सोच-विचार में उसे आ रहा था।

बारिश में कुछ देर खड़े रहने के बाइस जब मसऊद के हाथ बिलकुल यख़[9]

हो गए और दबाने से उन पर सफ़ेद धब्बे पड़ने लगे तो उसने मुट्ठियाँ कस लीं और उनको मुँह की भाप से गर्म करना शुरू किया। हाथों को इस अमल से कुछ गर्मी तो पहुँची मगर वह नम-आलूद हो गए। चुनांचे आग तापने के लिए वह बावरचीख़ाने में चला गया। खाना तैयार था। अभी उसने पहला लुक़्मा ही उठाया था कि उसका बाप क़ब्रिस्तान से वापिस आ गया। बाप-बेटे में कोई बात न हुई। मसऊद की माँ उठकर फ़ौरन दूसरे कमरे में चली गई और वहाँ देर तक अपने ख़ाविंद के साथ बातें करती रही।

खाने से फ़ारिग़ होकर मसऊद बैठक में चला गया और खिड़की खोलकर फ़र्श पर लेट गया। बारिश की वज़ह से सर्दी की शिद्दत बढ़ गई थी, क्योंकि हवा अब भी चल रही थी। मगर यह सर्दी नाख़ुशगवार मालूम नहीं होती थी। तालाब के पानी की तरह यह ऊपर ठण्डी और अन्दर गर्म थी। मसऊद जब फ़र्श पर लेटा तो उसके दिल में ख़्वाहिश पैदा हुई कि वह उस सर्दी के अन्दर धँस जाए जहाँ उसके जिस्म को राहतअंगेज़ गर्मी पहुँचे। देर तक वह ऐसी शीर गर्म बातों के मुताल्लिक़ सोचता रहा जिसके बाइस उसे पट्ठों में हल्की-हल्की दुखन पैदा हो गई। एक दो-बार उसने अँगड़ाई ली तो उसे मज़ा आया। उसके जिस्म के किसी हिस्से में, यह उसको मालूम नहीं था कि कहाँ, कोई चीज़ अटक-सी गई थी। यह चीज़ क्या थी, उसके मुताल्लिक़ भी मसऊद को इल्म नहीं था, अलबत्ता इस अटकाव ने उसके सारे जिस्म में इज़्तिराब[10], एक दबे हुए इज़्तिराब की कैफ़ियत पैदा कर दी थी। उसका सारा जिस्म खिंचकर लम्बा हो जाने का इरादा बन गया था।

देर तक गुदगुदे क़ालीन पर पर करवटें बदलने के बाद वह उठा और बावरचीख़ाने से होता हुआ सहन में आ निकला। कोई बावरचीख़ाने में था, न सहन में। इधर-उधर जितने कमरे थे, सबके-सब बन्द थे। बारिश अब रूक गई थी। मसऊद ने हाकी और गेंद निकाली और सहन में खेलना शुरू कर दिया। एक बार जब उसने ज़ोर से हिट लगाई तो गेंद सहन के दाएँ हाथवाले कमरे के दरवाज़े पर लगी। अन्दर से मसऊद के बाप की आवाज़ आई : "कौन?"

"जी, मैं हूँ मसऊद!"

अन्दर से आवाज़ आई : "क्या कर रहे हो?"

"जी, खेल रहा हूँ!"

"खेलो..." फिर थोड़े-से तवक़्कुफ़[11] के बाद उसके बाप ने कहा : "तुम्हारी माँ मेरा सिर दबा रही है, ज़्यादा शोर न मचाना।"

यह सुनकर मसऊद ने गेंद वहीं पड़ी रहने दी और हाकी हाथ में लिए सामने वाले कमरे का रुख़ किया। उसका एक दरवाज़ा बन्द था और दूसरा नीमबाज़...

मसऊद ने एकदम दोनों पट खोल दिए। दो चीख़ें बुलन्द हुईं और कुलसुम और उसकी सहेली बिमला ने, जोकि पास-पास लेटी थीं, ख़ौफ़ज़दा होकर झट से लिहाफ़ ओढ़ लिया।

बिमला के ब्लाउज़ के बटन खुले हुए थे और कुलसुम उसके उरियाँ सीने को घूर रही थी।

मसऊद कुछ समझ न सका। उसके दिमाग़ पर धुआँ-सा छा गया। वहाँ से उलटे क़दम लौटकर जब बैठक की तरफ़ रवाना हुआ तो उसे मअन[12] अपने अन्दर एक अथाह ताक़त का एहसास हुआ जिसने कुछ देर के लिए उसकी सोचने-समझने की कूव्वत बिलकुल कमज़ोर कर दी।

बैठक में खिड़की के पास बैठकर जब मसऊद ने हाकी को दोनों हाथों से पकड़कर घुटने पर रखा तो यह सोचा कि हल्का-सा दबाव डालने पर भी हाकी में ख़म पैदा हो जाएगा और ज़्यादा ज़ोर लगाने पर तो हैण्डल चटाख़ से टूट जाएगा। ...उसने घुटने पर हाकी के हैण्डल में ख़म तो पैदा कर लिया मगर ज़्यादा से ज़्यादा ज़ोर लगाने पर भी टूट न सका। देर तक वह हाकी के साथ कुश्ती लड़ता रहा। जब वह थक कर हार गया तो झुँझलाकर उसने हाकी परे फेंक दी।

---

1. मटमैला; 2. धारण करने वाला; 3. बाहर; 4. शून्य-मस्तिष्क; 5. जमा हुआ; 6. स्पर्श; 7. हाँडी का मुँह बन्द करके हल्की आँच पर रखी हुई; 8. जागृति; 9. ठण्ड से जमे हुए; 10. व्याकुलता, व्यग्रता; 11. अन्तराल; 12. अचानाक

बू

बरसात के यही दिन थे। खिड़की के बाहर पीपल के पत्ते इसी तरह नहा रहे थे। सागवान के उस स्प्रिंगवाले पलंग पर, जो अब खिड़की के पास ज़रा उधर को सरका दिया गया था, एक घाटन लौंडिया रनधीर के साथ चिमटी हुई थी।

खिड़की के बाहर पीपल के पत्ते रात के दूधियाले अँधेरे में झुमकों की तरह थरथरा रहे थे और नहा रहे थे और वह घाटन लौंडिया रनधीर के साथ कँपकँपाहट बनकर चिमटी हुई थी।

शाम के करीब, दिन भर एक अंग्रेज़ी अख़बार की तमाम ख़बरें और इश्तिहार पढ़ने के बाद जब वह बालकनी में ज़रा तफ़रीह की ख़ातिर खड़ा हुआ था तो उसने इस घाटन लड़की को, जो ग़ालिबन साथवाले रस्सियों के कारख़ाने में काम करती थी और बारिश से बचने के लिए इमली के दरख़्त के नीचे खड़ी थी, खाँस-खँखारकर अपनी तरफ़ मुतज्जेह किया था और आख़िर में हाथ के इशारे से उसे ऊपर बुला लिया था।

वह कई दिनों से शदीद क़िस्म की तन्हाई महसूस कर रहा था। जंग के बाइस बम्बई की क़रीब-क़रीब तमाम क्रिश्चियन छोकरियाँ, जो पहले सस्ते दामों पर मिल जाती थीं, औरतों की एग्ज़ालरी फ़ोर्स में भर्ती हो गई थी। उनमें से बाज़ ने फ़ोर्ट के इलाके में डांसिंग स्कूल खोल लिए थे जहाँ सिर्फ़ फ़ौजी गोरों को जाने की इजाज़त थी...रनधीर बहुत उदास हो गया था। उसकी उदासी की एक वजह तो यह थी कि क्रिश्चियन छोकरियाँ नायाब हो गई थीं। दूसरी वजह यह भी थी कि रनधीर जो फ़ौजी गोरों के मुक़ाबले में कहीं ज़्यादा मुहज़्ज़ब, तालीमयाफ़्ता, सेहतमन्द और ख़ूबसूरत था, सिर्फ़ इसलिए उस पर फ़ोर्ट के अक्सर क़हबाख़ानों के दरवाज़े बन्द कर दिए गए थे कि उसकी चमड़ी सफ़ेद नहीं थी।

जंग से पहले रनधीर नागपाड़ा और ताज होटल के गिर्दो नवाह की कई क्रिश्चियन लड़कियो से जिस्मानी मुलाकात कर चुका था। उसे अच्छी तरह मालूम

था कि ऐसा मुलाक़ात के आदाब से वह उन क्रिश्चियन लौंडों के मुक़ाबले में कहीं ज़्यादा वाकिफ़ियत रखता है जिनसे यह लड़कियाँ फ़ैशन पर रोमांस लड़ाती है और बाद में किसी चुग़द से शादी कर लेती हैं।

रनधीर न महज़ दिल ही दिल में हैज़ल से उसकी ताज़ा-ताज़ा पैदा शुदा रुऊनत[1] का बदला लेने की ख़ातिर उस घाटन लड़की को इशारे से ऊपर बुलाया था। हैज़ल उसके फ़्लैट के नीचे रहती थी और हर रोज़ सुबह को वर्दी पहनकर और अपने कटे हुए बालों पर ख़ाकी रंग की टोपी तिरछे ज़ाविए पर जमाकर बाहर निकलती थी और इस अन्दाज़ से चलती थी गोया फ़ुटपाथ पर तमाम आने वाले उसके क़दमों के आगे टाट की तरह बिछते चले जाएँगे।

रनधीर ने सोचा कि आख़िर वह क्यों उस क्रिश्चियन छोकरियाँ की तरफ़ इतना राग़िब है। इसमें कोई शक नहीं कि वे अपने जिस्म की तमाम क़ाबिले नुमाइश चीज़ों की अच्छी तरह नुमाइश करती हैं। किसी क़िस्म की झिझक महसूस किए बग़ैर अपने अय्याम की बेतरतीबी का ज़िक्र कर देती हैं। अपने पुराने मुआशक़ों का हाल सुनाती हैं। जब डांस की धुन सुनती हैं तो अपनी टाँगें थिरकाना शुरू कर देती है। यह सब ठीक है लेकिन कोई भी औरत इन तमाम ख़ूबियों की हामिल हो सकती है।

रनधीर ने जब घाटन लड़की को इशारे से ऊपर बुलाया था तो उसे हरगिज़-हरगिज़ यक़ीन नहीं था कि वह उसको अपने साथ सुला सकेगा। लेकिन थोड़ी ही देर के बाद जब उसने उसके भीगे हुए कपड़े देखकर यह ख़याल किया था कि, कहीं ऐसा न हो, बेचारी को निमोनिया हो जाए। तो रनधीर ने उससे कहा था : "यह उतार दो, सर्दी लग जाएगी.."

वह उसका मतलब समझ गई थी, इसलिए उसकी आँखों में धर्म क लाल डोरे तैर गए थे। मगर बाद में जब रनधीर ने उसे अपनी सफ़ेद धोती निकालकर दी तो उसने कुछ देर सोचकर अपना काश्टा[2] खोला जिसका मैल भीगने के बाइस और ज़्यादा उभर आया था और काशटा खोलकर उसने एक तरफ़ रख दिया और जल्दी से सफ़ेद धोती अपनी रानों पर डाल ली। फिर उसने अपनी फँसी-फँसी चोली उतारने की कोशिश शुरू की जिसके दोनों किनारों को मिलाकर उसमें एक गाँठ दे रखी थी। यह गाँठ उसके तन्दुरूस्त सीने के नन्हे, मगर मैले गढ़े में जज़्ब सी हो गई थी।

देर तक वह अपने घिसे हुए नाख़ूनों की मदद से चोली की गिरह खोलने की कोशिश करती रही जो बारिश के पानी से बहुत ज़्यादा मज़बूत हो गई थी। जब थककर हार गई तो उसने मरहठी ज़बान में रनधीर से कुछ कहा, जिसका मतलब यह था : 'मैं क्या करूँ, नही खुलती...'

रनधीर उसके पास बैठ गया और गिरह खोलने लगा। थक-हारकर उसने एक

हाथ में चोली का एक सिरा पकड़ा, दूसरे हाथ में दूसरा, और ज़ोर से खींचा। गिरह एकदम फिसली, रनधरी ने एक लख़्ते के लिए ख़याल किया कि उसके अपने हाथों ने उस घाटन लड़की के सीने पर नर्म-नर्म गुँधी हुई मिट्टी को चाबुकदस्त कुम्हार की तरह दो प्यालों की शक्ल दे दी।

उसकी सेहतमन्द छातियों में वही गदराहट, वही जाज़िबीयत, वही तरावट, वही गर्म-गर्म ठण्डक थी, जो कुम्हार हाथों से निकले हुए ताज़ा कच्चे बर्तनों में होती है।

मटमैले रंग की उन जवान छातियों में, जो बिलकुल बेदाग़ थीं, एक अजीब क़िस्म की चमक महलूल थी। सियाही माइल गन्दुमी रंग के नीचे रौशनी की एक तह सी थी जिसने यह अजीबो-ग़रीब चमक पैदा कर दी थी जो चमक होने के बावजूद चमक नहीं थी। उसके सीने पर छातियों के यह उभार दीए मालूम होते थे, जो तालाब के गदले पानी के अन्दर जल रहे हों।

बरसात के ही दिन थे। खिड़की के बाहर पीपल के पत्ते कँपकँपा रहे थे। उस घाटन लड़की के दोनों कपड़े, जो पानी से साराबोर हो चुके थे, एक ग़लीज़ ढेरी की शक्ल में फ़र्श पर पड़े थे और वह रनधीर के साथ चिमटी हुई थी। उसके नंगे और मैले बदन की गर्मी रनधीर के जिस्म में वह कैफ़ियत पैदा कर रही थी जो सख़्त सर्दियों में नाइयों के ग़लीज़ मगर गर्म हम्माम में नहाते वक़्त महसूस हुआ करती है।

सारी रात वह रनधीर के साथ चिमटी रही। दोनों गोया एक-दूसरे में मुदग़म हो गए थे। उन्होंने बमुश्किल एक-दो बातें की होंगी, क्योंकि जो कुछ उन्हें कहना-सुनना था, साँसों, होंठों और हाथों से तय होता रहा था। रनधीर के हाथ सारी रात उसकी छातियों पर हवाई लम्स की तरह फिरते रहे। छोटी-छोटी चूचियाँ और वह मोटे-मोटे मसाम[3] जो उनके इर्द-ग़िर्द एक काले दायरे की शक्ल में फैले हुए थे, उस हवाई लम्स से जाग उठते और उस घाटन लड़की के सारे जिस्म में ऐसा इर्तिआश[1] पैदा हो जाता कि रनधीर खुद भी लख़्ते के लिए कँपकँपा उठता।

ऐसी कँपकँपाहटों से रनधीर का सैकड़ों मर्तबा तअरुफ़ हो चुका था। वह उसकी लज़्ज़त से अच्छी तरह आश्ना था। कई लड़कियों के नर्म और सख़्त सीनों के साथ अपना सीना मिलाकर वह ऐसी रातें गुज़ार चुका था। वह ऐसी लड़कियों के साथ भी रह चुका था जो बिल्कुल अल्हड़ थीं और उसके साथ लिपटकर घर की वो तमाम बातें सुना दिया करती थीं जो किसी ग़ैर को नहीं सुनाना चाहिए। वह ऐसी लड़कियों से भी जिस्मानी रिश्ता क़ायम कर चुका था जो सारी मशक़्क़त ख़ुद करती थीं और उसे कोई तकलीफ़ नहीं देती थीं, मगर यह घाटन लड़की जो इमली के दरख़्त के नीचे भीगी हुई खड़ी थी और जिसको उसने इशारे से ऊपर बुला लिया, बहुत ही मुख़्तलिफ़ थी।

सारी रात रनधीर को उसके बदन से अजीबो-ग़रीब क़िस्म की बू आती रही थी। उस बू को जो बयक वक़्त खुशबू और बदबू थी, वह तमाम रात पीता रहा था। उसकी बग़लों से, उसकी छातियों से, उसके बालों से, उसके पेट से, हर जगह से यह बू जो बदबू भी थी और खुशबू भी रनधीर की हर साँस में मौजूद थी। तमाम रात वह सोचता रहा था कि यह घाटन लड़की बिल्कुल क़रीब होने पर भी हरगिज़-हरगिज़ इतनी ज़्यादा क़रीब न होती, अगर उसके नंगे बदन से यह बू न उड़ती। यह बू उसके दिलो-दिमाग़ की हर सलवट में रेंग गई थी, उसके तमाम पुराने और नए ख़यालों में रच गई थी।

उस बू ने लड़की को और नए रनधीर को एक रात के लिए आपस में महलूल कर दिया। दोनों एक-दूसरे के अन्दर दाख़िल हो गए थे, अमीक़-तरीन गहराईयों में उतर गए थे जहाँ पहुँचकर वह एक ख़ालिस इंसानी लज़्ज़त में तबदील हो गए थे, ऐसी लज़्ज़त, जो लम्हाती होने के बावजूद दाइमी[5] जो महवे-परवाज़ होने के बावजूद साकित और जामिद थी। वे दोनों एक ऐसे पंछी बन गए थे जो आसमान की नीलाहटों में उड़ता-उड़ता ग़ैर मुतहर्रिक[6] दिखाई देता है।

उस बू को जो उस घाटन लड़की के हर मसाम से बाहर निकलती थी, रनधीर अच्छी तरह समझता था, हालाँकि वह इसका तजज़िया[7] नहीं कर सकता था। जिस तरह बाज़ औक़ात मिट्टी पर पानी छिड़कने से सोंधी-सोंधी बास पैदा होती है, लेकिन नहीं, वह बू कुछ और ही किस्म की थी। इसमें लैवण्डर और इत्र का मसनूईपन[8] नहीं था। वह बिल्कुल असली थी। औरत और मर्द के बाहमी ताल्लुक़ात की तरह असली और अज़ली।

रनधीर को पसीने की बू से नख़्त नफरत थी। वह नहाने के बाद आमतौर पर अपनी बग़लों में ख़शबूदार पाउडर लगाता था या कोई ऐसी दवा इस्तेमाल करता था जिससे पसीने की बू दब जाए लेकिन हैरत है कि उसने कई बार, हाँ कई बार उस घाटन लड़की की बालों भरी बग़लों को चूमा और उसे बिल्कुल घिन न आई, बल्कि उसे अजीब तरह की लज़्ज़त महसूस हुई। उसकी बग़लों के नर्म-नर्म बाल पसीने के बाइस उनसे भी वही बू निकलती थी जो ग़ायत दर्जा[9] क़ाबिले-फ़हम[10] होने के बावजूद नाक़ाबिले फ़हम थी। रनधीर को ऐसा लगा था कि वह उस बू को जानता है, पहचानता है, उसका मतलब भी समझता है, लेकिन किसी और को यह मतलब समझा नहीं सकता।

बरसात के यही दिन थे...इसी खिड़की के बाहर जब उसने देखा था तो पीपल के पत्ते लरज़-लरज़कर नहा रहे थे। हवा में सरसराहटें और फड़फड़ाहटें घुली हुई थीं।

अँधेरा था मगर उसमें दबी-दबी धुँधली-सी रौशनी भी समोई हुई थी, जैसे बारिश के क़तरों के साथ लगकर तारों की थोड़ी-थोड़ी रौशनी उतर आई हो। बरसात के यही दिन थे जब रनधीर के इसी कमरे मे सागवान का सिर्फ एक पलंग होता था, मगर अब उसके साथ ही एक दूसरा भी पड़ा था और कोने में एक नई ड्रैसिंग टेबिल भी मौजूद थी। दिन यही बरसात के थे, मौसम भी बिल्कुल ऐसा ही था, बारिश के क़तरों के साथ तारों की थोड़ी-थोड़ी बिल्कुल रौशनी भी उतर रही थी, मगर फ़ज़ा में हिना के इत्र की तेज़ खुशबू बसी हुई थी।

दूसरा पलंग खाली था। उस पलंग पर, जिस पर रनधीर औंधे मुँह लेटा खिड़की के बाहर पीपल के लरज़ते हुए पत्तों पर बारिश के क़तरों का रक़्स देख रहा था, एक गोरी-चिट्टी लड़की अपने सत्र को नंगे जिस्म से छुपाने की नाकाम कोशिश करते-करते ग़ालिबन सो गई थी...उसकी लाल शलवार दूसरे पलंग पर पड़ी थी। उसके गहरे कपड़े भी पड़े थे। उसकी सुनहरे फूलोंवाली क़मीज़, अँगिया, जाँघिया और दुपट्टा सबका रंग सुर्ख था, बेहद सुर्ख। यह सब कपड़े हिना के इत्र की तेज़ खुशबू में बसे हुए थे।

लड़की के सियाह बालों में मुक़्क़ैश[11] के ज़र्रे गर्द की तरह जमे हुए थे। चेहरे पर ग़ाज़े सुर्खी और मुक़्कैश के इन ज़र्रात ने मिल-जुलकर एक अजीबो-ग़रीब रंग पैदा कर दिया था, बेजान-सा- उड़ा-उड़ा। और उसके गोरे सीने पर अँगिया के कच्चे रंग ने जाबजा लाल-लाल धब्बे डाल दिए थे।

छातियाँ दूध की तरह सफ़ेद थीं, जिसमें थोड़ी-थोड़ी नीलाहट भी होती है। बग़लों के बाल मुँडे हुए थे जिसके बाइस वहाँ सुर्मई ग़ुबार-सा पैदा हो गया था। रनधीर कई बार उस लड़की की तरफ़ देखकर सोच चुका था : क्या ऐसा नही लगता जैसे मैंने अभी-अभी कीलें उखेड़कर उसे लकड़ी के बन्द बक्स में से निकाला है, किताबों और चीनी के बर्तनों की तरह, क्योंकि जिस तरह किताबों पर दाब के निशान होते है और चीनी के बर्तनों पर हिलने-डुलने से ख़राशें आ जाती है, ठीक उसी तरह इस लड़की के बदन पर कई जगह ऐसे निशान थे।

जब रनधीर ने उसकी तंग और चुस्त अँगिया की डोरियाँ खोली थीं तो पीठ पर और सामने के नर्म-नर्म गोश्त पर झुर्रियाँ-सी बनी हुई थीं और कमर के इर्द-गिर्द कसकर बँधे हुए इज़ारबन्द[12] का निशान...वज़नी और नुकीले जड़ाऊ नेकलेस से उसके सीने पर कई जगह ख़राशें पैदा हो गई थीं, जैसे नाख़ूनों से बड़े ज़ोर के साथ खुजाया गया हो। बरसात के वही दिन थे, पीपल की नर्म-नर्म कोमल पत्तियों पर बारिश के क़तरे गिरने से वैसी ही आवाज़ पैदा हो रही थी, जैसी कि रनधीर उस रोज़

तमाम रात सुनता रहा था। मौसम बहुत ख़ुशगवार था। ठण्डी-ठण्डी हवा चल रही थी, लेकिन उसमें हिना के इत्र की तेज़ ख़ुशबू घुली हुई थी।

रनधीर के हाथ बहुत देर तक उस गोरी-चिट्टी लड़की के कच्चे दूध ऐसे सफ़ेद सीने पर हवाई लम्स की तरह फिरते रहे। उसकी उँगलियों ने उसके गोरे-गोरे जिस्म में कई इर्तिआश दौड़ते हुए महसूस किए। इस नर्म-नर्म जिस्म के कई गोशों[13] में उसे सिमटी हुई कँपकँपाहटों का भी पता चला। जब उसने अपना सीना उसके सीने के साथ मिलाया तो रनधीर के जिस्म के हर मसाम ने उस लड़की के छेड़े हुए तारों की आवाज़ सुनी...लेकिन वह पुकार कहाँ थी? वह पुकार, जो उसने घाटन लड़की के जिस्म की बू में सूँघी थी, वह पुकार जो दूध के प्यासे बच्चे के रोने से कहीं ज़्यादा क़ाबिले-फ़हम थी, वह पुकार जो सौती हदूद[14] से निकलकर बेआवाज़ हो गई थी।

रनधीर सलाख़ोंवाली खिड़की से बाहर देख रहा था। उसके बहुत क़रीब पीपल के पत्ते लरज़ रहे थे, मगर वह उनकी लरज़िशों के उस पार, दूर, बहुत दूर देखने की कोशिश कर रहा था, जहाँ उस घाटन लड़की के सीने में उसे नज़र आई थी, ऐसी रौशनी जो राज़ की बात की तरह छुपी हुई मगर ज़ाहिर थी।

रनधीर के पहलू में एक गोरी-चिट्टी लड़की, जिसका जिस्म दूध और घी मिले आटे की तरह मुलायम था, लेटी थी। उसके सोए हुए जिस्म से हिना के इत्र की खुशबू आ रही थी जो अब थकी-थकी मालूम होती थी। रनधरी को यह दम तोड़ती और हालते-नज़्अ[15] को पहुँची हुई ख़ुशबू बहुत नागवार मालूम हुई। उसमें कुछ खटास-सी थी। एक अजीब क़िस्म की खटास, जो बदहज़मी की डकारों में होती हैं, उदास, बेरंग, बेकैफ़।

रनधीर ने अपने पहलू में लेटी हुई लड़की की तरफ़ देखा। जिस तरह फटे हुए दूध सफ़ेद-सफ़ेद बेजान फुटकियाँ बेरंग पानी में साकित होती हैं, उसी तरह उस लड़की की निसवानियत[16] उसके वजूद में ठहरी हुई थी, सफ़ेद-सफ़ेद धब्बों की सूरत में। असल में रनधीर के दिलो-दिमाग़ मे वह बू बसी हुई थी जो उस घाटन लड़की के जिस्म से बग़ैर किसी बैरूनी कोशिश के बाहर निकली थी। वह बू जो हिना के इत्र से कहीं ज़्यादा हल्की-फुल्की और दूर रस थी, जिसमें सूँघे जाने का इज़्तिराब नहीं था, जो खुद-ब-खुद नाक के रास्ते दाख़िल होकर अपनी सही मंज़िल पर पहुँच गई थी।

रनधीर ने आख़िरी कोशिश करते हुए उस लड़की के दूधियाले जिस्म पर हाथ फेरा मगर उसे कोई कँपकँपाहट महसूस न हुई। उसकी नई-नवेली बीवी, जो फ़र्स्ट क्लास मजिस्ट्रेट की लड़की थी, जिसने बी.ए. तक तालीम पाई थी और जो अपने

कालेज में सैकड़ों लड़कों के दिल की धड़कन थी, रनधीर की नब्ज़ तेज़ न कर सकी... वह हिना की मरती हुई खुशबू में उस बू की जुस्तजू करता रहा जो बरसात की इन्हीं दिनों में, जब खिड़की के बाहर पीपल के पत्ते बारिश में नहा रहे थे, उसे घाटन लड़की के मैले जिस्म में आई थी।

---

1. घमण्ड; 2. एक प्रकार का ज़नाना लिबास; 3. रोमछिद्र; 4. कम्पन; 5. चिरस्थायी; 6. स्थिर; 7. व्याख्या; 8. बनावटीपन; 9. अत्यधिक; 10. समझ में आने योग्य ; 11. सोने-चाँदी के या उसके रंग के तारों की बारीक कतरन, जो औरतें माथे और बालों पर छिड़कती हैं; 12. नाड़ा; 13. हिस्सों में; 14. ध्वनि की सीमाओं; 15. ख़त्म होने की अवस्था; 16. स्त्रीत्व।

ठण्डा गोश्त

ईशर सिंह ज्यों ही होटल के कमरे में दाख़िल हुआ, कुलवन्त कौर पलँग पर से उठी। अपनी तेज़-तेज़ आँखों से उसकी तरफ घूर के देखा और दरवाज़े की चटख़नी बन्द ण्कर दी। रात के बारह बज चुके थे, शहर का मुज़ाफ़ात[1] एक अजीब पुरअसरार ख़ामोशी में ग़र्क़ था।

कुलवन्त कौर पलँग पर आलती-पालती मारकर बैठ गई। ईशर सिंह जो ग़ालिबन अपने परागन्दा[2] ख़यालात के उलझे हुए धागे खोल रहा था, हाथ में किरपान लिए एक कोने में खड़ा था। चन्द लम्हात इसी तरह ख़ामोशी में गुज़र गए। कुलवन्त कौर को थोड़ी देर के बाद अपना आसन पसन्द न आया, और वह दोनों टाँगें पलंग से नीचे लटकाकर हिलाने लगी। ईशर सिंह फिर भी कुछ न बोला।

कुलवन्त कौर भरे-भरे हाथ-पैरोंवाली औरत थी। चौड़े-चकले कूल्हे थुल-थुल करने वाले गोश्त से भरपूर, कुछ बहुत ही ज़्यादा ऊपर को उठा हुआ सीना, तेज़ आँखें, बालाई[3] होंठ पर बालों का सुर्मई गुबार। ठोड़ी की साख़्त[4] से पता चलता था कि बड़े धड़ल्ले की औरत है।

ईशर सिंह सिर न्योढ़ाए एक कोने में चुपचाप खड़ा था। सिर पर उसकी कसकर बाँधी हुई पगड़ी ढीली हो रही थी। उसके हाथ जो किरपान थामें हुऐ थे, थोड़े-थोड़े लरज़ाँ थे मगर उसके क़दो-क़ामत और खद्दो-खाल से पता चलता था कि वह कुलवतं कौर जैसी औरत के लिए मौज़ूँतरीन[5] मर्द है।

चन्द और लम्हात जब इसी तरह ख़ामोशी में गुज़र गए तो कुलवन्त कौर छलक पड़ी तेज़-तेज़ आँखों को नचाकर वह सिर्फ़ इस कदर कह सकीं : ईशर सियाँ..."

ईशर सिंह ने गरदन उठाकर कुलवन्त कौर की तरफ देखा, मगर उसकी निगाहों की गोलियों की ताब न लाकर मुँह दूसरी तरफ़ मोड़ लिया।

कुलवन्त कौर चिल्लाई : "ईशर सियाँ..." लेकिन फौरन ही आवाज भींच ली और पलंग पर से उठकर उसकी जानिब जाते हुए बोली : "कहाँ रहे तुम इतने दिन?"

ईशर सिंह ने .खुश्क होंठों पर ज़ुबान फेरी : "मुझे मालूम नहीं" ।

कुलवन्त कौर भिन्ना गई : "यह भी माँया जवाब है?"

ईशर सिंह ने किरपान एक तरफ़ फेंक दी और पलँग पर लेट गया। ऐसा मालूम होता था कि वह कई दिनों का बीमार है। कुलवन्त कौर ने पलंग की तरफ देखा जो अब ईशर सिंह से लबालब भरा था। उसके दिल में हमदर्दी का ज़ज्बा पैदा हो गया। चुनांचे उसके माथे पर हाथ रखकर उसने बड़े प्यार से पूछा : "जानी, क्या हुआ है तुम्हें?"

ईशर सिंह छत की तरफ़ देख रहा था, उससे निगाहें हटाकर उसने कुलवन्त कौर के मानूस[6] चेहरे को टटोलना शुरू किया : "कुलवन्त" उसकी आवाज़ में दर्द था।

कुलवन्त कौर सारी सिमटकर अपने बालाई होंठ में आ गई : "हाँ जानी!" कहकर वह उसको दाँतों से काटने लगी।

ईशर सिंह ने पगड़ी उतार दी। कुलवन्त कौर की तरफ़ सहारा लेने वाली निगाहों से देखा, उसके गोश्त भरे कूल्हे पर ज़ोर से धप्पा मारा और सिर को झटका देकर अपने आपसे कहा : 'यह कुड़िया दिमाग हीं ख़राब है...'

झटका देने से उसके केश खुल गए। कुलवन्त कौर उँगलियों से उनमें कंघी करने लगी। ऐसा करते हुए उसने बड़े प्यार से पूछा : "ईशर सियाँ, कहाँ रहे तुम इतने दिन?"

"बुरे की माँ के घर..." ईशर सिंह ने कुलवन्त कौर को घूर के देखा और दफ़अतन[7] दोनों हाथों से उसके उभरे सीने को मसलने लगा : "कसम वाहेगुरु की, बड़ी जानदार औरत हो"

कुलवन्त कौर ने एक अदा के साथ ईशर सिंह के हाथ एक तरफ झटक दिए और पूछा "तुम्हें मेरी क़सम, बताओ, कहाँ रहे...? शहर गए थे?"

ईशर सिंह ने एक ही लपेट में अपने बालों का जूड़ा बनाते हुए जवाब दिया : "नहीं।"

कुलवन्त कौर चिढ़ गई :" नहीं, तुम ज़रूर शहर गए थे और तुमने बहुत सा रुपया लूटा है जो तुम मुझसे छिपा रहे हो।"

"वह अपने बापका तुख़्म[8] न हो जो तुमसे झूठ बोले..."

कुलवन्त कौर थोड़ी देर के लिए .ख़ामोश हो गई, लेकिन फ़ौरन ही भड़क उठी : 'लेकिन मेरी समझ में नहीं आता, उस रात तुम्हें हुआ क्या...? अच्छे -भले मेरे साथ लेटे थे, मुझे तुमने वह तमाम गहने पहना रखे थे जो तुम शहर से लूट के लाए थे। मेरी भप्पियाँ ले रहे थे, पर जाने एकदम तुम्हें क्या हुआ, उठे और कपड़े पहनकर बाहर निकल गए...?

ईशर सिंह का रंग ज़र्द हो गया। कुलवन्त कौर ने यह तब्दीली देखते ही कहा : 'देखा, कैसे रंग पीला पड़ गया...ईशर सियाँ, क़सम वाहे गुरु की, ज़रूर कुछ दाल में काला है।''

''तेरी जान की क़सम, कुछ भी नहीं।''

ईशर सिंह की आवाज़ बेजान थी। कुलवन्त कौर का शुब्हा और ज़्यादा मज़बूत हो गया। बालाई होंठ भींचकर उसने एक-एक लफ़्ज़ पर ज़ोर देते हुए कहा : ''ईशर सियाँ, क्या बात है? तुम वह नहीं हो जो आज से आठ रोज़ पहले थे?''

ईशर सिंह एकदम उठ बैठा, जैसे किसी ने उस पर हमला किया है। कुलवन्त कौर को अपने तनोमन्द[9] बाज़ुओं में समेटकर उसने पूरी कुव्वत के साथ उसे भँभोड़ना शुरू कर दिया : ''जानी, मैं वही हूँ.. घुट-घुटा पा जफ्फियाँ, तेरी निकले हड्डियाँ दी गर्मी...

कुलवन्त कौर ने कोई मुज़ाहेमत[10] न की, लेकिन वह शिकायत करती रही : ''तुम्हें उस रात हो क्या गया था?

''बुरे की माँ, का वह हो गया था''

''बताओगे नहीं?''

''कोई बात हो तो बताऊँ।''

''मुझे अपने हाथों से जलाओ अगर झूठ बोलो।''

ईश्वर सिंह ने अपने बाज़ू उसकी गर्दन में डाल दिये और होंठ उसके होंठों में डल गाड़ दिए। मूँछों के बाल कुलवन्त कौर के नथुनों मे घुसे तो उसे छींक आ गई। दोनों हँसने लगे।

ईश्वर सिंह ने अपनी सदरी उतार दी और कुलवन्त कौर को शहवत[11] भरी नज़रों से देख कर कहा : ''आ जाओ, एक बाज़ी ताश की हो जाए!''

कुलवन्त कौर के बालाई होंठ पर पसीने की नन्हीं-नन्हीं बूँदें फूट आईं।

एक अदा के साथ उसने अपनी आँखों की पुतलियाँ घुमायीं और कहा : ''चल दफ़ा हो... ।''

''ईश्वर सिंह ने उसके उभरे हुए कूल्हे पर ज़ोर की चुटकी भरी। कुलवन्त कौर तड़पकर एक तरफ़ हट गयी : ''न कर ईशर सिंयाँ, मेरे दर्द होता है...''

ईश्वर सिंह ने आगे बढ़कर कुलवन्त कौर का बालाई होंठ अपने दांतों तले दबा लिया और किचकिचाने लगा। कुलवन्त कौर बिल्कुल पिघल गई। ईश्वर सिंह ने अपना कुर्ता उतार के फेंक दिया और कहा : ''लो, फिर हो जाए तुरप चाल...''

कुलवन्त कौर का बालाई होंठ कंपकंपाने लगा। ईश्वर सिंह ने अपने दोनों हाथों से कुलवन्त कौर की कमीज़ का घेरा पकड़ा और जिस तरह बकरे की खाल उतारते हैं, उसी तरह उसको उतारकर एक तरफ़ रख दिया। फिर उसने घूर कर उसके

नंगे बदन को देखा और ज़ोर से उसके बाज़ू पर चुटकी भरते हुए कहा : "कुलवन्त, क़सम वाहेगुरु की, बड़ी करारी औरत है तू..."
कुलवन्त कौर अपने बाजू पर उभरते हुए लाल धब्बे को देखने लगी : "वड़ा ज़ालिम है तू ईशर सिंयाँ!"

ईश्वर सिंह अपनी घनी काली मूँछों में मुस्कुराया : "होने दे आज ज़ुल्म?" और यह कहकर उसने मज़ीद[12] जुल्म ढाने शुरू किए...कुलवन्त कौर का बालाई होंठ दाँतों तले किचकिचाया, कान की लौओं को काटा, उभरे हुए सीने को भँभोड़ा, भरे हुए सीने पर आवाज़ पैदा करने वाले चाँटे मारे, गालों के मुँह भर-भर के बोसे लिए, चूस-चूस कर उसका सारा सीना थूकों से लथेड़ दिया...कुलवन्त कौर तेज़ आँच पर चढ़ी हुई हाँडी की तरह उबलने लगी, लेकिन ईश्वर सिंह इन तमाम हीलों के बावजूद खुद में हरारत पैदा न कर सका। जितने गुर और जितने दांव उसे याद थे, सब के सब उसने पिट जाने वाले पहलवान की तरह इस्तेमाल कर दिये, पर कोई कारगर न हुआ। कुलवन्त कौर ने, जिसके बदन के सारे तार तन कर खुद-ब-खुद बज रहे थे, ग़ैर ज़रूरी छेड़छाड़ से तंग आकर कहा : "ईशर सिंयाँ, काफ़ी फेंट चुका अब पत्ता फेंक!"

यह सुनते ही ईशर सिंह के हाथ से जैसे ताश की सारी गड्डी नीचे फिसल गई। हाँफता हुआ वह कुलवन्त कौर के पहलू में लेट गया और उसके माथे पर सर्द पसीने के लेप होने लगे। कुलवन्त कौर ने उसे गर्माने की बहुत कोशिश की, मगर नाकाम रही अब तक सब कुछ मुँह के कहे बग़ैर होता रहा था, लेकिन जब कुलवन्त कौर के मुंतज़िर-ब-अमल आज़ा[13] को सख़्त नाउम्मीदी हुई तो वह झल्लाकर पलंग से नीचे उतर गई। सामने खूँटी पर चादर पड़ी थी। उसको उतार कर उसने जल्दी-जल्दी ओढ़ कर और नथुने फुलाकर, बिफरे हुए लहज़े में कहा : "ईशर सिंयाँ, वह कौन हरामज़ादी हैं जिसके पास तू इतने दिन रहकर आया है और जिसने तुझे निचोड़ डाला है?"

ईशर सिंह पलंग पर लेटा हाँफता रहा और उसने कोई जवाब न दिया। कुलवन्त कौर गुस्से से उबलने लगी : "मैं पूछती हूँ कौन है वह चड्डो...कौन है वह अलिफती कौन है वह चोर पत्ता?"

ईशर सिंह ने थके हुए लहज़े में जवाब दिया : "कोई भी नहीं कुलवन्त, कोई भी नहीं..."

कुलवन्त कौर ने अपने भरे हुए कूल्हों पर हाथ रख कर एक अज़्म[14] के साथ कहा :

"ईशर सिंयाँ, मैं आज झूठ सच जानकर रहूँगी...खा वाहे गुरु जी की कसम... क्या इसकी तह में कोई औरत नहीं...?"

ईशर सिंह ने कुछ कहना चाहा मगर कुलवन्त कौर ने इसकी इजाज़त न

दी : "क़सम खाने से पहले सोच ले कि मैं सरदार निहाल सिंह की बेटी हूँ... तिक्का बोटी कर दूँगी, अगर तूने झूठ बोला...ले अब खा वाहे गुरु की क़सम...क्या इसकी तह में कोई औरत नहीं...?"

ईशर सिंह ने बड़े दुख के साथ इस्बात[15] में सिर हिलाया। कुलवन्त कौर बिल्कुल दीवानी हो गई। उसने लपक कर कोने में से किरपान उठाई, मियान को केले के छिलके की तरह उतारकर एक तरफ फेंका और ईशर सिंह पर वार कर दिया। आन की आन में लहू के फव्वारे छूट पड़े। कुलवन्त कौर की इसमें भी तसल्ली न हुई तो उसने वहशी बिल्लियों की तरह ईशर सिंह के केश नोचने शुरू कर दिए। साथ ही साथ वह अपनी नामालूम सौत को मोटी-मोटी गालियाँ देती रही। ईशर सिंह ने थोड़ी देर के बाद नक़ाहत भरी इल्तिजा की : जाने दे अब कुलवन्त, जाने दे..." उसकी आवाज में बला का दर्द था। कुलवन्त कौर पीछे हट गई।

ख़ून ईशर सिंह के गले से उड़-उड़कर उसकी मूँछों पर गिर रहा था। उसने अपने लरज़ाँ होंठ खोले और कुलवन्त कौर की तरफ़ शुक्रिए और गिले की मिली-जुली निगाहों से देखा : "मेरी जान, तुमने बहुत जल्दी की ‥लेकिन जो हुआ, ठीक है..."
कुलवन्त कौर का हसद फिर भड़का : मगर वह कौन है, तुम्हारी माँ?"

लहू ईशर की ज़ुबान तक पहुँच गया। जब उसने उसका ज़ाइका चखा तो उसके बदन में झुरझुरी-सी दौड़ गई : और मैं...और मैं...भैणया छह आदमियों को कत्ल कर चुका हूँ...इसी कृपाण से..."

कुलवन्त कौर के दिमाग में सिर्फ दूसरी औरत थी : "मैं पूछती हूँ कौन है वह हरामज़ादी?"

ईशर सिंह की आँखें धुँधला रही थीं। एक हल्की-सी चमक उनमें पैदा हुई और उसने कुलवन्त कौर से कहा : "गाली न दे उस भड़वी को..."

कुलवन्त चिल्लाई : "मैं पूछती हूँ, वह है कौन?"

ईशर सिंह के गले में आवाज़ रुँध गई : "बताता हूँ..." यह कहकर उसने अपनी गर्दन पर हाथ फेरा और उस पल अपना जीता-जीता ख़ून देखकर मुस्कुराया : "इंसान माँया भी एक अजीब चीज़ है..."

कुलवन्त कौर उसके जवाब की मुंतज़िर थी : "ईशर सिंह सियाँ, तू मतलब की बात कर..."

ईशर सिंह की मुस्कुराहट उसकी भरी मूँछों में और ज़्यादा फैल गई : "मतलब ही की बात कर रहा हूँ। गला चिरा है माँया मेरा..अब धीरे-धीरे ही सारी बात बताऊँगा..."

और जब वह बात बताने लगा तो उसके माथे पर ठण्डे पसीने के लेप होने लगे : "कुलवन्त मेरी जान! मैं तुम्हें नहीं बता सकता, मेरे साथ क्या हुआ...? इंसान

कुडीया भी एक अजीब चीज़ है...शहर में लूट मची तो सबकी तरह मैंने भी उसमें हिस्सा लिया...गहने-पाते और रुपए-पैसे जो भी हाथ लगे, मैंने तुम्हें दे दिए...लेकिन एक बात तुम्हें न बताई...''

ईशर सिंह ने घाव में दर्द महसूस किया और कराहने लगा। कुलवन्त कौर ने उसकी तरफ़ तवज्जोह न दी और बड़ी बेरहमी से पूछा : ''कौन-सी बात?''

ईशर सिंह ने मूँछों पर जमते हुए लहू को फूँक के ज़रिए से उड़ाते हुए कहा : ''जिस मकान पर...मैंने धावा बोला था...उसमें सात आदमी थे...छह मैंने...क़त्ल कर दिए...इसी किरपान से जिससे तूने मुझे...छोड़ इसे...सुन...लड़की थी बहुत ही सुन्दर...उसको उठाकर मैं अपने साथ ले आया...''

कुलवन्त कौर ख़ामोश सुनती रही। ईशर सिंह ने एक बार फिर फूँक मार के मूँछों पर से लहू उड़ाया : ''कुलवन्त जानी, मैं तुमसे क्या कहूँ? कितनी सुन्दर थी...मैं उसे भी मार डालता, पर मैंने कहा, नहीं ईशर सिंयाँ, कुलवन्त कौर के तो हर रोज़ मज़े लेता है, यह मेवा भी चख देख...''

कुलवन्त कौर ने सिर्फ़ इस क़दर कहा : ''हूँ...''

''...और मैं उसे कंधे पर डालकर चल दिया...रास्ते में...क्या कर रहा था मैं...? हाँ रास्ते में...नहर की पटरी के पास थोहर की झाड़ियों तले मैंने उसे लिटा दिया...पहले सोचा कि फेंटूँ लेकिन फिर ख़याल आया कि नहीं...'' यह कहते-कहते ईशर सिंह की ज़ुबान सूख गई।

कुलवन्त कौर ने थूक निगलकर हलक़ तर किया और पूछा : ''फिर क्या हुआ?''

ईशर सिंह के हलक़ से बमुश्किल यह अल्फाज़ निकले : ''मैंने...मैंने पत्ता फेंका...लेकिन...लेकिन...'' उसकी आवाज़ डूब गई।

ईशर सिंह ने अपनी बन्द होती हुई आँखें खोलीं और कुलवन्त कौर के जिस्म की तरफ़ देखा, जिसकी बोटी-बोटी थिरक रही थी : ''वह...वह मरी हुई थी...लाश थी...बिलकुल ठण्डा गोश्त...जानी, मुझे अपना हाथ दे...''

कुलवन्त कौर ने अपना हाथ ईशर सिंह के हाथ पर रखा, जो बर्फ़ से भी ज़्यादा ठण्डा था।

---

1. आस-पास का क्षेत्र; 2. अस्त-व्यस्त; 3. ऊपर का; 4. बनावट; 5. बहुत सही; 6. जाना-पहचाना; 7. अचानक; 8. बीज; 9. बलिष्ठ; 10. विरोध; 11. कामुक; 12. और अधिक; 13. प्रतीक्षारत अंग; 14. दृढ़ निश्चय; 15. स्वीकारोक्ति।

काली शलवार

देहली आने से पहले वह अम्बाला छावनी में थी, जहाँ कई गोरे उसके गाहक थे। उन गोरों से मिलने-जुलने के बाइस वह अंग्रेज़ी के दस-पन्द्रह जुमले सीख गई थी। उनको वह आम गुफ़्तगू में इस्तेमाल नहीं करती थी लेकिन जब वह देहली में आई और उसका कारोबार न चला तो एक दिन उसने अपनी तमंचाजान से कहा : "दिस लैफ़, वेरी बैड..." यानी यह ज़िन्दगी बहुत बुरी है जबकि खाने ही को कुछ नहीं मिलता।

अम्बाला छावनी में उसका धंधा बहुत अच्छी तरह चलता था। छावनी के गोरे शराब पीकर उसके पास आते थे और वह तीन-चार घण्टों ही में आठ-दस गोरों को निबटाकर बीस-तीस रुपए पैदा कर लिया करती थी। ये गोरे उसके हमवतनों के मुक़ाबले में बहुत अच्छे थे। इसमें कोई शक नहीं कि वे ऐसी ज़बान बोलते थे, जिसका मतलब सुल्ताना की समझ में नहीं आता था मगर उनकी ज़बान से यह लाइल्मी उसके हक़ में बहुत अच्छी साबित होती थी। अगर वे उससे कुछ रिआयत चाहते तो वह सिर हिलाकर कह दिया करती थी; "साहब, हमारी समझ में तुम्हारी बात नहीं आता।" और अगर वे उससे ज़रूरत से ज़्यादा छेड़-छाड़ करते तो वह उनको अपनी ज़बान में गालियाँ देना शुरू कर देती थी। वह हैरत से उसके मुँह की तरफ़ देखते तो वह उनसे कहती : "साहब, तुम एकदम उल्लू का पट्ठा है, हरामज़ादा है...समझा?" यह कहते वक़्त वह अपने लहजे में सख़्ती पैदा न करती बल्कि बड़े प्यार के साथ उनसे बातें करती गोरे हँस देते और हँसते वक़्त वह सुल्ताना को बिल्कुल उल्लू के पट्ठे दिखाई देते।

मगर यहाँ दिल्ली में वह जब से आई थी, एक गोरा भी उसके यहाँ नहीं आया था। तीन महीने उसको हिन्दुस्तान के इस शहर में रहते हो गए थे, जहाँ उसने सुना था लाट साहब रहते हैं जो गर्मियों में शिमले जाते हैं, उसके पास सिर्फ़ छह आदमी आए थे। सिर्फ़ छह, यानी महीने में दो और उन छह गाहकों से उसने, खुदा झूठ न बुलवाए, साढ़े अट्ठारह रुपए वसूल किए थे। तीन रुपए से ज्यादा पर कोई मानता

ही नहीं था। सुल्ताना ने उनमें से पाँच आदमियों को अपना रेट दस रुपए बताया था मगर ताज्जुब की बात है कि उनमें से हर एक ने यही कहा था; "भई, हम तीन रुपए से ज़्यादा एक कौड़ी नहीं देंगे..." जाने क्या बात थी कि उनमें से हर एक ने उसे सिर्फ़ तीन रुपए के क़ाबिल समझा, चुनांचे जब छठा आया तो उसने ख़ुद उससे कहा : 'देखो, मैं तीन रुपए एक टैम के लूँगी। इससे एक धेला तुम कम कहो तो न होगा। अब तुम्हारी मर्ज़ी हो तो रहो, वरना जाओ।" छठे आदमी ने यह बात सुनकर तकरार न की और उसके यहाँ ठहर गया। जब दूसरे कमरे में दरवाज़े-वरवाज़े बन्द करके वह अपना कोट उतारने लगा तो सुल्ताना ने कहा : "लाइए एक रुपया दूध का।" उसने एक रुपया तो न दिया लेकिन नए बादशाह की चमकती हुई अठन्नी जेब में से निकालकर उसको दे दी और सुल्ताना ने भी चुपके से ले ली कि चलो जो आया है, ग़नीमत है।

साढ़े अट्ठारह रुपए तीन महीनों में? बीस रुपए माहवार तो उस कोठे का किराया था, जिसको मालिक मकान अंग्रेजी ज़बान में फ़्लैट कहता था। उस फ़्लैट में ऐसा पाख़ाना था, जिसमें ज़ंजीर खींचने से सारी गन्दगी पानी के ज़ोर से एकदम नीचे नल में ग़ायब हो जाती थी और बड़ा शोर होता था। शुरू-शुरू में तो उस शोर ने उसे बहुत डराया था। पहले दिन जब वह रफ़ा-हाजत[1] के लिए उस पाख़ाने में गई तो उसकी कमर में शिद्दत का दर्द हो रहा था। फ़ारिग़ होकर जब वह उठने लगी तो उसने लटकी हुई जंजीर का सहारा ले लिया। उस ज़ंजीर को देखकर उसने ख़याल किया, चूँकि यह मकान ख़ास हम लोगों की रिहाइश के लिए तैयार किए गए हैं, यह ज़ंजीर इसीलिए लगाई गई है कि उठते वक़्त तकलीफ़ न हो और सहारा मिल जाया करे। मगर ज्यों ही उसने ज़ंजीर को पकड़कर उठना चाहा, ऊपर खटखट सी हुई और फिर पानी एकदम इस ज़ोर के साथ बाहर निकला कि डर के मारे उसके मुँह से चीख़ निकल गई।

ख़ुदाबख़्श दूसरे कमरे में अपना फ़ोटोग्राफ़ी का सामान दुरुस्त कर रहा था और एक साफ़ बोतल में हाइड्रोकोनीन[2] डाल रहा था कि उसने सुल्ताना की चीख़ सुनी। दौड़कर वह बाहर निकला और सुल्ताना से पूछा : "क्या हुआ...? यह चीख़ तुम्हारी थी...?"

सुल्ताना का दिल धड़क रहा था। उसने कहा : "यह मुआ पैख़ाना है या क्या है? बीच में यह रेलगाड़ियों की तरह जंजीर क्या लटका रखी है? मेरी कमर में दर्द था, मैंने कहा, चलो इसका सहारा ले लूँगी, पर इस मुई ज़ंजीर को छेड़ना था कि वह धमाका हुआ कि मैं तुमसे क्या कहूँ..."

इस पर ख़ुदाबख़्श बहुत हँसा था और उसने सुल्ताना को इस पाख़ाने की

बाबत सब कुछ बता दिया था कि यह नए फ़ैशन का है, जिसमें ज़ंजीर हिलाने से सब गन्दगी ज़मीन में धँस जाती है।

ख़ुदाबख़्श और सुल्ताना का आपस में कैसे सम्बन्ध हुआ, यह एक लम्बी कहानी है। ख़ुदाबख़्श रावलपिण्डी का था। इंट्रेंस पास करने के बाद उसने लॉरी चलाना सीखी। चुनांचे चार बरस तक वह रावलपिण्डी और कश्मीर के दरमियान लॉरी चलाने का काम करता था। उसके बाद कश्मीर में उसकी दोस्ती एक औरत से हो गई। उसको भगाकर वह साथ ले आया। लाहौर में चूँकि उसको कोई काम न मिला, इसलिए उसने औरत को पेशे पर बिठा दिया। दो-तीन बरस तक यह सिलसिला जारी रहा। फिर वह औरत किसी और के साथ भाग गई। ख़ुदाबख़्श को मालूम हुआ कि वह अम्बाला में है। वह उसकी तलाश में आया, जहाँ उसको सुल्ताना मिल गई। सुल्ताना ने उसको पसन्द किया। चुनांचे दोनों का सम्बन्ध हो गया।

ख़ुदाबख़्श के आने से एकदम सुल्ताना का कारोबार चमक उठा। और चूँकि वह ज़ईफ़ुल एतिक़ाद[3] थी, इसलिए उसने समझा कि ख़ुदाबख़्श बड़ा भागवान है, जिसके आने से इतनी तरक्क़ी हो गई है। चुनांचे उसकी खुश एतिक़ादी[4] ने ख़ुदाबख़्श की वक़अत उसकी नज़रों में और भी बढ़ा दी।

ख़ुदाबख़्श आदमी मेहनती था। सारा दिन हाथ पर हाथ धरकर बैठना पसन्द नहीं करता था। चुनांचे उसने एक फ़ोटोग्राफर से दोस्ती पैदा की, जो रेलवे स्टेशन के बाहर मिनट कैमरे से फ़ोटो खींचा करता था। उससे उसने फ़ोटो खींचना सीखा। फिर सुल्ताना से साठ रुपए लेकर कैमरा भी ख़रीद लिया। आहिस्त-आहिस्ता एक परदा बनवाया, दो कुर्सियाँ ख़रीदीं और फ़ोटो धोने का सब सामान लेकर उसने अलहदा अपना काम शुरू कर दिया।

काम चल निकला। चुनांचे उसने थोड़ी ही देर के बाद अपना अड्डा अम्बाले छावनी में क़ायम कर लिया। यहाँ वह गोरों के फ़ोटो खींचता। एक महीने के अन्दर-अन्दर उसकी छावनी के मुताद्दिद[5] गोरों से वाक़िफ़िया हो गई। चुनांचे वह सुल्ताना को वहीं ले गया। यहाँ छावनी ख़ुदाबख़्श के जरिए से कई गोरे सुल्ताना के मुस्तक़िल[6] गाहक बन गए।

सुल्ताना ने कानों के लिए बुंदे ख़रीदे, साढ़े पाँच तोले की आठ कंगनियाँ भी बनवाईं, दस-पन्द्रह अच्छी-अच्छी साड़ियाँ भी जमा कर लीं। घर में फर्नीचर वग़ैरह भी आ गया। क़िस्सा मुख़्तसर यह कि अम्बाला छावनी में वह बड़ी ख़ुशहाल थी मगर एकाएकी जाने ख़ुदाबख़्श के दिल में क्या समाई कि उसने देहली जाने की ठान ली। सुल्ताना इनकार कैसे करती जबकि ख़ुदाबख़्श को अपने लिए बहुत मुबारक ख़याल करती थी। उसने खुशी-खुशी देहली जाना क़बूल कर लिया। बल्कि उसने यह भी

सोचा कि इतने बड़े शहर में जहाँ लाट साहब रहते हैं, उसका धंधा और भी अच्छा चलेगा। अपनी सहेलियों से वह देहली की तारीफ़ सुन चुकी थी। फिर वहाँ हज़रत निज़ामुद्दीन औलिया की ख़ानकाह[7] भी थी जिससे उसे बेहद अक़ीदत[8] थी। चुनांचे जल्दी-जल्दी घर का भारी सामान बेच-बाचकर वह ख़ुदाबख़्श के साथ देहली आ गई। यहाँ पहुँचकर ख़ुदाबख़्श ने बीस रुपए महावार पर यह फ़्लैट लिया, जिसमें दोनों रहने लगे।

एक ही क़िस्म के नए मकानों की लम्बी क़तार सड़क के साथ-साथ चली गई है। म्युनिसिपल कमेटी ने शहर का यह हिस्सा ख़ास कसबियों के लिए मुकर्रर कर दिया था ताकि वह शहर में जगह-जगह अपने अड्डे न बनाएँ। नीचे दूकानें थीं और ऊपर दो मंज़िला रिहाइशी फ़्लैट। चूँकि सब इमारतें एक ही डिज़ाइन की हैं, इसलिए शुरू-शुरू में सुल्ताना को अपना फ़्लैट तलाश करने में बहुत दिक़्क़त महसूस होती थी। पर जब नीचे लांड्रीवाले ने अपना बोर्ड घर की पेशानी पर लगा दिया तो उसको एक पक्की निशानी मिल गई–'यहाँ मैले कपड़ों की धुलाई की जाती है।' यह बोर्ड पढ़ते ही वह अपना फ़्लैट तलाश कर लिया करती थी। इसी तरह उसने और बहुत सी निशानियाँ क़ायम कर ली थीं।

मसलन बड़े-बड़े हुरूफ जहाँ 'कोयलों की दुकान' लिखा था, वहाँ उसकी सहेली हीराबाई रहती थी, जो कभी-कभी रेडियोघर में गाने जाया करती थी। जहाँ 'शुरफा[9] के लिए खाने का आला इन्तजाम है' लिखा था वहाँ उसकी दूसरी सहेली मुख़्तार रहती थी। निवाड़ के कारख़ाने के ऊपर अनवरी रहती थी, जो उसी कारखाने के सेठ के पास मुलाज़िम थी। चूँकि सेठ साहिब को रात के वक़्त अपने कारखाने की देखभाल करनी होती थी, इसलिए वह अनवरी के पास ही रहते थे।

दूकान खोलते ही गाहक थोड़े ही आते हैं। चुनांचे जब एक महीने तक सुल्ताना बेकार रही तो उसने यही सोचकर अपने दिल को तसल्ली दी, पर जब दो महीने गुजर गए और कोई आदमी उसके कोठे पर न आया तो उसे बहुत तश्वीश[10] हुई। उसने ख़ुदाबख़्श से कहा : "क्या बात है ख़ुदाबख़्श, पूरे दो महीने हो गए हैं हमें यहाँ आए हुए, पर किसी ने इधर का रुख नहीं किया...मानती हूँ, आजकल बाजार बहुत मन्दा है, पर इतना मन्दा भी तो नहीं कि महीने भर में कोई शक्ल देखने ही में न आए..."

ख़ुदाबख़्श को यह बात बहुत अर्से से खटक रही थी मगर वह खामोश था, पर जब सुल्ताना ने ख़ुद बात छेड़ी उसने कहा : "मैं कई दिनों से इसकी बाबत सोच रहा हूँ। एक बात समझ में आती है, वह यह कि जंग की वजह से लोग-बाग दूसरे धंधों में पड़कर इधर का रास्ता भूल गए हैं...या फिर यह हो सकता है कि..." वह इसके आगे कुछ ही कहने ही वाला था कि सीढ़ियों पर किसी के चढ़ने की आवाज़

आई। ख़ुदाबख़्श और सुल्ताना, दोनों उस आवाज की तरफ़ मुतवज्जेह[11] हुए। थोडी देर के वाद दस्तक हुई।'ख़ुदावख़्श ने लपककर दरवाज़ा खोला। एक आदमी अन्दर दाखिल हुआ। यह पहला गाहक था, जिससे तीन रुपए में सौदा तय हुआ। उसके बाद पाँच और आए। यानी महीने में छह जिनसे सुल्ताना ने सिर्फ साढ़े अट्ठारह रुपए वुसूल किए।

बीस रुपए माहवार तो फ़्लैट के किराए में चले जाते थे, पानी का टैक्स और बिजली का बिल जुदा। इसके इलावा घर के दूसरे ख़र्च, खाना-पीना, कपड़े-लत्ते, दवा-दारू-और आमदनी कुछ भी नहीं थी। साढ़े अट्ठारह रुपए तीन महीने में आए तो उसे आमदनी तो नहीं कह सकते। सुल्ताना परेशान हो गई। साढ़े पाँच तोले की आठ कंगनियाँ जो उसने अम्बाले में बनवाई थीं, आहिस्ता-आहिस्ता बिक गईं। आख़िरी कंगनी की जब बारी आई तो उसने ख़ुदाबख़्श से कहा : "तुम मेरी सुनो और चलो वापिस अम्बाले...यहाँ क्या धरा था, चलो, वहीं चलते हैं। जो नुक्सान हुआ है, उसको अपना सिर का सदक़ा समझो। इस कंगनी को बेचकर आओ। मैं असबाब वग़ैरह बाँधकर तैयार रखती हूँ। आज रात की गाड़ी से यहाँ से चल देंगे..."

ख़ुदाबख़्श ने कंगनी सुल्ताना के हाथ से ले ली और कहा : "नहीं जानेमन, अम्बाले नहीं जाएँगे। यहीं देहली में रहकर कमाएँगे। यह तुम्हारी चूड़ियाँ सबकी-सब यहीं वापिस आएँगी। अल्लाह पर भरोसा रखो। वह बड़ा कारसाज़ है। यहाँ भी वह कोई न कोई असबाब बना ही देगा!"

सुल्ताना चुप हो रही। चुनांचे आख़िरी कंगनी भी हाथ से उतर गई। बुच्चे हाथ देखकर उसको बहुत दुख होता था, पर क्या करती, पेट भी तो आख़िर किसी हीले से भरना था।

जब पाँच महीने गुज़र गए और आमदनी ख़र्च के मुकाबले में चौथाई से भी कुछ कम रही तो सुल्ताना की परेशानी और ज़्यादा बढ़ गई। ख़ुदाबख़्श भी सारा-सारा दिन अब घर से ग़ायब रहने लगा था। सुल्ताना को इसका भी दुख था। इसमें कोई शक नहीं कि पड़ोस में उसकी दो-तीन मिलने वालियाँ मौजूद थीं, जिनके साथ वह अपना वक़्त काट सकती थी। पर हर रोज़ उनके यहाँ जाना और घण्टों बैठे रहना उसको बहुत बुरा लगता था। चुनांचे आहिस्ता-आहिस्ता उसने उन सहेलियों से मिलना-जुलना बिलकुल तर्क[12] कर दिया। सारा दिन वह अपने सुनसान मकान में बैठी रहती। कभी छालिया काटती रहती, कभी अपने पुराने और फटे हुए कपड़ों को सीती रहती और कभी बाहर बालकनी में आकर जंगले के साथ लगकर खड़ी हो जाती और सामने रेलवे शेड में साकित[14] और मुतहर्रिक[13] इंजनों की तरफ़ घण्टो बेमतलब देखती रहती।

सड़क की दूसरी तरफ़ मालगोदाम था, जो इस कोने से उस कोने तक फैला हुआ था। दाहिने हाथ को लोहे की छत के नीचे बड़ी-बड़ी गाँठें पड़ी रहती थीं और हर क़िस्म के मालो-असबाब के ढेर से लगे रहते थे। बाएँ हाथ को खुला मैदान था, जिसमें बेशुमार रेल की पटरियाँ बिछी हुई थीं। धूप में लोहे की यह पटरियाँ चमकतीं तो सुल्ताना अपने हाथ की तरफ़ देखती, जिन पर नीली-नीली रगें बिलकुल इन पटरियों की तरह उभरी रहती थीं। उस लम्बे और खुले मैदान में हर वक़्त इंजन और गाड़ियाँ चलती रहतीं। कभी इधर, कभी उधर। उन इंजनों और गाड़ियों की छक-छक, फक-फक सदा गूँजती रहती थी। सुबह-सवेरे जब वह उठकर बालकनी में आती तो एक अजीब समाँ नज़र आता। धुँधलके में इंजनों के मुँह से गाढ़ा-गाढ़ा धुआँ निकलता और गदले आसमान की जानिब मोटै और भारी आदमियों की तरह उठता दिखाई देता। भाप के बड़े-बड़े बादल भी एक शोर के साथ पटरियों से उठते और आँख झपकने की देरी में हवा के अन्दर घुल-मिल जाते। फिर कभी-कभी जब वह गाड़ी के किसी डिब्बे को जिसे इंजन ने धक्का देकर छोड़ दिया हो, अकेली पटरियों पर चलता देखती तो उसे अपना ख़याल आता। वह सोचती कि उसे किसी ने ज़िन्दगी की पटरी पर धक्का देकर छोड़ दिया है और वह ख़ुद-ब-खुद जा रही है। दूसरे लोग काँटे बदल रहे हैं और वह चली जा रही है...न जाने कहाँ? फिर एक रोज़ ऐसा आएगा जब उस धक्के का ज़ोर आहिस्ता-आहिस्ता ख़त्म होगा और वह कहीं रुक जाएगी किसी ऐसे मक़ाम पर, जो उसका देखा-भाला न होगा।

यूँ तो वह बेमतलब घण्टों रेल की इन टेढ़ी-बाँकी पटरियों और ठहरे और चलते हुए इंजनों की तरफ़ देखती रहती थी, पर तरह-तरह के ख़याल उसके दिमाग़ में आते रहते थे। अम्बाला छावनी में जब वह रहती थी तो स्टेशन के पास ही उसका मकान था मगर वहाँ उसने कभी इन चीजों को ऐसी नज़रों से नहीं देखा था। अब तो कभी-कभी उसके दिमाग़ में यह ख़याल भी आता कि यह जो सामने रेल की पटरियों का जाल-सा बिछा है और जगह-जगह से भाप और धुआँ उठ रहा है, एक बहुत बड़ा चकला है। बहुत-सी गाड़ियाँ हैं, जिनको चन्द मोटे-मोटे इंजन इधर-उधर धकेलते रहते हैं। सुल्ताना को बाज़ औक़ात यह इंजन सेठ मालूम होते, जो कभी-कभी अम्बाला में उसके यहाँ आया करते थे। फिर कभी-कभी जब वह किसी इंजन को आहिस्ता-आहिस्ता गाड़ियों की क़तार के पास से गुज़रता देखती उसे ऐसा महसूस होता कि कोई आदमी चकले के किसी बाज़ार में से ऊपर कोठों की तरफ देखता जा रहा है।

सुल्तानी समझती थी कि ऐसी बातें सोचना दिमाग़ की ख़राबी का बाइस है, चुनांचे जब इस क़िस्म के ख़याल उसको आने लगे तो उसने बालकनी में जाना छोड़

दिया। ख़ुदाबख़्श से उसने बारहा[15] कहा : "देखो, मेरे हाल पर रहम करो। यहाँ घर में रहा करो। मैं सारा दिन यहाँ बीमारों की तरह पड़ी रहती हूँ।" मगर उसने हर बार सुल्ताना से यह कहकर उसकी तशफ़्फ़ी[16] कर दी : "जानेमन! मैं बाहर कुछ कमाने की फ़िक्र कर रहा हूँ। अल्लाह ने चाहा तो चन्द दिनों में ही बेड़ा पार हो जाएगा। ..."

पूरे पाँच महीने हो गए थे मगर अभी तक न सुल्ताना का बेड़ा पार हुआ था, न ख़ुदाबख़्श का। मुहर्रम का महीना सिर पा आ रहा था मगर सुल्ताना के पास काले कपड़े बनवाने के लिए कुछ भी न था। मुख़तार ने लेडी हैमिल्टन की एक नई वज़्अ की क़मीज बनवाई थी, जिसकी आस्तीनें काली जॉर्जेट की थीं। उसके साथ मैच करने के लिए उसके पास काली साटन की शलवार थी, जो काजल की तरह चमकती थी। अनवरी ने रेशमी जार्जेट की एक बड़ी नफ़ीस साड़ी ख़रीदी थी। उसने सुल्ताना से कहा था कि वह इस साड़ी के नीचे सफ़ेद बोसकी का पेटीकोट पहनेगी, क्योंकि यह नया फ़ैशन है। उस साड़ी के साथ पहनने को अनवरी काली मख़मल का एक जूता लाई थी, जो बड़ा नाज़ुक़ था। सुल्ताना ने जब यह तमाम चीज़ें देखीं तो उसको इस एहसास ने बहुत दुख दिया कि वह मुहर्रम मनाने के लिए ऐसा लिबास ख़रीदने की इस्तिताअत[17] नही रखती।

अनवरी और मुखतार के पास यह लिबास देखकर जब वह घर आई तो उसका दिल बहुत मग़मूम[18] था। उसे ऐसा मालूम होता था कि एक फोड़ा-सा उसके अंदर पैदा हो गया है। घर बिल्कुल ख़ाली था। ख़ुदाबख़्श हस्बे-मालूम बाहर था। देर तक वह दरी पर गावतकिया सिर के नीचे रखकर लेटी रही। पर जब उसकी गर्दन ऊँचाई के बाइस अकड़-सी गई तो वह बाहर बालकनी में चली गई ताकि ग़म अफ़्ज़ा[19] ख़यालात को अपने दिमाग़ से निकाल दे।

सामने पटरियों पर गाड़ियों के डिब्बे खड़े थे, पर इंजन कोई भी न था। शाम का वक़्त था। छिड़काव हो चुका था, इसलिए गर्दो-गुबार दब गया था। बाज़ार में ऐसे आदमी चलने शुरू हो गए थे जो ताक-झाँक करने के बाद चुपचाप घरों का रुख करते है। ऐसे ही एक आदमी ने गर्दन ऊँची करके सुल्ताना की तरफ़ देखा। सुल्ताना मुस्कुरा दी और उसको भूल गई, क्योंकि अब सामने पटरियों पर एक इंजन नमूदार हो गया था। सुल्ताना ने ग़ौर से उसकी तरफ़ देखना शुरू किया और आहिस्ता-आहिस्ता यह ख़्याल उसके दिमाग़ में आया कि इंजन ने भी काला लिबास पहन रखा है। यह अजीबो-ग़रीब ख़याल दिमाग़ में से निकालने की ख़ातिर जब उसने सड़क की जानिब देखा तो उसे वही आदमी बैलगाड़ी के पास खड़ा नज़र आया जिसने उसकी तरफ़ ललचाई नज़रों से देखा था। सुल्ताना ने हाथ से उसे इशारा किया। उस आदमी ने

इधर-उधर देखकर एक लतीफ़ इशारे से पूछा, 'किधर से आऊँ' सुल्ताना ने उसे रास्ता वता दिया। वह आदमी थोड़ी देर खड़ा रहा मगर फिर बड़ी फ़ुर्ती से ऊपर चला आया।

सुल्ताना ने उसे दरी पर बिठाया। जब वह बैठ गया तो उसने सिलसिला-ए-गुफ्तगू शुरू करने के लिए कहा : "आप ऊपर आते डर क्यों रहे थे?"

वह आदमी यह सुनकर मुस्कुराया : "तुम्हें कैसे मालूम हुआ... डरने की बात ही क्या थी," ? इस पर सुल्ताना ने कहा : "यह मैनें इसलिए कहा कि आप देर तक वहीं खड़े रहे और फिर कुछ सोचकर इधर आए..." वह यह सुनकर फ़िर मुस्कुराया : "तुम्हें ग़लतफ़हमी हुई है...मै तुम्हारें ऊपरवाले फ़्लैट की तरफ़ देख रहा था। वहाँ कोई औरत खड़ी एक मर्द को ठेंगा दिखा रही थी। मुझे यह मंज़र पसन्द आया। फिर बालकनी में सब्ज़ बल्ब रौशन हुआ तो मैं कुछ देर के लिए ठहर गया। सब्ज़ रौशनी मुझे पसन्द है। आँखों को बहुत अच्छी लगती है..." यह कहकर उसने कमरे का जायज़ा लेना शुरू कर दिया। फिर वह उठ खड़ा हुआ।

सुल्ताना ने पूछा : "आप जा रहे हैं?"

उस आदमी ने जवाब दिया :" नहीं, मैं तुम्हारें इस मकान को देखना चाहता हूँ...चलो, मुझे तमाम कमरे दिखाओ..."

सुल्ताना ने उसकों तीनों कमरें एक-एक करके दिखा दिए। उस आदमी ने बिल्कुल ख़ामोशी से उन कमरों का मुआइना किया। जब वे दोनों फिर उसी कमरे में आ गए जहाँ पहले बैठे थे। उस आदमी ने कहा : "मेरा नाम शंकर है..." सुल्ताना ने पहली बार ग़ौर से शंकर की तरफ देखा। वह मुतवस्सित[20] कद का मामूली शक्लो-सूरत का आदमी था, मगर उसकी आँखें ग़ैर मामूली तौर पर साफ़ और शफ़्फ़ाक[21] थी। कभी कभी उनमें एक अंजीब क़िस्म की चमक पैदा होती थी। गठीला और कसरती बदन था। कनपटियों पर उसके बाल सफ़ेद हो रहे थे। ख़ाक्तिरी[22] रंग की गर्म पतलून पहने था। सफ़ेद क़मीज़ थी, जिसका कॉलर गर्दन पर से ऊपर को उठा हुआ था। शंकर कुछ इस तरह दरी पर बैठा था कि मालूम होता था, शंकर के बजाय सुल्ताना ग्राहक है। इस एहसास ने सुल्ताना को क़दरे परेशान कर दिया। चुनांचे उसने शंकर से कहा : "फरमाइए...?" शंकर बैठा था, यह सुनकर लेट गया : "मैं क्या फ़रमाऊँ, कुछ तुम ही फ़रमाओ। बुलाया तुम्ही ने है मुझे..." जब सुल्ताना कुछ न बोली तो वह उठ बैठा : "मै समझा...लो, अब मुझसे सुनो। जो कुछ तुमनें समझा है, गलत है। मैं उन लोगों में से नहीं हूँ, जो कुछ देकर जाते हैं। डॉक्टरों की तरह मेरी भी फ़ीस है। मुझे जब बुलाया जाए तो फ़ीस देना ही पड़ती है..." सुल्ताना यह सुनकर चकरा गई मगर इसके बावजूद उसे बेइख़्तियार हँसी आ गई : "आप काम क्या करते हैं"? शंकर ने जवाब दिया : "यही जो तुम लोग करते हो!"

"क्या?" "तुम क्या करती हो? "मैं...मैं...मैं कुछ भी नहीं करती।" "मै भी कुछ नहीं करता।" सुल्ताना ने भिन्नाकर कहा : "यह तो कोई बात न हुई...आप कुछ न कुछ तो ज़रूर करते होंगे?" शंकर ने बड़े इत्मीनान से जवाब दिया : "तुम भी कुछ न कुछ ज़रूर करती होगी?" "मैं झख मारती हूँ..." "मैं भी झख मारता हूँ..." "तो आओ दोनों झख मारें" "हाजिर हूँ, मगर झख मारने के दाम मैं कभी नहीं दिया करता।" "होश की दवा करो...यह लंगर ख़ाना नहीं है!..." "और मैं भी वालंटियर नही..." सुल्ताना अब रुक गई। उसने पूछा : "यह वालंटियर कौन होतें है?" शंकर ने जवाब दिया : "उल्लू के पट्ठे..." "मैं उल्लू की पट्ठी नहीं..." "मगर वह आदमी ख़ुदाबख़्श जो तुम्हारे साथ रहता है, जरूर उल्लू का पट्ठा है।" "क्यों?" "इसलिए कि वह कई दिनों से एक ऐसे ख़ुदारसीदा[25] फ़क़ीर के पास अपनी क़िस्मत खुलवाने की खातिर जा रहा है, जिसकी अपनी क़िस्मत ज़ंग लगे ताले की तरह बन्द है..." यह कहकर शंकर हँसा। इस पर सुल्ताना ने कहा : "तुम हिन्दू हो, इसीलिए हमारे उन बुजुर्गों का मज़ाक़ उड़ाते हो..." शंकर मुस्कुराया : "ऐसी जगहों पर हिन्दू मुस्लिम सवाल पैदा नही हुआ करते। बड़े-बड़े पण्डित और मौलवी भी यहाँ आएँ तो शरीफ़ आदमी बन जाएँ।" "जानें क्या ऊटपटाँग बातें करते हो... बोलो, रहोगे?" "उसी शर्त पर जों पहलें बता चुका हूँ..." सुल्ताना उठ ख़ड़ी हुई : "तो जाओ, रास्ता पकड़ो..." शंकर आराम से उठा, पतलून की जेबों में अपने दोनों हाथ ठूँसे और जाते हुए कहा : "मैं कभी-कभी इस बाज़ार से गुज़रा करता हूँ। जब भी तुम्हें मेरी ज़रूरत हो, बुला लेना..बहुत काम का आदमी हूँ।"

शंकर चला गया और सुल्ताना काले लिबास को भूलकर देर तक उसके मुताल्लिक सोचती रही। उस आदमी की बातों ने उसके दुख को बहुत हल्का कर किया दिया था। अगर वह अम्बाले में आया होता, जहाँ कि वह .ख़ुशहाल थी तो उसनें किसी और ही रंग में उस आदमी को देखा होता और बहुत मुमकिन है कि उसे धक्के देकर बाहर निकाल दिया होता। मगर यहाँ चूँकि वह बहुत उदास रहती थी, इसीलिए शंकर की बातें उसे पसन्द आईं। शाम को जब ख़ुदाबख़्श आया तो सुल्ताना ने उससे पूछा : "तुम आज सारा दिन किधर ग़ायब रहे हो?" ख़ुदाबख़्श थककर चूर चूर हो रहा था। कहने लगा : "पुराने क़िले के पास से आ रहा हूँ। वहाँ एक बुजुर्ग कुछ दिनों से ठहरे हुए है। उन्हीं के पास हर रोज़ जाता हूँ कि हमारे दिन फिर जाएँ..." "कुछ उन्होंने तुमसे कहा?... "नहीं, अभी वह मेहरबान नहीं हुए...पर सुल्ताना, मैं जो उनकी ख़िदमत कर रहा हूँ, वह अकारत कभी नहीं जाएगीं। अल्लाह का फ़ज़्ल शामिले हाल रहा तो जरूर वारे न्यारे हो जाएगें।" सुल्ताना के दिमाग में मोहर्रम मनाने का ख़याल समाया हुआ था। ख़ुदाबख़्श से रोनी आवाज़ में कहने लगी : "तुम

सारा दिन बाहर ग़ायब रहते हो...मैं यहाँ पिंजरे में कैद रहती हूँ। कहीं जा सकती हूँ, न आ सकती हूँ। मोहर्रम सिर पर आ गया है। कुछ तुमने इसकी भी फ्रिक की कि मुझे काले कपड़े चाहिए? घर में फूटी कौड़ी तक नहीं। कंगानियाँ थीं, सो वो एक एक करके बिक गई। अब तुम्हीं बताओ, क्या होगा...यूँ फ़क़ीरों के पीछे कब तक मारे-मारे फिरा करोगे? मुझे तो ऐसा दिखाई देता है कि यहाँ देहली मे ख़ुदा ने भी हमसे मुँह मोड़ लिया है। मेरी सुनो तो अपना काम शुरू कर दो। कुछ तो सहारा हो ही जाएगा..." ख़ुदाबख़्श दरी पर लेट गया और कहने लगा : "पर यह काम शुरू करने के लिए भी तो थोड़ा-बहुत सरमाया चाहिए... ख़ुदा के लिए अब ऐसी दुख भरी बातें न करो। मुझसे अब यह बर्दाश्त नही हो सकतीं। मैने सचमुच अम्बाला छोड़ने में सख़्त ग़लती की, पर जो करता है, अल्लाह ही करता है और हमारी बेहतरी ही के लिए करता है। क्या पता है, कुछ देर और तकलीफ़ें बर्दाश्त करने के बाद हम..." सुल्ताना ने बात काटकर कहा : "तुम ख़ुदा के लिए कुछ करो। चोरी करो या डाका डालो, पर मुझे एक शलवार का कपड़ा ज़रूर ला दो। मेरे पास सफ़ेद बोसकी की कमीज़ पड़ी है, उसको मै रंगवा लूँगी। सफ़ेद नेनून का एक नया दुपट्टा भी मेरे पास मौजूद है, वही जो तुमने मुझे दीवाली पर लाकर दिया था। यह भी क़मीज के साथ ही रँगवा लिया जाएगा। एक सिर्फ़ शलवार की कसर है, सो वो तुम किसी न किसी तरह ज़रूर ला दो...मेरी भत्ती[24] खाओ, अगर न लाओ..." ख़ुदाबख़्श उठ बैठा : "अब तुम ख़्वामख़्वाह ज़ोर दिए चली जा रही हो... मै कहाँ से लाऊँगा... अफ़ीम खाने के लिए तो मेरे पास एक पैसा तक नही..." "कुछ भी करो, मगर मुझे साढ़े चार गज़ काली साटन ला दो।" "दुआ करो कि आज रात ही अल्लाह दो -तीन आदमी भेज दे..." "तुम कुछ नही करोगे... तुम अगर चाहो तो जरूर इतने पैसे पैदा कर सकते हो... जंग से पहले यह साटन बाहर-चौदह आने गज़ मिल जाती थी, अब सवा रुपए गज़ के हिसाब से मिलती है। साढ़े चार गज़ों पर कितने रुपए ख़र्च हो जाएँगे?" "अब तुम कहती हो तो मै कहीं कोई हीला करूँगा। "यह कहकर ख़ुदाबख़्श उठा : "लो, अब इन बातों को भूल जाओ। मैं होटल से खाना ले आऊँ।" होटल से खाना आया। दोनों ने मिलकर ज़हर मार[25] किया और सो गए। सुबह हुई तो ख़ुदाबख़्श पुराने किले वाले फ़क़ीर के पास चला गया और सुल्ताना अकेली रह गई। कुछ देर लेटी रही, कुछ देर सोई रही। कुछ देर इधर-उधर कमरों में टहलती रही। दोपहर का खाना खाने के बाद उसने अपना सफ़ेद नेनून का दुपट्टा और सफ़ेद बोसकी कमीज़ निकाली और नीचे लांड्रीवाले को रँगने के लिए दे आई। कपड़े धोने के इलावा वहाँ रँगने का काम भी होता था। यह काम करने के बाद उसने वापस आकर फ़िल्मों की किताबे पढ़ीं, जिनमें उसके देखी हुई फ़िल्मों की कहानी और गीत

छपे हुए थे। ये किताबें पढ़ते-पढ़ते वह सो गई। जब उठी तो चार बज चुके थे क्योंकि धूप आँगन में से मोरी के पास पहुँच चुकी थी। नहा-धोकर फ़ारिग़ हुई तो गर्म चादर ओढ़कर बालकनी में आ खड़ी हुई। करीब एक घण्टा सुल्ताना बालकनी में खड़ी रही अब शाम हो गई थी। बत्तियाँ रौशन हो रही थीं। नीचे सड़क में रौनक के आसार नज़र आने लगे। सर्दी में थोड़ी-सी शिद्दत[26] हो गई मगर सुल्ताना को यह नागवार मालूम न हुई। वह सड़क पर आते-जाते ताँगों और मोटरों की तरफ़ एक अर्से से देख रही थी। दफ़अतन[27] उसे शंकर नज़र आया। मकान के नीचे पहुँचकर उसने गर्दन ऊँची की और सुल्ताना की तरफ देखकर मुस्कुरा दिया। सुल्ताना ने ग़ैर इरादी तौर पर हाथ का इशारा किया और उसे ऊपर बुला लिया। जब शंकर ऊपर आ गया तो सुल्ताना बहुत परेशान हुई कि उससे क्या कहे। दरअसल उसने ऐसे ही बिला सोचे-समझे उसे इशारा कर दिया था। शंकर बेहद मुतमइन[28] था, जैसे यह उसका अपना घर है। चुनांचे बड़ी बेतकल्लुफ़ी से पहले रोज़ की तरह वह गावतकिया सिर के नीचे रखकर लेट गया। जब सुल्ताना ने देर तक उससे कोई बात न की तो उसने कहा : "तुम मुझे सौ दफ़ा बुला सकती हो और सौ दफ़ा ही कह सकती हो कि चले जाओ...मै ऐसी बातों पर कभी नाराज़ नही हुआ करता।" सुल्ताना शशोपंज[29] में गिरफ़्तार हो गई कहने लगी : "नहीं, बैठो, तुम्हें जाने को कौन कहता है।" शंकर इस पर मुस्कुरा दिया : "तो मेरी शर्तें तुम्हें मंजूर हैं?" "कैसी शर्तें?" सुल्ताना ने हँसकर कहा : "क्या निकाह कर रहे हो मुझसे?" "निकाह और शादी कैसी? न उम्र भर तुम किसी से निकाह करोगी, न मैं। यह रस्में हम लोगों के लिए नहीं। छोड़ो इन फुज़ूलियात को, कोई काम की बात करो..." "बोलो क्या बात करूँ? "तुम औरत हो... कोई ऐसी बात शुरू करो, जिससे दो घड़ी दिल बहल जाए। इस दुनिया में सिर्फ़ दुकानदारी ही दुकानदारी नहीं, कुछ और भी है..." सुल्ताना ज़ेहनी तौर पर अब शंकर को कुबूल कर चुकी थी, कहने लगी : "साफ-साफ़ कहो, तुम मुझसे क्या चाहते हो?... "जो दूसरे चाहते हैं।" शंकर उठ बैठ गया। "तुममें और दूसरों में फिर फर्क़ ही क्या रहा?..." तुममें और मुझमें कोई फर्क नहीं। उनमें और मुझमें जमीन-आसमान का फ़र्क है, ऐसी बहुत-सी बातें होती है जो पूछना नही चाहिए, ख़ुद समझनी चाहिए।" सुल्ताना ने थोड़ी देर तक शंकर की इस बात को समझनें की कोशिश की, फिर कहा : "मै समझ गई तो कहो, क्या इरादा है? तुम जीते, मैं हारी पर मैं कहती हूँ आज तक किसी ने ऐसी बात कुबूल न की होगी।" "तुम गलत कहती हो। इसी महल्ले में तुम्हें ऐसी सादालौह औरतें भी मिल जाएगी, जो कभी यक़ीन नही करेंगी कि औरत ऐसी ज़िल्लत[30] कुबूल कर सकती है, जो तुम बग़ैर किसी एहसास के कुबूल करती रही हो। लेकिन उनके न यकीन करने के बावजूद

तुम हजारों की तादाद में मौजूद हो...तुम्हारा नाम सुल्ताना है न?... सुल्ताना ही है...? शंकर उठ ख़ड़ा हुआ और हँसने लगा : ''मेरा नाम शंकर है... यह नाम भी अजीब ऊटपटाँग होते हैं। चलो आओ, अन्दर चलें...'' शंकर और सुल्ताना दरीवाले कमरे में वापिस आए तो दोनों हँस रहे थे, न जाने किस बात पर। जब शंकर जाने लगा तो सुल्ताना ने कहा : ''शंकर, मेरी एक बात मनोगे?'' शंकर ने जवाबन कहा : ''पहले बात बताओ।'' सुल्ताना कुछ झेंप-सी गई ''तुम कहोगे कि मै दाम वसूल करना चाहती हूँ मगर...'' सुल्ताना ने जुर्रत से काम लेकर कहा : ''बात यह है कि मुहर्रम आ रहा है और मेरे पास इतने पैसे नहीं कि मै काली शलवार बनवा सकूँ। यहाँ के सारे दुखड़े तो तुम मुझसे सुन ही चुके हो। क़मीज और दुपट्टा मेरे पास मौजूद था, जो मैने आज रँगवाने के लिए दे दिया है।'' शंकर ने यह सुनकर कहा : ''तुम चाहती हो कि मै तुम्हे कुछ रुपए दे दूँ, जो तुम काली शलवार बनवा सको?'' सुल्ताना ने फ़ौरन ही कहा : ''नही, मेरा मतलब यह है कि अगर हो सके तो तुम मुझे एक काली शलवार ला दो।'' शंकर मुस्कुराया : ''मेरी जेब में तो इत्तिफाक़ ही से कभी कुछ होता है। बहरहाल मै कोशिश करूँगा। मुहर्रम की पहली तारीख़ को तुम्हें यह शलवार मिल जाएगी... लो, बस अब, ख़ुश हो गई ना।'' फिर सुल्ताना के बुंदों की तरफ़ देखकर उसने पूछा : ''क्या यह बुंदे तुम मुझे दे सकती हो?'' सुल्ताना ने हँसकर कहा : ''तुम इनका क्या करोगे? चाँदी के मामूली बुंदे। ज़्यादा से ज़्यादा पाँच रुपए के होंगे।'' इस पर शंकर ने कहा ''मैंने तुमसे बुंदे माँगे है, इनकी क़ीमत नही पूछी। बोलो देती हो?'' ''... ले लो...'' यह कहकर सुल्ताना ने बुंदे उतारकर शंकर को दे दिए। फिर उसे अफ़सोस हुआ, मगर शंकर जा चुका था।

सुल्ताना को क़त्अन यक़ीन नहीं था कि शंकर अपना वादा पूरा करेगा मगर आठ रोज़ के बाद मुहर्रम की पहली तारीख़ को सुबह नौ बजे दरवाज़े पर दस्तक हुई। सुल्ताना ने दरवाज़ा खोला तो शंकर खड़ा था। अख़बार में लिपटी हुई चीज़ उसने सुल्ताना को दी और कहा : "साटन की काली शलवार है...देख लेना शायद लम्बी हो...अब मैं चलता हूँ..."

शंकर शलवार देकर चला गया और कोई बात उसने सुल्ताना से न की। उसकी पतलून में शिकनें पड़ी हुई थीं बाल बिखरे हुए थे। ऐसा मालूम होता था कि अभी-अभी सोकर उठा है और सीधा इधर ही चला आया है।

सुल्ताना ने काग़ज़ खोला, साटन की काली शलवार थी। वैसी ही जैसी कि वह मुखतार के पास देखकर आई थी। सुल्ताना बहुत ख़ुश हुई। बुंदों और उस सौदे का जो अफ़सोस उसे हुआ था, उस शलवार ने और शंकर की वादा ईफ़ाई[3] ने दूर कर दिया।

दोपहर को वह नीचे लांड्रीवाले से अपनी रँगी हुई क़मीज़ और दुपट्टा ले आई। तीनों काले कपड़े जब उसने पहन लिए तो दरवाज़े पर दस्तक हुई।

सुल्ताना ने दरवाज़ा खोला तो मुख़तार अन्दर दाखिल हुई। उसने सुल्ताना के तीनों कपड़ों की तरफ़ देखा और कहा : "क़मीज़ और दुपट्टा तो रँगा हुआ मालूम होता है। पर यह शलवार नई है…कब बनवाई?"

सुल्ताना ने जवाब दिया : "आज ही दरज़ी लाया है…" यह कहते हुए उसकी नज़रें मुख़तार के कानों पर पड़ीं : "यह बुंदे तुमने कहाँ से लिए?"

मुख़तार ने जवाब दिया : "आज ही मँगवाए हैं…"

इसके बाद दोनों को थोड़ी देर ख़ामोश रहना पड़ा।

---

1. शौच निवृत्ति; 2. फ़ोटोग्राफी रसायन; 3. भोली, जिसका साधु-सन्तों पर विश्वास हो; 4. विश्वास; 5. असंख्य; 6. स्थायी; 7. दरगाह; 8. श्रद्धा; 9. सभ्य लोगों; 10. चिन्ता; 11. आकृष्ट; 12. छोड़ना; 13. खड़े हुए; 14. चलते-फिरते; 15. अनेक बार; 16. तसल्ली; 17. सामर्थ्य; 18. उदास; 19. दूख बढ़ानेवाले; 20. मध्यम; 21. स्वच्छ; 22. मटमैली; 23. अल्लाहवाला; 24. मृतक की स्मृति में खिलाया जाने वाला भोजन; 25. जबर्दस्ती खाना; 26. तीव्रता; 27. सहसा, अचानक; 28. सन्तृष्ट; 29. असमंजस; 30. साहस; 31. पूरा करना।

खोल दो

अमृतसर से स्पेशल ट्रेन दोपहर के दो बजे चली और आठ घण्टों के बाद मुग़लपुरा पहुँची। रास्ते में कई आदमी मारे गए, मुतअद्दिद[1] ज़ख़्मी हुए और इधर-उधर भटक गए।

सुबह दस बजे कैम्प की ठण्डी ज़मीन पर जब सिराजुद्दीन ने आँखें खोलीं और अपने चारों तरफ़ मर्दों और बच्चों का मुतलातिम[2] समन्दर देखा तो उसकी सोचने-समझने की कूव्वतें और भी ज़ईफ़[3] हो गईं और वह देर तक गदले आसमान को टकटकी बाँधे देखता रहा। यूँ तो कैम्प में हर तरफ़ शोर बरपा था लेकिन बूढ़े सिराजुद्दीन के कान बन्द थे। उसे कुछ सुनाई नहीं दे रहा था। कोई उसे देखता तो यही ख़याल करता कि वह किसी गहरी फ़िक्र में है मगर उसके होशो-हवास शल[4] थे। उसका सारा वजूद ख़ला[5] में मुअल्लक़[6] था!

गदले आसमान की तरफ़ बग़ैर किसी इरादे के देखते-देखते सिराजुद्दीन की निगाहें सूरज से टकराईं तो तेज़ रौशनी उसके वजूद के सारे रेशों में उतर गई और वह जाग उठा ऊपर तले उसके ज़ेहन में कई तस्वीरें दौड़ गईं : लूट, आग... भागमभाग...स्टेशन गोलियाँ...रात और सकीना.

सिराजुद्दीन एकदम खड़ा हो गया और फिर उसने पागलों की तरह अपने चारों तरफ़ फैले हुए इन्सानों के समन्दर को खँगलाना शुरू किया।

पूरे तीन घण्टे वह 'सकीना...सकीना...' पुकारता कैम्प की ख़ाक छानता रहा मगर उसे अपनी जवान इकलौती बेटी का कोई पता नही चला। चारों तरफ़ एक धाँधली-सी मची हुई थी। कोई अपना बच्चा ढूँढ़ रह था, कोई माँ, कोई बीवी और कोई बेटी।

सिराजुद्दीन थक-हारकर एक तरफ़ बैठ गया और अपने हाफ़िज़े[7] पर ज़ोर देकर सोचने लगा कि सकीना उससे कब और कहाँ जुदा हुई, लेकिन सोचते हुए उसका ध्यान सकीना की माँ की लाश पर जम गया, जिसकी सारी अन्तड़ियाँ बाहर निकली हुई थीं...वह उससे आगे कुछ और सोच न सका।

सकीना की माँ मर चुकी थी। उसने सिराजुद्दीन की आँखों के सामने दम तोड़ा

था। लेकिन सकीना कहाँ है, जिसके मुताल्लिक़ उसकी माँ ने मरते हुए कहा था : "...मुझे छोड़ो, फ़ौरन सकीना को लेकर यहाँ से भाग जाओ..."

सकीना उसके साथ ही थी और वह दोनों नंगे पाँव भाग रहे थे। सकीना का दुपट्टा गिर पड़ा था। दुपट्टा उठाने के लिए उसने रुकना चाहा था और सकीना ने चिल्लाकर कहा था : "...अब्बा जी छोड़िए...!" लेकिन उसने दुपट्टा उठा लिया था। यह ध्यान आते ही उसने अपने कोट की उभरी हुई जेब की तरफ़ देखा और जेब में हाथ डालकर दुपट्टा निकाला, सकीना का वही दुपट्टा...लेकिन सकीना कहाँ है?

सिराजुद्दीन ने अपने थके हुए ज़ेहन पर बहुत ज़ोर डाला मगर वह किसी नतीजे तक न पहुँच सका : क्या वह सकीना को अपने साथ स्टेशन तक ले आया था? क्या वह उसके साथ गाड़ी में सवार हुई थीं? क्या रास्ते में गाड़ी के रुकने पर और बलवाइयों के गाड़ी में घुस आने पर वह बेहोश हो गया था जो वह सकीना को उठाकर ले गए...?

सिराजुद्दीन के ज़ेहन में सवाल हो सवाल थे, जवाब कोई न था। सिराजुद्दीन को हमदर्दी की ज़रूरत थी, लेकिन चारों तरफ़ जितने भी इंसान फैले हुए थे, सबको हमदर्दी की ज़रूरत थी। उसने रोना चाहा, मगर उसकी आँखों ने उसकी मदद न की। आँसू न जाने कहाँ ग़ायब हो गए थे।

छह रोज़ के बाद सिराजुद्दीन के होशो-हवास किसी तरह दुरुस्त हुए तो वह उन लोगों से मिला जो उसकी मदद करने को तैयार थे। वह आठ नौजवान थे। उनके पास लॉरी थी, बन्दूकें थीं।

उसने उनको लाख-लाख दुआएँ दीं और सकीना का हुलिया बताया : "गोरा रंग है उसका और बहुत हा ख़ूबसूरत है वह...मुझ पर नहीं है, अपनी माँ पर है... उम्र सतरह बरस के क़रीब है...आँख बड़ी-बड़ी, बाल सियाह, दाहिने गाल पर मोटा सा तिल...मेरी इकलौती लड़की है. ढूँढ़ लाओ उसे, ख़ुदा तुम्हारा भला करेगा..."

रज़ाकार[8] नौजवान ने बड़े जज़्बे के साथ बूढ़े सिराजुद्दीन को यक़ीन दिलाया कि अगर उसकी बेटी ज़िन्दा है तो चन्द ही दिनों में वह उसके पास होगी।

आठों नौजवानों ने कोशिश की। जान हथेली पर रखकर वह अमृतसर गए। कई औरतों, कई मर्दों और कई बच्चों को निकाल-निकालकर उन्होंने महफ़ूज़ मक़ामों पर पहुँचाया लेकिन दस रोज़ गुज़र जाने पर भी उन्हें सकीना कहीं न मिली।

एक रोज़ वह फिर उसी ख़िदमत के लिए लॉरी पर अमृतसर जा रहे थे कि छहरटे के पास सड़क पर उन्हें एक लड़की दिखाई दी। लॉरी की आवाज़ सुनकर वह बिदकी और उसने भागना शुरू कर दिया।

रज़ाकारों ने लारी रोकी और सबके सब उसके पीछे भागे।

एक खेत में उन्होंने लड़की को पकड़ लिया। लड़की ख़ूबसूरत थी। दाहिने गाल पर मोटा-सा तिल था।

एक नौजवान ने लड़की से कहा : "घबराओ नहीं...! क्या तुम्हारा नाम सकीना है...?" लड़की का रंग और ज़र्द हो गया। उसने कोई जवाब न दिया। जब तमाम नौजवानों ने उसे दम-दिलासा दिया तो लड़की की वहशत दूर हुई और उसने मान लिया कि वह सिराजुद्दीन की बेटी सकीना है।

आठों रज़ाकार नौजवानों ने हर तरह सकीना की दिलजोई की। उसे खाना खिलाया, दूध पिलाया, लॉरी में बिठाया। एक ने अपना कोट उतारकर उसे दिया, क्योंकि दुपट्टा न होने के बाइस वह बहुत उलझन महसूस कर रही थी। वह बार-बार बाँहों से अपने सीने को ढाँपने की नाकाम कोशिश कर रही थी।

कई दिन गुज़र गए। सिराजुद्दीन को सक़ीना की कोई ख़बर न मिली।

वह दिन भर मुख़्तलिफ़ कैम्पों और दफ़्तरों का चक्कर काटता रहता लेकिन कहीं भी उसे बेटी का पता न चलता। रात को वह देर तक उन रज़ाकार नौजवानों की कामयाबी के लिए दुआएँ माँगता रहता, जिन्होंने उसे यक़ीन दिलाया था कि अगर उसकी बेटी ज़िन्दा है तो चन्द ही दिनों में वह उसके पास होगी...

एक दिन सिराजुद्दीन ने कैम्प में उन रज़ाकार नौजवानों को देखा। वह लॉरी में बैठे हुए थे।

वह भागा-भागा उनके पास गया। लारी चलने ही वाली थी कि उसने पूछा : "बेटा...मेरी सक़ीना का पता चला...?"

सबने एक ज़बान होकर कहा : "चल जाएगा, चल जाएगा..." और लॉरी चल पड़ी। उसने एक बार फिर उन नौजवानों की कामयाबी की दुआ माँगी और यूँ उसका जी किसी क़दर हल्का हो गया।

उसी शाम कैम्प में जहाँ सिराजुद्दीन बैठा हुआ था, उसके पास ही कुछ गड़बड़ हुई चार आदमी कुछ उठाकर ला रहे थे।

उसने दरयाफ़्त किया तो उसे मालूम हुआ कि एक लड़की रेलवे लाइन के पास बेहोश पड़ी थी, लोग उसे उठाकर ला रहे हैं।

वह उनके पीछे-पीछे हो लिया।

उन लोगों ने लड़की को अस्पताल के सिपुर्द किया और चले गए।

वह कुछ देर तक ऐसे ही अस्पताल के बाहर गड़े हुए लकड़ी के खंबे के साथ लगकर खड़ा रहा, फिर आहिस्ता-आहिस्ता अन्दर चला गया।

एक कमरे में कोई भी नहीं था, बस एक स्ट्रेचर था, जिस पर लाश खम्भों सी पड़ी थी।

वह छोटे-छोटे क़दम उठाता हुआ बढ़ा।

कमरे में दफ़अतन रौशनी हुई।

उसने लाश के ज़र्द चेहरे पर चमकता हुआ तिल देखा और चिल्लाया : "सकीना...!" डॉक्टर ने, जिसने कमरे में रौशनी की थी, उससे पूछा : "क्या है?"

उसके हलक़ से सिर्फ़ इतना निकल सका : "जी मैं...जी मैं इसका बाप हूँ..."

डॉक्टर ने स्ट्रेचर पर पड़ी हुई लाश की तरफ देखा, फिर लाश की नब्ज़ टटोली और उससे कहा : "खिड़की खोल दो..."

मुर्दा जिस्म में जुम्बिश हुई...

बेजान हाथों ने इज़ारबन्द खोला...

और शलवार नीचे सरका दी...

बूढ़ा सिराजुद्दीन ख़ुशी से चिल्लाया : "ज़िन्दा है...मेरी बेटी ज़िन्दा है..."

डॉक्टर सिर से पैर तक पसीने में गर्क़ हो चुका था।

---

1. बहुत से; 2. एक-दूसरे को धकेलता; 3. कमज़ोर; 4. सुन्न; 5. खाली जगह; 6. लटका हुआ; 7. याददाश्त; 8. वॉलन्टियर।

यह कहानी

यह कहानी मेरे प्रकाशक ने छापने से इनकार कर दिया। इस सिलसिले में हम बहुत ऊपर-नीचे हुए। क़िस्सा यह था कि इस कहानी पर मुझ पर कराची में मुक़द्दमा चला था। सज़ा के तौर पर मुझे पच्चीस रुपये जुर्माना अदा करना पड़ा था। मैं चाहता था अपने प्रकाशक से मज़ीद पच्चीस रुपये ले लूँ ताकि मुझे किसी क़दर तस्कीन हो जाये मगर वह न मानें आख़िर मैंने इधर-उधर से ऊपर-नीचे दरम्यान होकर कुछ रुपये पैदा किये और यह कहानी छपवाई ताकि आप तक पहुँच जाये। आप इसको यक़ीनन शर्फ़े कुबूलियत बख़्शेंगे, इसलिए कि आप मेरे प्रकाशक नहीं, पाठक हैं।

ऊपर, नीचे और दरम्यान

मियाँ साहिब : बहुत देर के बाद मिल बैठने का इत्तिफ़ाक हुआ है।

बेगम साहिबा : जी हाँ!

मियाँ साहिब : मस्रूफ़ियतें[1]...बहुत पीछे हटता हूँ मगर ना अहल[2] लोगों का ख़याल करके क़ौम की पेश की हुई ज़िम्मेदारियाँ सँभालनी ही पड़ती हैं।

बेगम साहिबा : असल में आप ऐसे मुआमलों में बहुत नर्मदिल वाक़ा हुए हैं। बिलकुल मेरी तरह।

मियाँ साहिब : हाँ! मुझे आपकी सोशल एक्टिविटीज़ का इल्म होता रहता है। फ़ुर्सत मिले तो कभी अपनी वह तक़रीरें भिजवा दीजिएगा जो पिछले दिनों आपने मुख़्तलिफ़ मौक़ों पर की हैं...मैं फ़ुर्सत के औक़ात में उनका मुताला[3] करना चाहता हूँ।

बेगम साहिबा : बहुत बेहतर।

मियाँ साहिब : हाँ बेगम! वह मैंने आपसे उस बात का ज़िक्र किया था!

बेगम साहिबा : किस बात का?

मियाँ साहिब : मेरा ख़याल है, ज़िक्र नहीं किया...कल इत्तिफ़ाक़ से मैं मँझले साहिबज़ादे के कमरे में जा निकला, वह लेडी चैटरलीज़ लवर पढ़ रहा था।

बेगम साहिबा : वह रुसवाए ज़माना किताब?

मियाँ साहिब : हाँ बेगम!

बेगम साहिबा : आपने क्या किया?

मियाँ साहिब : मैंने उससे किताब छीनकर ग़ायब कर दी।

बेगम साहिब : बहुत अच्छा किया आपने।

मियाँ साहिब : अब मैं सोच रहा हूँ कि डॉक्टर से मश्वरा करूँ और उसकी रोज़ाना ग़िज़ा में तब्दीली करवा दूँ।

बेगम साहिबा : बड़ा सही क़दम उठाएँगे आप।

मियाँ साहिब : मिज़ाज़ कैसा है आपका?

बेगम साहिबा : ठीक है।

मियाँ साहिब : मेरा ख़याल था कि आज आपसे...दरख़्वास्त करूँ।

बेगम साहिबा : ओह! आप बहुत बिगड़ते जा रहे हैं।

मियाँ साहिब : यह सब आपकी करिश्मासाज़ियाँ हैं।

बेगम साहिबा : लेकिन आपकी सेहत?

मियाँ साहिब : सेहत? अच्छी है। लेकिन डॉक्टर से मश्वरा किए बग़ैर कोई क़दम नहीं उठाऊँगा। और आपकी तरफ़ से भी मुझे पूरा इत्मीनान होना चाहिए।

बेगम साहिबा : मैं आज ही मिस सिलढाना से पूछ लूँगी।

मियाँ साहिब : और मैं डॉक्टर जलाल से।

बेगम साहिबा : क़ाइदे के मुताबिक़ ऐसा ही होना चाहिए।

बमियाँ साहिब : अगर डॉक्टर जलाल ने इजाज़त दे दी?

बेगम साहिबा : अगर मिस सिलढाना ने इजाज़त दे दी...! मफ़लर अच्छी तरह लपेट लीजिए। बाहर सर्दी है।

मियाँ साहिब : शुक्रिया!

डॉक्टर जलाल : तुमने इजाज़त दे दी?

मिस सिलढाना : जी हाँ!

डॉक्टर जलाल : मैंने भी इजाज़त दे दी...हालाँकि शरारत के तौर पर...

मिस सिलढाना : हालाँकि शरारत के तौर पर मैं भी चाहती थी कि इजाज़त न दूँ।

डॉक्र जलाल : लेकिन मुझे तरस आ गया।

मिस सिलढाना : मुझे भी।

डॉक्टर जलाल : पूरे एक बरस के बाद वह...

मिस सिलढाना : हाँ, पूरे एक बरस के बाद

डॉक्टर जलाल : मेरी उँगलियों के नीचे उसकी नब्ज़ तेज़ हो गई, जब मैंने उसको इजाज़त दी।

मिस सिलढाना : उसकी भी कैफ़ियत थी।

डॉक्टर जलाल : उसने मुझसे डरते हुए कहा : 'डॉक्टर, ऐसा मालूम होता है, मेरा दिल कमज़ोर हो गया है..आप कार्डियोग्राम लीजिए...!'

मिस सिलढाना : उसने भी मुझसे यही कहा।

डॉक्टर जलाल : मैंने उसको टीका लगा दिया।

मिस सिलढाना : मैंने भी...सिर्फ़ सादा पानी का।

डॉक्टर जलाल : सादा पानी बेहतरीन चीज़ है।

मिस सिलढाना : जलाल! अगर तुम उस बेगम के शौहर होते?

डॉक्टर जलाल : अगर तुम उस मियाँ की बीवी होतीं?

मिस सिलढाना : मेरा कैरेक्टर ख़राब हो गया होता!

डॉक्टर जलाल : मेरा जनाज़ा उठ गया होता!

मिस सिलढाना : यह भी तुम्हारे कैरेक्टर की ख़राबी कहलाती।

डॉक्टर जलाल : हम जब भी सोसाइटी के इन उल्लुओं को देखने आते हैं, हमारा कैरेक्टर ख़राब हो जाता है।

मिस सिलढाना : आज भी होगा?

डॉक्टर जलाल : बहुत ज़्यादा।

मिस सिलढाना : मगर मुसीबत यह है कि इनका लम्बे-लम्बे वक़्फ़ों के बाद होता है।

बेगम साहिबा : 'लेडी चैटरलीज़ लवर', यह आपने तकिए के नीचे क्यों रखी हुई है?

मियाँ साहिब : मैं देखना चाहता था कि यह किताब कितनी बेहूदा और वाहियात है।

बेगम साहिबा : मैं भी आपके साथ देखूँगी।

मियाँ साहिब : मैं जस्ता-जस्ता देखूँगा। पढ़ता जाऊँगा। आप भी सुनती जाइए।

बेगम साहिबा : यह बहुत अच्छा रहेगा।

मियाँ साहिब : मैंने मँझले साहिबज़ादे की रोज़ाना ग़िज़ा में डॉक्टर के मश्वरे से तब्दीलियाँ करा दी हैं।

बेगम साहिबा : मुझे यक़ीन था कि आपने इस मुआमले में ग़फ़लत नहीं बरती होगी।

मियाँ साहिब : मैंने अपनी जिन्दग़ी में कभी आज का काम कल पर नहीं छोड़ा।

मियाँ साहिब : आपका मिज़ाज कितना शिगुफ़्ता है...

बेगम साहिबा : यह सब आपकी करिश्मासाज़ियाँ हैं।

मियाँ साहिब : मैं बहुत महज़ूज़[1] हुआ हूँ...अगर आपकी इजाज़त हो तो...

बेगम साहिबा : ठहरिए! क्या आपने दाँत साफ़ किए?

मियाँ साहिब : जी हाँ। मैं दाँत साफ़ करके और डिटोल के ग़रारे करके आया था।

बेगम साहिबा : मैं भी।

मियाँ साहिब : असल में हम दोनों एक-दूसरे के लिए बनाए गए थे।

बेगम साहिबा : इसमें क्या शक है।

मियाँ साहिब : मैं जस्ता-जस्ता यह बेहूदा किताब पढ़ना शुरू करूँ?

बेगम साहिबा : ठहरिए! ज़रा मेरी नब्ज़ देखिए।

मियाँ साहिब : कुछ तेज़ चल रही है। ...मेरी देखिए।

बेगम साहिबा : आपकी भी तेज़ चल रही है।

मियाँ साहिब : वजह?

बेगम साहिबा : दिल की कमज़ोरी!

मियाँ साहिब : यही वजह हो सकती है...लेकिन डॉक्टर जलाल ने कहा था 'कोई ख़ास बात नहीं।'

बेगम साहिबा : मिस सिलढाना ने भी यही कहा था।

मियाँ साहिब : अच्छी तरह इम्तिहान करके उसने इजाज़त दी थी?

बेगम साहिबा : बहुत अच्छी तरह इम्तिहान करके इजाज़त दी थी।

मियाँ साहिब : तो मेरा ख़याल है, कोई हर्ज नहीं।

बेगम साहिबा : आप बेहतर समझते हैं...ऐसा न हो, आपकी सेहत...।

मियाँ साहिब : और आपकी सेहत भी।

बेगम साहिबा : अच्छी तरह सोच-समझकर ही क़दम उठाना चाहिए।

मियाँ साहिब : मिस सिलढाना ने उसका तो बन्दोवस्त कर दिया है ना?

बेगम साहिबा : किसका...? हाँ, हाँ, उसका तो बन्दोबस्त कर दिया है उसने।

मियाँ साहिब : यानी उस तरफ़ से तो पूरा इत्मीनान है?

बेगम साहिबा : जी हाँ!

मियाँ साहिब : ज़रा अब देखिए नब्ज़?

बेगम साहिबा : अब तो...ठीक चल रही है।...मेरी?

मियाँ साहिब : आपकी भी नॉर्मल है।

बेगम साहिबा : इस बेहूदा किताब का कोई पैरा तो पढ़िए!

मियाँ साहिब : बेहतर..नब्ज फिर तेज़ हो गई।

बेगम साहिबा : मेरी भी।

मियाँ साहिब : नौकरों से मत्लूबा[5] सामान रखवा दिया आपने कमरे में?

बेगम साहिबा : जी हाँ! सब चीज़ें मौजूद हैं।

मियाँ साहिब : अगर आपको ज़हमत न हो तो मेरा टेम्प्रेचर ले लीजिए।

बेगम साहिबा : क्या आप तकलीफ़ नहीं कर सकते...स्टाप वॉच मौजूद है। नब्ज़ की रफ़्तार भी देख लीजिए।

मियाँ साहिब : हाँ! यह भी नोट होनी चाहिए।

बेगम साहिबा : स्लिमिंग साल्ट[6] कहाँ हैं?

मियाँ साहिब : दूसरी चीज़ों के साथ होना चाहिए।

बेगम साहिबा : जी हाँ। पड़ा है तिपाई पर।

मियाँ साहिब : कमरे का टेम्प्रेचर, मेरा ख़याल है, थोड़ा सा बढ़ा देना चाहिए।

बेगम साहिबा : मेरा भी यही ख़याल है।

मियाँ साहिब : नक़ाहत[7] ज़्यादा हो गई तो मुझे दवा देना न भूलिएगा।

बेगम साहिबा : मैं कोशिश करूँगी अगर...

मियाँ साहिब : हाँ-हाँ...! बसूरते-दीगर[8] आप तक्लीफ़ न उठाएगा।

बेगम साहिबा : आप यह सफ़हा...यह पूरा सफ़हा पढ़िए...

मियाँ साहिब : सुनिए...!

बेगम साहिबा : यह आपको छींक क्यों आई?

मियाँ साहिब : मालूम नहीं ।

बेगम साहिबा : हैरत है।

मियाँ साहिब : मुझे ख़ुद हैरत है।

बेगम साहिबा : ओह...मैंने कमरे का टेम्प्रेचर बढ़ाने के बजाय घटा दिया था...माफी चाहती हूँ।

मियाँ साहिब : यह अच्छा हुआ कि छींक आ गई और बरवक़्त पता चल गया।

बेगम साहिबा : मुझे बहुत अफ़सोस है।

मियाँ साहिब : कोई बात नहीं। बारह क़तरे ब्रांडी इसकी तलाफ़ी[9] कर देंगे।

बेगम साहिबा : ठहरिए...! मुझे डालने दें। आपसे गिनने में ग़लती हो जाया करती है।

मियाँ साहिब : यह तो दुरुस्त है। आप डाल दीजिए।

बेगम साहिबा : आहिस्ता-आहिस्ता पीजिए।

मियाँ साहिब : तबीयत बहाल हुई?

मियाँ साहिब : हो रही है।

बेगम साहिबा : आप थोड़ी देर आराम कर लें।

मियाँ साहिब : हाँ...मैं ख़ुद इसकी ज़रूरत महसूस कर रहा हूँ।

नौकर : क्या बात है, आज बेगम साहिबा नज़र नहीं आई?

नौकरानी : तबीयत नासाज़ है उनकी।

नौकर : मियाँ साहिब की तबीयत भी नासाज़ है।

नौकरानी : हमें मालूम ही था।

नौकर : हाँ! लेकिन कुछ समझ में नहीं आता।

नौकरानी : क्या?

नौकर : यह क़ुदरत का तमाशा..हमें तो आज बिस्तेर-मर्ग[10] पर होना चाहिए था।

नौकरानी : कैसी बातें मुँह से निकालते हो। बिस्तरे मर्ग पर हों वह...

नौकर : न छेड़ो उनके बिस्तरे मर्ग का जिक्र...बड़ा शानदार होगा... ख़्वाह मख़्वाह मेरा जी चाहेगा कि तुम्हें उठाकर अपनी कोठरी में ले जाऊँ।

नौकरानी : कहाँ चले?

नौकर : बढ़ई ढूँढ़ने जा रहा हूँ...चारपाई अब बिलकुल जवाब दे चुकी है।

नौकरानी : हाँ! उससे कहना, मज़बूत लकड़ी लगाए।

---

1. व्यस्तता; 2. अयोग्य; 3. अध्ययन; 4. आनन्दित; 5. आपेक्षित; 6. शुद्ध किया हुआ हल्का नमक; 7. कमज़ोरी; 8. दूसरी अवस्था में; 9. क्षतिपूर्ति; 10. मृत्यु-शय्या।

❑❑❑